Redenção

Victor

Redenção

HUGO

Novela psicografada por
ZILDA GAMA

Copyright © 1929 *by*
FEDERAÇÃO ESPÍRITA BRASILEIRA – FEB

1ª edição – Impressão pequenas tiragens – 6/2025

ISBN 978-85-7328-543-7

Todos os direitos reservados. Nenhuma parte desta publicação pode ser reproduzida, armazenada ou transmitida, total ou parcialmente, por quaisquer métodos ou processos, sem autorização do detentor do *copyright*.

FEDERAÇÃO ESPÍRITA BRASILEIRA – FEB
SGAN 603 – Conjunto F – Avenida L2 Norte
70830-106 – Brasília (DF) – Brasil
www.febeditora.com.br
editorial@febnet.org.br
+55 61 2101 6161

Pedidos de livros à FEB
Comercial
Tel.: (61) 2101 6161 – comercial@febnet.org.br

Adquirindo esta obra, você está colaborando com as ações de assistência e promoção social da FEB e com o Movimento Espírita na divulgação do Evangelho de Jesus à luz do Espiritismo.

Dados Internacionais de Catalogação na Publicação (CIP)
(Federação Espírita Brasileira – Biblioteca de Obras Raras)

H895r	Hugo, Victor (Espírito)
	Redenção / pelo Espírito Victor Hugo; novela psicografada por Zilda Gama. – 1.ed. – Impressão pequenas tiragens – Brasília: FEB, 2025.
	420 p.; 21cm – (Coleção Victor Hugo)
	ISBN 978-85-7328-543-7
	1. Romance espírita. 2. Obras psicografadas. I. Gama, Zilda, 1878–1969. II. Federação Espírita Brasileira. III. Título. IV. Coleção.
	CDD 133.93
CDU 133.7
CDE 80.02.00

Sumário

7 LIVRO I
Anseios e visões

103 LIVRO II
Corações fendidos

183 LIVRO III
A Têmis divina (Justiça divina)

241 LIVRO IV
Das sombras do passado

285 LIVRO V
Na via crucis

Livro I

Anseios e visões

CAPÍTULO I

Não me posso eximir ao desejo de, por algumas horas, prender-vos a atenção, leitor amigo, com a narrativa de trágica odisseia ocorrida no início do século XIX, no departamento da Normandia ocidental.

Havia lá um castelo feudal, erigido pelos gauleses – que povoaram aquela região – à margem direita de sinuoso afluente do Sena, que lhe deslizava à retaguarda, formando um semicírculo. Por vezes, na época das chuvas torrenciais, as águas de ambos, avolumadas, davam-lhe a aparência de extenso e profundo lago, com escoadouro para a Mancha, que lhes não fica muito distante.

Nesse castelo residia um casal de nobre estirpe, os condes de Argemont, descendentes de bretões, com sua filha Heloísa, moça de peregrina beleza, que, na era a que me reporto, completara 17 açucenais primaveras.

Os pais, austeros e virtuosos, educados numa época em que o orgulho, o despotismo e a vaidade eram apanágio dos brasonados, não se deixavam avassalar por preconceitos condenáveis.

A unigênita que o Senhor lhes concedera como dádiva celeste, reclusa num instituto religioso de Rouen, desde tenra idade, desconhecia por completo os festins mundanos, pois até àquela idade ainda não os havia presenciado. Afeita às preces, aos retiros espirituais, a todos os preceitos católicos, sem descurar de nenhum deles, mas sem excessos devocionais, ficava às vezes imersa em pélago de íntimas dúvidas, oriundas de objeções antagônicas aos ensinamentos que lhe ministravam os clérigos.

Perspicaz, inteligente, submissa, era adorada pelos preceptores e pelo reitor do internato, Sr. de Bruzier, grave sacerdote, mui compenetrado dos seus deveres espirituais.

Uma surpreendente e lúcida percepção das coisas transcendentais flutuava-lhe na mente, tornando-a meditativa e apreensiva do porvir.

Um dia, já adolescente, estando algo febril, foi dispensada dos serviços matinais, quer escolares, quer espirituais.

Achava-se no vetusto jardim do colégio, seguida por uma de suas preceptoras.

Visível e intensa amargura, secreto augúrio de desditas, transparecia-lhe na bela fronte.

Sabendo-a enferma, o Sr. de Bruzier foi ao seu encontro.

Entre os dois havia estreita afinidade espiritual, apesar da diferença de idade – coisa assim como entre o crepúsculo e a alvorada, o término e o desabrochar de um dia. Ele, sexagenário, alquebrado pelo rigor dos invernos terrenos e pelo bronze dos dogmas da religião de que se fizera modelar pastor; ela em pleno rosicler de uma nova existência, estimavam-se, contudo, profundamente.

O Sr. de Bruzier, depois de argui-la sobre a saúde, sentou-se à sua esquerda, e, sorrindo, perguntou:
– Em que andas a cismar desse jeito, Heloísa?

Ela relanceou o lindo e meigo olhar pelo vasto parque em plena eclosão estival, com os arbustos engrinaldados de flores, um ambiente de aromas suaves, e falou, melancólica:

– Por que, caro mestre, envolvida nesta formosa natureza, convivendo com estremecidas professoras e condiscípulas, acarinhada por desvelados progenitores, quando tudo parece concorrer para minha felicidade – sinto-me sempre angustiada e pressagio um futuro de tormentos?

– É porque as almas angélicas, minha filha, quando pousam na Terra, às vezes por momentos, quais andorinhas celestes no cimo de um campanário, têm a nostalgia do paraíso e não se habituam às trevas e invernias deste planeta...

– Que dizeis, mestre? Então me considerais um espírito angélico? E se eu vos disser que me julgo uma alma delinquente e, por isso, me vedes sempre apreensiva, pois que me preocupo muito com as penas irremissíveis?

– É porque és humilde e piedosa, Heloísa, apesar da situação de realce dos teus dignos pais. Não enveredes, porém, por assuntos impróprios da tua idade e só compatíveis com os que, como eu, já se avizinham do túmulo...

A bela adolescente emudeceu por instantes, fixando, cismadora, o saibro que prateava as alamedas do jardim.

Visível o esforço que fazia por dominar a eclosão dos pensamentos que lhe vulcanizavam o cérebro.

Subitamente, faces purpureadas por indômita emoção e o olhar fulgurante fixo no sacerdote, falou com estranha eloquencia:

– Perdoai-me se vos causar qualquer desgosto, mas não devo ocultar ao meu prezado confessor o que se passa em meu íntimo...

"É-me impossível sofrear por mais tempo estas interrogações que, há muito, me atormentam: Que é o que aguarda o pecador quando deixa este mundo? O sofrimento eterno? Como interpretar a Justiça divina que condena perpetuamente os criminosos?

"Não desmentem as penas irremissíveis a misericórdia do Criador?

"Como, sendo o Criador Pai amantíssimo, não se compadece dos réprobos encerrados em masmorras infernais, e fica impassível aos rugidos de dor, aos gemidos dos que lhe imploram o perdão durante milênios?... Que digo eu? Durante a incomensurável eternidade!...".

– Estão cumprindo sentenças severas, mas justas, Heloísa – respondeu-lhe o sacerdote surpreso.

"Não são eles transgressores das Leis sagradas e humanas? Compadeciam-se do sofrer do nosso próximo?"

– Mas, se o celerado é impiedoso, Deus é a suma clemência e não se devem aquilatar os sentimentos de um pelos de outro.

"Aqui, em mundo de trevas no qual tudo é falível e imperfeito, da sentença lavrada por um magistrado humano pode haver recurso para um tribunal superior, em alguns países; noutros, apelo à magnanimidade de um monarca. Pode haver esperança de ser comutada a pena por outra mais benigna, ter um limite, findo o qual a liberdade é restituída ao réu... Além, na Alçada suprema, presidida pelo mais íntegro e clemente dos juízes, as penas não têm apelação, são infindas e inflexíveis..."

– Tu te esqueces, Heloísa – disse o Sr. de Bruzier exaltando-se –, que há penas perpétuas para indivíduos que cometem crimes hediondos?

– Mas essas terminaram com a vida do galé. Não há condenação que ultrapasse a existência humana. A morte dá liberdade ao réu. Não há, na Terra, vida perpétua. Raros são os calcetas que cumprem sentença por mais de meio século.

"Mas, avaliai o que sofre um daqueles desventurados, durante o tempo que passa no presídio: segregado da sociedade que o teme e dos entes a quem mais ama; alimentando-se parcamente; coberto, às vezes, de farrapos; sem luz, sem conforto, sem uma palavra de consolação; tiritando de frio ou asfixiado em masmorra infecta; ultrajado, azorragado... Será crível que, após tantas torturas, físicas e morais, ainda o aguarde o inferno, o calabouço eterno?

"Os magistrados são cruéis quando expedem sentenças que só terminam ao fim da atribulada existência que atinja avançada decrepitude, pois a dor redime todo o crime. Basta, às vezes, um decênio, um ano, um mês, uma hora de martírios, de remorsos, de lágrimas, para que seja reparado um delito praticado talvez em momento de insânia, de inconsciência ou de ódio incontido! O homem peca porque é ignorante e impuro, sujeito a paixões violentas. Deus é a suma perfeição, a bondade infinita. Como não se compadece dos míseros delinquentes quando, arrependidos, contritos, supliciados lhe imploram misericórdia? Por que fica inexorável perante os brados de dor eterna dos condenados por *todo o sempre*, por Ele próprio que os pode remir e perdoar?"

– Por que afrontam eles os seus decretos sublimes?

– Porque os desconhecem, inúmeras vezes...

– Se não houvesse severidade e repressão, o crime haveria de proliferar com mais intensidade neste mundo, onde os maus excedem os bons...

– Não me refiro à punição merecida, mas à sua duração ilimitada, caro mestre.

Depois de alguns instantes de reflexão, sem haver recebido elucidações convincentes do encanecido sacerdote, fez-lhe nova e diversa pergunta:

– Quem ofende o Criador? É o corpo ou a alma?

– A alma, filha. Por que mo perguntas? Tens alguma objeção a fazer?

– Sim. Porque, a meu ver, suponho que o nosso espírito pode planejar um delito monstruoso, mas, sem a ação material dos braços, jamais o executará... Penso, pois, que a alma é a responsável pela iniquidade concebida, mas o corpo é conivente e por isso é punido mediante deformidades ou moléstias dolorosíssimas. Ela é motor; ele, efeito.

"O espírito é senhor; o corpo, escravo. Este obedece àquele. Seria ilícito puni-lo pelo crime que foi obrigado a cometer?

"Por que, então, os despojos dos suicidas e dos hereges são excluídos dos cemitérios católicos? Por que se lhes recusam preces? As almas atormentadas nas chamas infernais – se as houver – não têm maior necessidade de rogativas que as dos bons e justos?

"Que culpa cabe ao escravo por haver obedecido ao seu tirano senhor?"

– Para que muitas criaturas, atemorizadas do que as aguarda, evitem cometer o suicídio e a heresia condenados pela Igreja, sabendo que seus corpos serão inumados como irracionais, em lugares não sagrados pelos sacerdotes, ou por Deus...

– E que local, neste mundo, não é abençoado por Deus – se foi Ele quem elaborou todo o universo?

O padre, perplexo e aturdido, calou-se.

– Ouça – prosseguiu Heloísa – tenho às vezes ideias esquisitas e singulares, que julgo não se originam do meu cérebro. De onde provêm elas? Quem mas inspira? E por que discordam do ensino que hei recebido desde a infância? Quem me sugeriu estas que, há muito, me preocupam, isto é, que não temos *uma* porém várias existências terrenas? Por que conjeturo que os entes humanos são sujeitos a enfermidades, aleijões, dissabores, para que seus espíritos se depurem de todas as máculas e possam ascender às regiões de paz ou bem--aventurança? Não serão os deformados, os mutilados, os desditosos – galés do Onipotente, justiçados pelos tribunais celestes, que vêm aqui, onde pecaram, remir todas as monstruosidades que perpetraram, a fim de obter o alvará da liberdade eterna?

"Não será, pois, a Terra o apavorante inferno, lugar de castigo e reparação? Não nos faculta, assim, o Pai magnânimo, os meios de redenção, e, portanto, em vez de penas perpétuas, todas as iniquidades não serão remissíveis?"

– Cala-te, filha! – murmurou de Bruzier, desorientado com os argumentos da jovem colegial, que ele considerava, até então, ingênua criança. – Onde foste haurir essas loucas interpretações teológicas?

– No meu próprio íntimo, em noites de vigília e meditação...

– Pois contas apenas pouco mais de três lustros, és uma adolescente que mal desperta dos folguedos da infância e já tens vigílias e te preocupas com esses dogmas transcendentes, Heloísa! Esses pensamentos não são teus, mas, certamente, sugeridos pelos agentes satânicos...

– Por quê, Padre? Que mal terei feito ao nosso próximo? Não me tendes ouvido em confissão? Já me acusastes de alguma falta grave? Não cumpro escrupulosamente todos os preceitos cristãos? Que é que garante a salvação das almas, se Satã se apodera das que se abroquelam na fé e na correção do proceder?

"Não recebo o sacramento da Eucaristia, que os sacerdotes afirmam ser o corpo, a alma e a divindade de Jesus? Como não o teme o ousado tentador? Não oro pela manhã e à noite? Então, todos esses atos são impotentes para evitar as ciladas de Belzebu?"

– Ele fascina as almas mais cândidas e devotas para as arrebatar às geenas, quando lhe escutam as insinuações perversas...

– E por que o Altíssimo o consentiria? Como é que o nosso anjo guardião não repele, não nos defende desses ardis e nos entrega, inermes, às insídias mefistofélicas?

Penoso silêncio interrompeu o diálogo veemente da jovem com o Sr. de Bruzier.

Quebrou-o, após alguns momentos, o ancião, dizendo pausadamente, meneando a fronte encanecida:

– Quero livrar-te das garras do maldito, que tentou o próprio Jesus! És boa, piedosa, humilde. Estás de rumo ao céu... e ele cobiça a valiosa presa...

"Conheço-lhe os embustes e astúcias. Quem te inspira essas ideias subversivas, que, no entanto, revelam argúcia e raciocínio? Não são reconhecíveis as sugestões diabólicas?".

– Oh! Então, a Majestade universal, o sumo Poder e a suprema Sapiência tem um rival prepotente e invencível, *criado por Ele próprio*?

– Pois não sabes, filha, que Lúcifer, arcanjo de luz, inflado de orgulho e vaidade se rebelou contra o seu criador e pai?

– E Deus, quando o criou, ignorava-lhe as faculdades e os defeitos? Não previa o futuro até à consumação dos séculos? Não sabia que Lúcifer teria de rebelar-se? Como é que o fez com todos os atributos de uma entidade superior e os atributos degeneraram em cavilações, perfídias e maldades satânicas?

"Por que alquimia do universo se transforma o ouro em chumbo e a luz em trevas? Por que, sendo Ele a superlativa justiça, não fez Lúsbel[1] expiar a soberbia de modo

---
[1] Sinônimo de Lúcifer.

compatível com o Direito, incorrupto, tirando-lhe *todas as regalias angélicas e todos os poderes*, em vez de conceder-lhe ampla liberdade e soberania, de que ostenta tão nefasto uso? Por que o não puniu, encarcerou e humilhou e, ao invés, lhe outorgou poderio ilimitado, supremacia de potentado e tirano do reino dos suplícios e das chamas incombustíveis? Por que somos julgados e punidos com severidade, à menor infração das Leis divinas, enquanto Satanás goza de todas as imunidades na Criação? Não é compreensível; pois, se assim fosse, Deus, a magnanimidade e a integridade inigualáveis, seria parcial e estaria de acordo com a maldade suprema, à qual entrega indefesas todas as almas, precitas ou santas!"

– Filha, blasfemas! Eu te desconheço, Heloísa! Cala-te! Estou apavorado!

– Tirai-me desta tortura atroz, meu padre.

– Amanhã, ao alvorecer, serás ouvida em confissão e me revelarás as tuas dúvidas e receios.

"Então, serenamente – pois agora tenho o espírito conturbado – dar-te-ei as explicações de que necessitas. Vai agora à capela – prosseguiu o clérigo com doçura, vendo a colegial em pranto, esquecendo-se de que ela se achava enferma – e, enquanto tuas colegas recebem a sagrada partícula, deves orar longamente implorando à compassiva Mãe de Jesus o seu patrocínio, para que não caias nas emboscadas do tentador!"

Heloísa de Argemont retirou-se, com os belos olhos nublados de lágrimas, para o santuário do internato, consagrado à Máter Dolorosa.

Ficando a sós, o encanecido sacerdote deixou transparecer na fisionomia invencível desalento.

Depois, lentamente cerrando as pálpebras, alçou as pálidas mãos ao firmamento radioso, rogando-lhe luzes e argumentos que destruíssem os da querida discípula, que o deixaram aturdido, com a alma revolta e submersa em torrentes de amargura e perplexidade.

Pareceu-lhe, então, no silêncio absoluto do velho parque, estar ouvindo em maremoto violento o entrechocar fragoroso dos dogmas seculares da sua amada Igreja, tornados de vidro e feitos em estilhas por alviões colossais, descidos do Infinito, empunhados por titãs invisíveis...

E o agoniado ancião não percebeu que, para o seu espírito acrisolado na virtude, soara o instante bendito de ouvir, pelos lábios de uma criança, as verdades radiosas que, disseminadas pelos arautos siderais, hão de destruir os erros milenares que têm eclipsado a Justiça da Majestade suprema!

CAPÍTULO II

A filha dos condes de Argemont era esbelta e alva como as níveas camélias expostas ao luar, com um leve tom purpurino nas faces, que se incendeiam à menor emoção. Seus cabelos eram de um negror de ônix, ligeiramente ondulados.

Transparecia-lhe, da jasmínea fronte, formosa e ampla, aquela soberana nobreza, reflexo ou irradiação das almas evoluídas, prestes a desferirem o derradeiro surto dos marnéis terrenos às regiões consteladas – como um prisma de cristal trespassado por um punhal de sol, forma os mais encantadores cambiantes.

Os olhos grandes e merencórios, velados por longos cílios veludosos, semelhavam lúcidos diamantes negros, ressumbrando sentimentos profundos e dignificadores.

Raramente sorria.

Suas palavras revelavam, sempre, critério e bondade. Muitas vezes advertia as condiscípulas levianas quando proferiam algum gracejo menos sensato, e, então, lhes proporcionava conselhos inolvidáveis que calavam no âmago dos corações.

Por isso, era estimada de todos que com ela conviviam – servos, colegas, professores e eclesiásticos.

As arguições que, naquela manhã – um radioso sábado –, dirigira ao venerável, austero e perspicaz confessor, ferindo muitos dogmas preciosos do Catolicismo, alarmaram a quantos delas tiveram conhecimento.

Heloísa, obedecendo às determinações do Sr. de Bruzier, dirigiu-se à capela onde estavam as cândidas condiscípulas e prosternou-se junto de um confessionário.

Isolada, contrita e comovida, tentou, por meio de preces veementes, arrefecer os pensamentos que, na mente – aclarada de astral fulgor – lhe vibravam quais clarins encantados, a despertarem ideias extraterrenas e desconhecidas.

"Será crível", imaginou consigo, "que Belzebu possa danificar criaturas honestas e impolutas, sem que os anjos guardiães as defendam? Qual, pois, nesses momentos gravíssimos, o proceder das sentinelas divinas, às quais somos confiados do berço à tumba? Ficam impassíveis durante o assédio da potestade do mal? Temem-no eles? Não sobrepuja ao dele o poderio de Deus?

"Por que teme de Bruzier esteja eu sugestionada pelo demo? Pratiquei algum ato injusto ou pecaminoso? Deixei de orar com fervor?

"Quem me insufla os pensamentos que externo, pois sinto que me infiltram e não se originam em meu cérebro? Não são eles, porém, contrários a Satã e favoráveis ao Criador? Pode o dragão inspirar réplicas contra ele próprio?"

Contemplou, em pranto, a efígie da Máter Dolorosa e lhe rogou febrilmente:

— Mãe Santíssima, esclarecei-me! Perdoai-me se cometi delito reprovável discordando dos ensinamentos recebidos desde a infância! Não posso crer, porém, que o Eterno haja criado Satanás para nos atrair a seus antros chamejantes, arrastar-nos aos sorvedouros das iniquidades e nos desgarrar do aprisco de Jesus, sem que Ele o castigue, o enjaule em qualquer fortim inexpugnável, até que se arrependa, se humilhe, regenere e mude de proceder; *pois basta que Deus o queira*, para que Lúsbel fique subjugado, manietado, impotente, pulverizadas sua soberba e rebeldia, quais as descrevem os Livros Sagrados...

A nave regorgitava de meninas e donzelas de vestes imaculadas, qual silencioso bando de nevadas rolas, que, apenas por instantes, houvessem pousado no solo e estivessem prestes a partir, espaço em fora, em demanda dos fúlgidos campanários da catedral azul do infinito...

Suave melodia evolada do velho órgão enchia de sonoridades cristalinas o recinto branco, oloroso e florido do santuário.

Indomável emoção abalava o íntimo de Heloísa, que, por instantes, soluçou, compelida por insofreável melancolia, pressentindo algo doloroso e irremediável que parecia aproximar-se qual procela rugidora.

Com os olhos inundados de lágrimas contemplou a imagem de Maria de Nazaré, que lhe pareceu aureolada por cintilante halo, a fronte com aljôfares eterizados, de vários matizes, em gradações de gemas preciosas ou de minúsculas constelações de um céu tropical.

Vendo-se assim, através desse diáfano sendal de prantos, achou-se tão vívida que nunca se compenetrara tanto do seu suplício inaudito, nem lhe parecera tão grande o seu martírio, com o coração rubro – rosa mal desabrochada – à flor do peito alanceado por gládios coruscantes como raios de sol metalizados.

Nunca, até então, orou com tamanho fervor. Observou uma luminosidade astral, de luar opalino, envolvendo-a, fazendo-a adquirir vida e colorido. Pareceu-lhe que, lentamente, lhe estendia os braços de jaspe translúcido...

Um revérbero das revelações siderais iluminou-lhe a alma e ela compreendeu que as discordâncias teológicas, manifestadas ao confessor, não lhe haviam sido insufladas por Mefistófeles ou seus asseclas, mas, sim, por entidades benfazejas.

Começou a conjeturar, sentindo em jatos as ideias afluírem-lhe ao cérebro.

"Por que" – interrogou-se – "iludem os sacerdotes as ovelhas do Senhor? Quando hão de transmitir às criaturas as verdades celestes compatíveis com a justiça e a magnanimidade do divino Legislador, em vez de quererem eternizar os erros que ofuscam as potências espirituais?"

Fervorosamente, para desviar o fluxo das ideias, iniciou em surdina a saudação do *Angelus*.[2] Bruscamente sofreou o pensamento em rápida *fermata*[3] e ponderou, ao proferir a expressão – *Santa Maria Mãe de Deus!* Pois o Soberano do universo não é incriado?

---

[2] Oração católica realizada às 6h, 12h e/ou 18h.
[3] Em sentido figurado: pausa, parada.

"Que é que não foi elaborado por Ele? Se o Onipotente tivesse mãe, não seria esta a criadora do cosmos? Céus! Onde irei parar com estas conjeturas? A dúvida me esmaga, oprime, atormenta, suplicia! Como professar uma religião que me não sacia a curiosidade, que me não satisfaz o desejo irreprimível de ver esclarecidos os problemas transcendentais?"

Súbito sentiu o esvaimento, ou a paralisação de todos os pensamentos, como se fossem exauridos por suave vampiro.

Sutil fluido percorreu-lhe o corpo. Teve uma branda turbação de sentidos, um alheamento completo do local em que se achava.

Deixou de ouvir a música e os cânticos sacros, para só perceber no imo d'alma:

– Não estás iludida, filha amada! As inspirações que promanam das regiões etéreas, por influxo dos legionários do Monarca supremo, são percebidas pelos Espíritos, já acendrados nos torneios da dor e da virtude, qual o teu – e que aspiram à definitiva redenção.

"A crença que professas não é senão a que foi instituída pelo divino Pastor.

"Ouve-me, filha dileta: não existe Satã, qual o afirmam os adeptos do Catolicismo e de suas seitas. Esse cruel e irresistível sedutor não passa de um símbolo – o mal – que a humanidade toda tem de combater para adquirir méritos valiosos e aprimorar os sentimentos.

"Se não existisse o mal, as criaturas seriam uniformes, sem individualidade definida, indiferentes ao progresso psíquico, avessas à prática do bem, à conquista da perfeição. Ele é o látego ardente que estimula todas as almas a marcharem para a felicidade eterna e para a isenção de dores.

"É o déspota com que lutam todos os seres, mas para saírem sempre triunfantes. Não haveria penumbra se não houvesse luz. A treva só existe transitoriamente – é a ausência dos raios solares. A luz, pois, e não as trevas, é que tem existência própria. Assim o bem, irradiação astral, vencerá o mal, que é sombra apenas e não existe nas paragens siderais. Mas, como a escuridão oculta todos os corpos, menos os radiosos, as verdades divinas ficam apenas eclipsadas, enquanto o sol da virtude não penetrar os corações lapidados pelo dever e pelo sofrimento...

"Tu, filha querida, és um Espírito milenário... Estremeces?

"Sim, esta é a realidade fulgurante que, no transcurso dos evos, não será refutada por mais nenhum ser racional.

"A criatura humana não tem uma, porém inúmeras existências ou avatares solidários entre si, tal como o eco é o produto ou a repercussão do som. Representas hoje 17 virginais primaveras, mas tens um passado muitas vezes secular. Já cometeste delitos execráveis; já pertenceste a diversas castas sociais; já adquiriste muitos conhecimentos úteis, mas ainda não está esgotada a taça de amarguras, ou seja das expiações remissoras...

"Tens ainda que ressarcir uma tremenda culpa de remota encarnação.

"Mas, não te apavores, filha minha. Serás norteada, protegida e amparada pelos dedicados escudeiros divinos, que não vês mas percebes a teu lado, inúmeras vezes. Foram eles que te sugeriram as ideias expendidas esta manhã ao teu confessor alarmado, que não te esclareceu o que anseias saber, supliciada pela solução dos enigmas transcendentes.

"Venho, pois, como um dos mais obscuros propagadores das verdades excelsas, dos mais humildes servos da Alteza incomparável – samaritano do Espaço – trazer-te uma gota cristalina dos mananciais etéreos, para mitigar a ardência que devora tua alma, sedenta das elucidações divinas...

"Estás na pista da realidade, filha dileta; Satanás, se existisse, seria a negação cabal da justiça e da benignidade do Onipotente. Este não podia enganar-se em suas concepções – criar Lúcifer. Entidade de luz e pureza absoluta a se rebelar contra seu pai e soberano, cuja bondade, sapiência e superioridade saberia reconhecer e não invejar e cobiçar, procedendo qual sedicioso vassalo de algum déspota dissoluto, de cujo poderio desejasse assenhorear-se, tanto quanto de seus erários e regalias. A perfeição, qual a neve, não tem estigmas quaisquer, é imaculada.

"A perfeição é incorruptível e resistente como o diamante e não se pulveriza ao camartelo das paixões malsãs, que para ela não existem. Lúsbel, criado inteligente e cândido, seria humilde, bom e reconhecido a seu magnânimo Pai. No seu espírito impoluto e resplandecente não haveria sentimento de perfídia, orgulho, ódio, inveja...

"Esse anjo rebelde, porém, Heloísa, esse Lúcifer imperfeito e poluído pelos delitos... existe – é a nossa própria alma! Ela, sim, filha minha, é que se revolta, vezes incontáveis, contra a clemente soberania do universo, não se resignando nos momentos de adversidade, nas horas eternas de angústia, que lhe resgatariam séculos de ignomínia, se as suportasse cheia de nobre resignação!

"Mas assim não sucede. Onde há dor, reina a impaciência, a lamentação, a rebeldia.

"No entanto, Deus, sempre compassivo e generoso, não a desterra por todo o sempre de suas mansões de paz e radiosidade, não a precipita no reino das sombras e das chamas inextinguíveis – onde ela se converteria em perpétua adversária do seu Criador, e se tornaria grilheta perene do sofrimento, em inútil imortalidade! Esse império apavorante, não eterno, mas transitório, nós o conhecemos – a Terra é um dos seus departamentos...

"Aqui é onde o Sol se oculta todos os dias aos olhos materiais; onde há sempre um hemisfério mergulhado em sombra; onde há prantos, flagelos, calamidades, ranger de dentes, e as flamas dos padecimentos morais torturam, sem calcinar, os corações sensíveis.

"Mas essas dores podem ser consumidas, todos os delitos remidos com a prática do bem e do dever, com o cinzelamento da alma. Não há, pois, crimes irremissíveis, punições ilimitadas ou infindas.

"Como este planeta – há outros mundos esparsos no Infinito, e todos destinados ao progresso e apuro da humanidade.

"As almas os percorrem em estágio incessante, qual se fossem eles uma cromática maravilhosa – a da regeneração anímica. Adquirem, em cada um, conhecimentos preciosos; retemperam os nobres sentimentos, mergulhados em paz e pureza, como barras de aço em forjas flamejantes, diluindo os instintos nocivos; conquistam as ciências, as artes, a felicidade interminável...

"Estás, pois, em um dos mundos-escola, em que o sofrer predomina, mas onde melhoram os delinquentes...

"Lúsbel nunca existiu, tal como o descrevem os teólogos – apenas simboliza o mal. Todos temos sido, como afirmam que ele o é – anjos decaídos do Paraíso da inocência, pecadores insubmissos, que nos esquecemos das dádivas do Pai misericordioso, de seus desvelos por nós. Muitas vezes nos insurgimos contra seus desígnios redentores, blasfemamos, praticamos aviltamentos, perversidades deploráveis e indescritíveis. Ele, então, desejoso de nossa remissão, nos degrada em lugares inferiores do universo – *inferus* – que os sacerdotes supõem ser um antro de tormentos eternos... Os rebelados padecem as consequencias dos seus transvios às Leis divinas, mas nunca sob o domínio de Satã – o caudilho do mal – porém dos prepostos do Senhor, que são as almas redimidas e acrisoladas no cadinho da moral e dos labores profícuos.

"Esses gendarmes divinos nos acompanham, aconselham, norteiam para a virtude e nunca nos repelem ou supliciam inutilmente. Quando nos veem bordejar os torvelinhos da iniquidade e da ignomínia, estendem-nos mãos fraternas, segredam-nos palavras de brandura, de humildade, de submissão aos decretos supremos, alvitram-nos tudo quanto é digno e meritório.

"Finda uma jornada terrena – se os calcetas foram dóceis e escutaram as doutas advertências – eles os levam através do Espaço estrelado, mostram-lhes as maravilhas siderais – que não podem fruir senão depois da aquisição do alvará de soltura, penosamente, heroicamente conquistado nos planetas de expiação. Incutem-lhes, desse modo, no íntimo, admiração pelo seu Criador e soberano, desejo de evoluir, aspirações dignificadoras.

"Somos, pois, filha amada, os inconfidentes da Majestade suprema, os decaídos do éden da pureza, os temerosos satãs, que, pelas regiões de diversos orbes, semeamos a dor, a discórdia, o ódio, a vindita...

"Não somos, porém, perpétuos galés do pecado. Podemos libertar-nos de todas as incorreções, conseguir alforrias e venturas eternas trabalhando, padecendo cristamente, resignando-nos nos momentos de ríspidas provas, orando, estudando, elevando-nos moralmente, expurgando do coração os detritos dos vícios e das maldades...

"Escoam-se os séculos de acerbas expiações... mas as penas não são infindas – cessam um dia, e, então, os contritos e os redimidos conquistam a felicidade sem limites!

"A ventura, pois, e não a dor, é que tem duração perpétua.

"Não aguarda, porém, aos evoluídos, a beatitude ou a inação, que tornaria enfadonha e improdutiva a imortalidade transcorrida em um só paraíso, que poderia ser um portento, mas perderia todo o encanto; ficaria banalizado nos sorvedouros dos milênios, no mesmo ambiente, no mesmo horizonte, cumprindo os mesmos deveres, com os mesmos conhecimentos, gozando, às vezes, egoística ventura, sabendo que um ente idolatrado – pai, mãe, irmão, filho, consorte ou amigo – está encerrado nas geenas, atormentado pelas chamas implacáveis, sempre avivadas pelos tridentes diabólicos... *por toda a Eternidade!*

"Os regenerados têm de completar seu tirocínio, apenas começado neste orbe, num horizonte mais vasto: o Infinito lhes é patenteado!

"Eles percorrem todos os recantos do universo, em miríades de decênios, de profícuas aprendizagens.

"Adquirem conhecimentos valiosos sobre todas as artes e ciências, arquivam no íntimo tesouros de virtudes, servem e obedecem inteligentemente, como súditos fiéis, à incomparável Alteza da qual, às vezes, são emissários desvelados, prestando a seu turno auxílio benéfico aos que iniciam penosas jornadas em planetas inferiores, onde a luz é esmola do Sol, onde as trevas imperam nos ares e nos espíritos...

"Essa é a redenção do lúcifer humano.

"Eis, filha dileta, respondidas as primeiras arguições da tua alma ávida de revelações superiores. Sacia-te delas, tal como os hebreus guiados por Moisés se dessedentavam com o maná celeste...

"Houve um interregno na elocução do mentor invisível.

"Heloísa, sem saber se estava imersa num sonho ou em plena realidade, sentiu invadir-lhe o cérebro suave turbação, qual se estivesse prestes a desmaiar".

CAPÍTULO III

R espondo-te, agora, às últimas interrogações – prosseguiu a solícita Entidade, em surdina – Maria, a Virgem de Nazaré, não é a mãe de Deus, o Criador de todas as coisas, tangíveis e intangíveis.

"Falseia a verdade quem assim não interpreta a história divina.

"Como poderia a impoluta Galileia ser mãe de quem a criou? Absurdo!

"Pode a estátua produzir o escultor?

"Deus é incriado. Ele é o sumo poder, o astro-rei do cosmos, cuja luz irradia por toda a amplidão imensurável. Essa potentade sublime, infinita em perfeição, poderio e atributos indescritíveis, não poderia ficar limitada um átomo de tempo sequer, num âmbito humano – o seio de Maria. Impossível encerrar todas as constelações dentro de uma noz... Se tal sucedesse, em rápido segundo todo o universo seria pulverizado, os astros e os planetas se entrechocariam loucos, desgovernados no vórtice do Infinito, por falta do mecanismo supremo, qual cronômetro sem pêndulo, nau sem palinuro e sem bússola em oceano proceloso, ou em pleno maremoto!...

"A luz inigualável do cosmos, que se concretiza em estrelas e nebulosas fulgurantes – não podia ser circunscrita, limitada em um cenotáfio – o corpo humano; ninguém lhe poderia causar a *morte* – porque Deus é a essência da vida – e, se o conseguisse... jamais esta lhe seria restituída, porque só Ele a possui em turbilhão, para disseminá-la em átomos pela Criação ilimitada; tudo se eclipsaria, se transformaria em pó, escuridão, algidez, *Nada!*

"Maria, a imaculada donzela da Palestina, não podia ser ao mesmo tempo filha e mãe do seu excelso Autor, e, se tal se desse, seria a inversão das leis naturais, um incesto divino...

"Blasfêmia! Insânia! Absurdo!

"As religiões seculares, em vez de esclarecer os Espíritos para os elevar ao Altíssimo, conturbam-se com esses dogmas inverídicos, obscuros, insolúveis, para ofuscarem a razão e dominar as consciências dos pusilânimes ou dos ignorantes!

"Jesus não é Deus e, sim, o seu ministro plenipotenciário, o chefe de todo os países terrenos, o dirigente de todos os povos, o pegureiro de todas as almas desgarradas dos rebanhos divinos, acampadas neste minúsculo e umbroso planeta; porém, não é o factótum, o arquiteto do Ilimitado, o onipotente e o soberano de todo o universo, de todo o infindo oceano etéreo, onde gravitam todos os corpos siderais, que nem a nossa visão ou o nosso pensamento podem atingir!

"Nunca foi humano e mortal – porque sua natureza é divina e imortal.

"Nunca envergou a libré da matéria putrecível, que nos cinge o espírito enquanto cumprimos as determinações do excelso Magistrado do universo.

"Se Jesus possui a divindade – todos nós a temos: é a imortalidade, é a centelha de astro que nos anima, vitaliza, eterniza e alia, indissoluvelmente, ao Pai; ela é que perpetua as almas por toda a consumação dos evos...

"A missão do preclaro rabi não era a de *Senhor*, mas de Filho submisso aos desígnios do seu augusto genitor. Ele o disse reiteradas vezes: '*Não vim satisfazer a minha, mas a vontade de meu Pai, que está no Céu! Meu Pai e vosso Pai*'.

"Como querem os exegetas ensinar o inverso do que proferiu o lúcido zagal de todas as ovelhas terrenas?

"A verdade é como a luz solar, que irradia em dezenas de mundos planetários – há de vencer todas as penumbras e esclarecer todas as mentes!

"Para que, a fim de valorizar a missão sublime do arauto celeste, querem seja Ele o próprio Criador?

"Como poderia este ficar – um segundo sequer – cingido a um corpo perecível, sem que houvesse no universo os mais estupendos e assombrosos cataclismos?

"Se Deus morresse – incoerência pasmosa! – mesmo que fosse por um milésimo de segundo, quem lhe poderia conceder, após, a vida inigualável, se com Ele se extinguiriam bruscamente, velozmente, rapidamente, todas as luzes astrais, todos os mundos, todos os seres vinculados ao Criador, qual archote destruído em galeria profunda, no centro do globo terrestre, um fanal em tempestuoso e intérmino oceano? Não entrariam em trevas perenes todos os planetas e satélites que circundam o Sol, se este se apagasse pelo sopro divino?

"Não, filha querida! Ama sempre a cândida e piedosa Mãe de Jesus; venera seu boníssimo Filho, cujo amor nos dirige nos dédalos da existência, nos conforta em momentos de amargura, nos aponta com o radioso cajado de armentário de almas as cintilantes moradas do Império sideral, porém, ama com maior fervor e admiração ao elaborador de todas as criaturas, ao forjador de estrelas, flores, portentos mágicos disseminados na amplidão etérea onde adejam os teus pensamentos fascinados de luz!...

"Sempre que tiveres uma hesitação sobre algum enigma transcendente, eu virei esclarecer-te como um dos teus mentores invisíveis.

"Auxiliar-te-ei a levar o pesado madeiro das provas ao gólgota da redenção.

"Muito tens que sofrer e reparar, mas, se fores resignada, submissa aos decretos supremos, ficarás isenta, nesta existência, de todas as dores terrenas.

"Vais, dentro em breve, conhecer a vida sob outros aspectos, outras modalidades. Vais, enfim, entrar na plena batalha das expiações santificantes. Tens de refrear sentimentos que irromperão do teu íntimo, quais lavas candentes de uma cratera, mas só darás incremento aos que forem justos, bons e nobilitantes.

"Nós, miserandos e imperfeitos seres humanos, somos verdadeiros mundos em miniatura – contemos abismos de impurezas, caudais de sentimentos remissores, Etnas[4] de paixões, e, às vezes, ocorrem em nosso próprio íntimo catástrofes pavorosas que só nós percebemos...

"Há radiosidades e trevas, antros de sombras e céus venezianos em cada recôndito de alma.

"Os báratros, porém, desses mundos microscópicos, podem transmudar-se em astros, em jorros de luz: deixam de gravitar na escuridão e cindem o Espaço como condores celestes; podem aspirar à glória de conhecer a suma Potestade, de alcançar a culminância moral, de colaborar nos planos divinos para a consecução dos mais arrojados cometimentos!

"Não te deixes impressionar pelo que hoje te revelo. Ora, sê virtuosa, humilde na opulência, nunca te rebeles nas horas de ríspidas expiações e serás abroquelada por uma força invencível...

"Perceberás, muitas vezes, mãos diáfanas amparando-te através dos sorvedouros da dor, de que andam eivados os silvedos das existências planetárias."

Heloísa, que até então ouvia em surdina todas as palavras que lhe segredava o desconhecido instrutor, foi acometida de um desmaio que a fez esquecer o local onde se achava.

Conduzida ao leito pelas condiscípulas alarmadas, adormeceu profundamente.

Pareceu-lhe, de súbito, haver sido despertada e transportada a longínquas regiões – algumas de beleza

---

[4] Vulcão da Sicília (Itália).

surpreendente, outras inóspitas, áridas, alcantiladas, de tristeza empolgante.

Singrava os ares suavemente, como se o fizesse em gôndola de veludo ou em braços tutelares de mãe carinhosa. Chegou, enfim, a uma estranha urbe adornada de muralhas intransponíveis, banhada por um rio profundo e caudaloso, que a cortava de norte a sul. Prédios sólidos, retangulares alguns, outros quase cilíndricos como torres isoladas, erguidas no solo, formavam inúmeras vias por onde transitava compacta multidão, trajada à feição dos antigos asiáticos, com túnicas de todos os matizes, formando uma torrente policrômica.

Jardins esplêndidos ornavam praças extensas. Palácios marmóreos e de alvenaria, todos de arquitetura requintada, davam-lhe um aspecto régio. Havia em toda a suntuosa cidade uma azáfama festiva.

Escureceu bruscamente. O cenário transmudou-se às súbitas. Heloísa foi conduzida à mais faustosa de todas as habitações, que supôs já mergulhada no silêncio da meia-noite, apenas iluminada por suave e radioso crescente, qual se fora um alfanje de diamante, visto através de opaco vitral.

Ela estremeceu ao penetrar naquela imponente morada... que lhe pareceu familiar e cujas portas se abriam silenciosamente à sua aproximação, como por encanto. Onde já a tinha visto? Quando nela residira?

Guiada por um archote empunhado por braço intangível, atravessou celeremente extensas galerias, aposentos diversos, subiu escadas infindas sem que ninguém a detivesse, qual se fora imaterial. Repentinamente, um clarão intenso, como projetado por semáforo gigantesco, iluminou-a por completo, e, então, pôde observar uma turba enorme de seres mudos, trajados com apuro principesco. O veludo, o brocado, a seda, os ornamentos áureos e cintilantes pompeavam em corpos esculturais.

Ninguém lhe notara a presença, até então. Ela temia que a percebessem, sentindo-se humilhada, confrontando seu modesto trajar com os vestuários maravilhosos que a rodeavam.

Conversavam todos soturnamente e pareciam desgostosos.

Inesperadamente, sem que pudesse compreender o insólito fenômeno, *ela se tornou visível* e sua roupagem, pela opulência, suplantou a de todos os circunstantes...

Um suntuoso vestido de seda e escumilha prateada, branco e luminoso, artisticamente orlado de pérolas e diamantes, tornava-a fascinadora. Longa e leve cauda roçagava pelas alfombras de púrpura e ouro, ladeada por graciosas crianças. Longo e diafaníssimo véu de gaze, constelado de aljôfares, envolvia-a da cabeça aos pés. E deslizava pelas alcatifas como impelida por força invencível, homenageada por toda a multidão que se curvava à sua passagem.

Penetrou num salão regiamente festonado de flores raras, de rosas rubras e níveas, iluminado por lampadários de bronze dourado, incrustados de gemas coruscantes, pendentes do teto florido, como pomos de luz de algum solar encantado e portentoso, de um Aladim[5] ou de um MonteCristo...[6]

[5 e 6] Referência a personagens literários que se tornaram riquíssimos de maneira inesperada.

Viu, então, à sua esquerda, seguindo-a passo a passo, de olhos fixos no seu vulto gracioso, o espectro de um jovem e formoso guerreiro, que, por vezes, lhe roçava os braços, como se desejasse deter-lhe o andar ou arrebatá-la a um potentado que dela se aproximava. Era um indivíduo trajado de púrpura e ouro, de estatura descomunal, tez bronzeada, nariz aquilino e proeminente, olhos negros e coruscantes, fronte alta, barbas espessas, cabeleira basta, representando quatro decênios de existência e revelando na fisionomia ferocidade, sentimentos impuros e violentos.

Vendo-a encaminhar-se para ele, apertou-lhe o braço direito. O contato dos seus dedos fê-la estremecer convulsionada, infundindo-lhe no íntimo secreto e inexplicável pavor e desagrado.

O espectro que a seguia, de uma beleza delicada, digna de ser imortalizada pelo cinzel mágico de Fídias[7] – contrastando com a catadura patibular do que lhe apertava o braço, ajoelhou-se soluçando, estorcendo-se em espasmos de dor moral, colocando a destra sobre o seio, onde se destacava o coração fendido por acerado gume.

Ninguém o via senão ela, para seu suplício.

Por quê? Não sabia dizê-lo. Sofria, vendo-o chorar. Desejava que o retirassem da sua vista, para que não fosse atormentada com aquela atitude dolorosa, mas não conseguiu externar uma ideia. Seus pensamentos estavam-lhe murados no cérebro, a voz era inarticulada ou inapercebida e ela compreendia que ambos, ele e ela, estavam ligados

---

[7] Escultor grego (490-430 a.C.).

pelo tórax, por uma corrente de fogo, qual serpente de duas cabeças a punctar-lhes os corações...

Depois, ela e o seu faustoso par prosternaram-se em alcatifa de brocado rubro.

Um sacerdote, de exóticas vestes, celebrou os esponsais, impondo-lhes à cabeça coroas faiscantes, retiradas de um relicário de prata.

Heloísa, desde aquele instante, sentiu na fronte um peso formidável, como se fora oprimida por uma avalanche resvalada dos píncaros do Himalaia, comprimindo-lhe a cabeça, aonde levou as mãos trêmulas, tentando retirar dela o ensalmado diadema; mas em vão o fez, pois o sentiu soldado ao crânio, como se tivesse tentáculos ardentes, que lhe penetravam a carne, os ossos, todo o ser...

Sons de címbalos, de alaúdes, cânticos de menestréis invisíveis, mesclados de soluços e gemidos, vibraram no ambiente, onde choviam pétalas de flores trescalando essências inebriantes.

Um séquito de donzéis, de alabardeiros, lanças reluzentes, prestaram-lhe incessantes homenagens.

Ergueram-se todos, bruscamente; Heloísa não podia desfitar o espectro doloroso. Sentia-se imantada nele por uma tração poderosa e invencível, da qual não se podia eximir.

Quis, então, aproximar-se para interrogar a causa dos seus padecimentos, mas, quando experimentou fazê-lo, ele se desfez qual sutil incenso, desaparecendo nos ares como por efeito de uma vara de condão, deixando-lhe n'alma um vácuo, uma dor irreprimível, uma compunção infinita...

CAPÍTULO IV

Pressentiu que decorrera algum tempo. Achava-se Heloísa no mesmo palácio suntuoso, agora deserto e lúgubre. Tentou evadir-se, mas, no saguão, onde se enfileiravam colunas de mármore, perfilavam-se sentinelas silenciosas, de cataduras sinistras.

Viu-se num leito de proporções gigantescas, de aparência régia, abandonada pelo esposo, que ela execrava e sabia passar as noites em festins báquicos.

Era-lhe intolerável a existência em comum. Tomou, naquele momento, decisiva resolução – fugir de qualquer forma, ainda que sacrificasse a própria vida, que se lhe tornara suplicante. Levantou-se do leito, desceu pequena e áurea escada, mas, quando transpôs a soleira do salão, viu lá postado, vedando-lhe a saída, o jovem militar que, desolado, assistira ao seu enlace.

– Que quereis? – pôde balbuciar com íntimo terror.

– Vingar-me! – respondeu ele num timbre soturno, pausadamente.

– Mas, que te fiz eu? Quem és tu?

– Ah! já te esqueceste de mim, Flávia?

Destacou-se das sombras, qual se houvesse sido iluminado repentinamente por uma chama interior, salientando-se-lhe do tórax, como em gaiola de ossos, um ninho de luz – o coração atravessado por fina lâmina, quase todo fendido da base ao ápice.

– Vês? – falou, apontando-o com entonação repreensiva e agoniada. – Eis patente o teu crime infando, pérfida; e saibas que o tens de resgatar com lágrimas e desesperos! Também sentirás *o coração apunhalado* pelo perjúrio, pela traição, pelo abandono! Como não te lembras mais de mim, *mulher venal*? Não foste então, em nossa *remota pátria*, companheira de infância e noiva adorada na juventude? Não te recordas, *quando para aqui vieste*, que me deixaste em peleja, defendendo a nossa terra natal, e que, em pranto fementido, me empenhaste a mão de esposa, se a sorte não me aniquilasse no campo de batalha?

"Como pudeste esquecer-me tão depressa, entregando-te ao déspota que desgraça este país, e revelando-lhe os nossos projetos? Por que consentiste mandasse ele um dos seus cruéis asseclas rasgar-me o peito – onde fremia o coração leal e bondoso – com uma adaga acerada? Ai! perjura! Mais sofri quando soube que me atraiçoaste vilmente com um bandido coroado, do que quando me retalharam o coração fascinado por teus encantos...

"O gume de aço fere menos, perfurando um seio amoroso, do que o ludíbrio ou o desabar dos sonhos afagados...

"Depois que me levaram ao sepulcro o corpo mutilado – lá onde minha extremosa e desolada mãe não cessa de prantear, e, banhada em lágrimas, clama aos Céus! – eu soube toda a extensão do meu infortúnio, toda a vastidão da tua baixeza...

"Vendeste o nosso amor, tão profundo e casto, por um trono poluto, por tesouros usurpados às vítimas, que têm estertorado nos patíbulos e nas masmorras infectas!

"Goza, se podes, *tão grande ventura*, depois de concorreres, para o meu homicídio e para dilaceramento de um coração de mãe carinhosa, para quem eu era a única felicidade terrena, seu conforto, sua glória, sua única esperança!

"Sigo-te para vingar-me, para deliciar-me com tua *ventura* fictícia e asquerosa – mas, covarde que sou! – ainda me apiedo de ti e desejo repares nobremente o teu delito horripilante!...

"Por que choras? Não és ditosa quanto aspiravas? Não vives num palácio imperial, não tens multidão de servos e vassalos curvados à tua passagem? Não te vestes de púrpura, não ornas de pérolas e pedras custosas o teu corpo helênico e tão cobiçado por todos os devassos que te cercam? Não és a rainha de Persépolis[8] – invejada e odiada pelas mulheres, como tu, vaidosas e mercenárias?"

– Cala-te, por compaixão, *Marcos*! – murmurou Heloísa, no auge da consternação. – Tu me avivaste o passado maldito, em pinceladas de fogo! *De tudo me recordo* agora, para meu tormento! Sou mais infortunada que tu, pois tenho o coração dilacerado de remorsos e vexames! Estas vestes aparatosas que aqui vês, aquelas joias fulgurantes

---

[8] Antiga capital do império persa, atualmente, Irã.

como estrelas, em escrínios dourados, têm, para mim, o peso do Himalaia, que me verga o corpo, esmaga o peito, comprime a alma! Transformaram-se em chamas vorazes, algumas vezes; outras, tornaram-se asquerosas como répteis e desprendem exalações de sentina... *A coroa real*, que tanto me fascinava, constringe-me o cérebro, transforma-se em acúleos intoxicados e corrosivos, em víboras imortais... que me remordem e martirizam incessantemente! Desgraçada que sou, *Marcos*! E ainda te queres vingar de mim? ... Já o estás, desditoso! O réu tem, dentro de si, o seu verdugo implacável – a consciência, o tribunal divino arvorado em todas as mentes humanas! Só é feliz, na Terra, quem a possui imaculada como as cecéns dos valados, embora tenha o corpo coberto de farrapos e os pés chagados pelos seixos ou pelas silvas do roteiro.

"O monstro a que me liguei, em hora execranda, causa-me asco... Parece-me que o vejo sempre através de uma catarata de sangue e lodo pútridos!

"Odeio-o! Abomino-o... Seus beijos causam-me náuseas, conspurcam, poluem-me os lábios e o corpo. Ele o percebe e vinga-se... passando as noites em bacanais, chegando ao palácio alta noite, ébrio, blasfemante! Que mais desejas para meu suplício? Queres, também, esfacelar-me o coração? Aqui o tens. Vou buscar o punhal oculto lá no leito para terminar meu martírio ou arrancar a vida àquele sicário real. Quando ele de mim se aproxima, julgo estar ouvindo estranho e clangoroso rumor de soluços e maldições.

"Mata-me, *Marcos*! mas leva-me contigo! Eu te perdoarei e bendirei. Tira-me da fronte esta coroa maldita e execranda... Da fronte? Que digo? Não! da alma, a que se acha apegada, qual vampiro flamejante, torturando-a, sugando-a, triturando-a, maculando-a!..."

– Não, infeliz, *ainda não chegou o momento* aprazado pelo excelso Juiz para nos reunirmos nesse mundo em que te encontras e onde tens de remir dolorosamente os teus crimes e perfídias... Nossas existências, como dois tranquilos regatos, ia ligar-se por todo o sempre, vinculadas por sincera afeição... tu lhes desviaste o curso, fazendo-os despenhar-se em abismos de padecimentos inomináveis! Agora, está lavrada a nossa separação por muito tempo... É mister que sofras muito, que te redimas, para que esta lâmina seja retirada do meu peito... e trespasse o teu! Só então estarás perto da redenção...

– Mas tem compaixão de mim: não me deixes isolada e com vida, que me é intolerável!

– Tu, Flávia, é que criaste esta penosa situação, enceguecida pela vaidade culminante, pela ânsia de aparato, de gozos efêmeros, dominar, suplantar as outras mulheres... mercenárias, quais tu mesma! É cedo para que teus desejos sejam satisfeitos, o calceta não tem livre-arbítrio nem pode escolher a sentença que o fará ressarcir os próprios crimes... *Adeus!*

Desapareceu subitamente, sem lhe haver confortado o coração exulcerado com uma palavra de piedade ou de esperança!

Heloísa viu-se a sós, genuflexa, desalentada, desditosa – tendo no íntimo um sorvedouro de mágoas, um vácuo impreenchível de desilusões e remorsos... De toda aquela habitação luxuosa parecia evolarem-se emanações pútridas.

Gemidos prolongados, gritos, blasfêmias, estertores mesclavam-se no ar, originando vibrações atroadoras ou tempestades dolorosas.

Estava apavorada, envilecida, acovardada. Não sabia orar, erguer os pensamentos ao Absoluto. Queria fugir àquele suplício inominável, esquecido pelo genial Alighieri[9] no seu trágico *Inferno*, e estava como que manietada, peada, chumbada ao solo...

Quanto tempo assim esteve torturada moralmente por Torquemadas[10] invisíveis, que se lhe emboscavam no próprio íntimo? Não saberia dizê-lo nunca, se não recebesse uma revelação sideral...

Súbito, atroante rumor de armas entrechocadas reboou pelas abóbadas dos salões vastíssimos, abalados como por efeito de um terremoto universal, fazendo trepidar, bailar violentamente a régia morada, ao compasso de uma orquestra de loucos e duendes...

De repente, sentiu-se como sacudida por infernal furacão. Alguém arrastou-a pelos cabelos por todos os pavimentos de infindos corredores e escaleiras mirabolantes. Ela arquejava, sem voz para bradar socorro, não tendo sequer a quem implorar auxílio, abandonada e execrada por todos – por Deus e pela humanidade...

---

[9] Poeta italiano (1265-1321), cuja obra *A divina comédia* tornou-se a base da língua italiana.

[10] Termo originado de Tomás de Torquemada, célebre pelo fanatismo religioso e crueldade; seu nome tornou-se símbolo da Inquisição.

Um sopro de harmatão afogueado empolgou todo o edifício vacilante, envolto em chamas ou coriscos vorazes e coruscantes.

Urros selvagens, ferozes, estrugiram nos ares e *alguém* – o mesmo ser que a arrastava – sacudiu-a diversas vezes, como se fora uma pluma num torvelinho insondável... Teve a inexprimível sensação de ser arrojada do pincaro de uma cordilheira para fora da atmosfera terrestre, no espaço ilimitado...

Caía... caía... indefinidamente, até que, podendo soltar um grito estridente, acordou convulsionada, atemorizando a enfermeira que a velava.

Vendo-a, Heloísa reanimou-se e interrogou-a, ainda um tanto perturbada pelo sonho que tivera:

– Irmã, onde estive? Quantos séculos se escoaram depois que orei na capela do internato?

CAPÍTULO V

A congregada estremeceu, persignou-se. Depois, falou-lhe com doçura:
— Que dizes, minha filha? Tiveste um desfalecimento na capela, e, transportada a este leito, adormeceste por seis horas. Como te sentes?

Branda claridade filtrava-se pelos vitrais do amplo dormitório, com as persianas cerradas.

Heloísa suspirou, aliviada por certificar-se de que o presente era bem diverso do passado tenebroso, e compreendeu que seria inútil relatar o que se passara, pois se o fizesse passaria por louca e possessa de Satã...

Calou-se, pois, mas não deixou de comentar mentalmente o que ouvira e presenciara em sonho inolvidável: "O que sucedeu não pode ter sido uma fantasia de Morfeu..."[11]

"Temos, pois, mais de uma existência e resgatamos em cada uma os erros praticados na antecedente ou nela própria... Somos, pois, responsáveis por todos os nossos atos – bons ou maus; somos herdeiros de nós mesmos – de

---
[11] Deus grego dos sonhos.

nossos crimes ou de nossas virtudes, e, por isso, punidos ou amerciados por Deus. Há mais justiça e equidade nessa hipótese do que nas penas irremissíveis. Quantas iniquidades já cometi, oh! Jesus? Que abjeta perfídia pratiquei contra o mísero *Marcos*... De que modo expiarei esse tremendo delito? Vê-lo-ei nesta existência... E o hediondo tirano que foi meu esposo? Horror! Horror!".

Chorava, mas, subitamente, *ouviu*, qual se fora no recesso da própria alma, um como cicio de aragem...

– Ora, filha, tem fortaleza de ânimo e triunfarás de todas as tuas provas redentoras...

Cerrou então as pálpebras e rezou com profundo fervor e grande elevação de ideias e de sentimentos.

Reconfortada ao bálsamo das mais veementes rogativas, sentou-se na cama, porém a enfermeira impediu-a de levantar-se.

Percebeu, por lúcida intuição, que se operara no seu íntimo grande metamorfose.

Invencível tristeza, denunciadora de pensamentos dolorosos, pairava-lhe no belo semblante espiritualizando-o, aformoseando-o, angelizando-o mais que nunca.

Dentro de poucos dias, a diretoria do internato mandou-a chamar à sua presença.

Heloísa temeu que o Sr. de Bruzier lhe houvesse transmitido algo da conversação que tiveram no velho parque do colégio...

O aspecto da venerável educadora era grave e enigmático. Heloísa osculou-lhe as mãos, respeitosamente.

– Minha filha – disse a superiora do instituto, abraçando-a –, estou incumbida por teu ilustre pai de dar-te uma notícia que deverás receber com calma e resignação... Tua mãe está seriamente enferma e deseja a tua companhia. Prepara-te, pois, para regressares ao castelo de Argemont. Espera-te aí um emissário do Sr. Conde. Confia na proteção celestial; talvez já encontres em condições lisonjeiras a querida enferma. Vamos orar por ti e por ela.

Indizível emoção abalou a alma sensível da colegial, como se naqueles momentos se desencadeasse em seu imo violento vendaval, prenúncio de iminente procela. Tornou-se de uma palidez de Carrara. Soluçou por instantes, abraçada à velha mestra.

– Coragem, Heloísa – continuou a religiosa. – Não sabes que a vontade do Criador deve superar a nossa e ser acolhida com serenidade e humildade?

Heloísa, após alguns preparativos para a viagem, pediu-lhe permissão para orar – quiçá pela última vez – na capela consagrada à Senhora da Amargura.

Rezou, súplice, fitando lacrimosa a imagem daquela que, farpeada pelas iniquidades humanas, tivera o magnânimo coração dilacerado pelo gládio dos mais ríspidos padecimentos.

Nunca lhe pareceu tão bela e merencória a Virgem de Nazaré, tão patente o seu pesar, com a nívea destra sobre o seio esfacelado e olhos piedosos alçados ao firmamento, ao qual consagrava as suas angústias, coração à mostra qual rubra rosa entreaberta, e trespassado pela adaga do sofrimento que macerou a mais terna e mais sensível de todas as mães, a mais humilde das servas do Senhor dos mundos...

Uma filigrana diamantina a ligava naquele instante à olorosa efígie, que, no cimo do altar, se tornara vívida, luminosa, como prestes a descer do trono florido para estreitá-la ao seio, aliando os corações e angústias num amplexo maternal.

Uma brusca antevisão de sucessos provindouros fê-la estremecer e conjeturar que, em futuro não remoto, tanto quanto aquela extremosa genitora, haveria de sentir o íntimo prisioneiro golpeado pelo gume da dor e da saudade...

Pareceu-lhe que a piedosa senhora também pranteava e lhe estendia amorosamente os braços.

– Mãe desvelada! – disse à surdina, comovida e fervorosa – não me desampareis, nunca, no pélago da vida terrena! Inspirai sempre nobres sentimentos à serva imperfeita que vos quer imitar na resignação, na pureza e na bondade! Protegei-me, senhora, para que *jamais* transgrida os decretos divinos, para que seja submissa às determinações do Alto! Permiti, mãe compassiva, encontre minha mãe aliviada em seus sofrimentos e que possa continuar guiando-me os passos como o fizestes, na infância do vosso boníssimo e glorioso Filho! Vós, no Céu; ela, na Terra – ambas estrelas fulgurantes de carinho e dedicação – haveis de espancar a treva das culpas e guiar-me às paragens azuis onde se incrustam os astros!

Um lenitivo dulcificante fluiu-lhe no agoniado peito, à semelhança de ondas balsâmicas baixadas na amplidão cerúlea, prodigalizando-lhe serenidade inefável.

Ergueu-se pacífica e foi aprestar-se para a partida.

Abraçou afetuosamente professores e condiscípulas, não se esquecendo dos fâmulos, com os quais repartiu diversas dádivas.

O Sr. Henrique de Bruzier, merencório e pálido, estava presente e não pronunciou palavra até ao momento de lhe oscular a destra.

– Minha filha – disse então, sensibilizado, apertando-a nos braços, olhos turvos de lágrimas –, lembrar-me-ei de ti, sempre, nas minhas súplicas a Jesus. Aconselho-te paternalmente a não profundares os mistérios da existência, nem os da religião que professamos... se não queres envelhecer na juventude, cobrir de neve a fronte e o coração!

– Mas – objetou ela com vivacidade – quem pode sustar o curso maravilhoso do pensamento? Acaso podemos paralisar a torrente do Volga[12] com um galho de roseira ou com a concha da mão? Impossível!

– Heloísa, disseste uma verdade – o pensamento é indomável, bem o sei. Tens uma inteligência invulgar, mas, o que te aconselho é não cogitares de problemas impróprios da tua idade... Não os queiras perscrutar para que não te atormentes em vão na quadra mais ridente da vida e não envenenes as alegrias mais puras que possas nela fruir... Deus te abençoe e ilumine a consciência para nunca te

---

[12] Rio da Europa que nasce no norte da Rússia.

transviares do caminho árido do dever e da virtude. Adeus! Tens em mim, sempre, um amigo desvelado. Lembra-te do velho amigo nos instantes de infortúnio, como os têm todos os que peregrinam neste miserando orbe...

– ...e ninguém os terá tão acerbos quanto eu! – concluiu a jovem profeticamente, soluçando...

CAPÍTULO VI

O retorno ao lar, sempre festivo, foi, então, para Heloísa, infinitamente penoso.
Lúgubres presságios a mortificavam e flagelavam.

Decorridos dois dias de jornada, chegou, à noite, ao solar de Argemont, de aspecto medieval, ereto no declive de uma colina.

Encontrou a estremecida genitora já em estado de coma. A condessa fora inesperadamente acometida de gravíssima afecção cardíaca. Não chegou a reconhecer a filha adorada e faleceu ao alvorecer de um dia nebuloso.

O pesar da moça orfanada foi, por muitos dias, intenso e inaudito. Teve a impressão de que, até então, a vida não passara de sonho fagueiro, sem apreensões dolorosas, cheia de conforto e carinho, e que, repentinamente, houvera em seu íntimo o despertar de faculdades desconhecidas, apurando-lhe e avivando-lhe a emotividade.

Pareceu-lhe que deixara de ser infantil para avantajar-se na idade, chamada ao palco da existência para desempenhar o drama do seu destino.

Pouco a pouco, porém, o sofrimento moral foi decrescendo, abrandando, mas a fisionomia, em todo o transcurso da vida, tornara-se-lhe grave e merencória.

O solar imerso em tumular silêncio, apavorava-a, como se estivesse vivendo em catacumba romana.

Rememorava os anos da primeira infância, as coisas maternais e experimentava remorsos de não haver sido mais expansiva nas suas demonstrações de ternura para com a extinta, lamentando o tempo que ficara longe dos seus afagos, só a revendo durante as passageiras férias. Compreendeu, então, que maior teria sido o sacrifício da condessa, isolada no lar, esperando com ansiedade a conclusão dos seus estudos, que não chegara a ver, ferida pela invencível Átropos.[13]

Teve desejos de retornar ao internato, para fugir ao castelo sombrio, enlutado, onde se passara o primeiro ato fúnebre da sua existência.

O conde de Argemont, mergulhado em mágoa inexprimível, só lhe aparecia nas horas da refeição e tratava-a com fria reserva.

Um dia, foi procurá-lo ao gabinete de leitura.

Era um fidalgo pálido e esguio, de traços fisionômicos bem delineados, revelando serenidade espiritual, austeridade, nobreza de sentimentos, profundos assim como os da filha.

Trajando vestes negras, era mais pronunciada a sua palidez de alabastro.

---

[13] Uma das três deusas, em Roma, que determinavam o curso da vida humana. Átropos representa o fim da vida terrena.

Quando Heloísa lhe expôs a sua pretensão, fitou-a longamente e respondeu com incontida amargura, surpresa e censura:

– Queres, então, deixar-me abandonado neste solar onde experimentei o mais tremendo golpe desta existência? Não compreendes que, com o passamento da nossa adorada Cláudia, tens novos deveres a cumprir e não te deves ausentar de Argemont? É assim que compartilhas do meu inconsolável infortúnio?

– Perdoai-me, querido pai, o ter concebido um projeto que vos magoa; não menosprezo a vossa dor, tão viva quanto a minha, mas esta casa silenciosa, sem as carícias de minha mãe, afigura-se-me um claustro, ou antes um cárcere... As recordações da morta adorada torturam-me impiedosamente, abalam-me a saúde e tenho a impressão de estar condenada a eterno degredo!

– Compreendo o que se passa contigo, Heloísa. És criança e não te habituaste ainda, como os velhos, ao consolo da solidão e da sombra... onde se rememoram as perdidas venturas! Crê, porém, que o meu pesar supera muito o teu, em veemência...

– Por que assim o julgas, meu pai?

– Por quê? Porque sofres pela vez primeira o golpe da adversidade, na quadra florida da existência, em que as lágrimas não deixam sulcos nas faces de rosa, tendo a dourar-te a alma todas as ilusões da juventude!... Aos 17 anos as desventuras não se aprofundam, não têm raízes inabaláveis no coração – duram tanto como os goivos e as saudades dos jardins primaveris...

"Aos 60, depois de meio século de lutas, elas se alojam no âmago do peito, quais seixos arremessados ao fundo de uma cisterna insondável... e jamais daí se retiram! Padeces no alvorecer; eu, no crepúsculo de uma existência. Nossas dores são, pois, bem diversas.

"A tua se desvanecerá ao primeiro sorriso da esperança, a minha me acompanhará ao túmulo. Vestes um luto momentâneo, eu, por todo o resto da vida. Percebes, agora, a diversidade dos nossos dissabores?

– Tendes razão, pai – sussurrou comovida até às lágrimas. – Perdoai-me. Não sou egoísta. Não vos devo abandonar em momentos tão angustiosos, pois, se o fizesse depois que me abristes o coração magoado, seria presa de infindo remorso! Esquecei o que vos pedi, parecendo indiferente aos vossos padecimentos. Não suponhais, porém, que eu sinta e raciocine como criança ingênua e inexperiente. Não, querido pai. Com a alma abalada pelo primeiro, mas intenso pesar, julgo haver despertado de um sonho milenário e ultrapassado a vossa idade...

"Sinto, no espírito, o peso dos séculos... Tenho a sensação de que já vivi muito e que hei de sofrer extraordinariamente no decurso desta romagem terrena. Não me trateis, pois, doravante, como se eu fora uma donzela leviana e, sim, como desvelada consócia da vossa dor, que já estivesse com os cabelos encanecendo!"

O venerável conde, com os olhos turvos de pranto, fitou-a surpreso: era bem a descendente dos heroicos Argemont que lhe falava! Havia no seu aspecto tanta dignidade, tanta convicção naquelas afirmativas, que ele desde logo fez outro conceito da filha amada. Deixou de ser cândida e inesperta criança – apenas preocupada com os deveres escolares – para tornar-se a solícita companheira de suas amarguras, a confidente das suas apreensões, a confidente dos seus pensamentos e recordações da mocidade! Houve, naquela hora, o conúbio sagrado, o encontro de duas almas nobres que, embora estivessem sob o mesmo teto, se desconheciam quase, até então.

Uma afinidade ilimitada estreitou-lhes os espíritos por todo o sempre, confortando-os, suavizando-lhes os mais íntimos dissabores.

Tornaram-se quase inseparáveis.

Ficavam, desde o entardecer, no alpendre marmóreo do solar, permutando ideias, relembrando o passado e a bondade da querida morta.

O ancião admirou, por sua vez, maravilhado, o talento lúcido de Heloísa, que expendia argumentos irrespondíveis sobre a religião que professavam, e dissertava, com facilidade e eloquencia, sobre artes e ciências.

Decorridos dois anos do passamento da condessa, o conde lhe disse certo dia:

– Heloísa, pretendo convidar alguns amigos e suas famílias para que sejas apresentada à nossa sociedade.

– Oh! meu pai – obtemperou surpresa –, essa inesperada resolução envolve qualquer projeto que não me quereis revelar...

– És muito perspicaz, Heloísa – volveu ele sorrindo –, e vejo que não te posso ocultar nenhum pensamento... Vou desvendar o segredo paterno: sinto-me enfermo e receio deixar-te enclausurada neste castelo, sem parentes próximos nem amigos desinteressados... Desejo, pois, que traves conhecimento com os mais sensatos jovens para, se algum te agradar, aprazar-te o consórcio...

— Agradeço-vos os ternos cuidados. Não sei, porém, definir o que se passa em meu ser, estou convicta de que me hei de casar, mas para ser grandemente desventurada... Temo, pois, aliar-me a alguém, sem conhecer intimamente o caráter do meu companheiro de jornada terrena...

— Justíssimos receios, filha querida, mas confio no teu critério para não escolheres levianamente um marido, levada pelo físico ou pela opulência, unicamente... Algum fidalgo pelo nascimento e valdevinos pelo proceder.

"Possuímos sólida fortuna e poderás eleger qualquer rapaz de acordo com a tua inclinação espiritual, impulsionada por seus predicados morais e intelectuais, mesmo que não seja de alta estirpe. Valorizo mais a nobreza da alma que a de casta. Para mim a moral supera o brasão..."

— Obrigada, meu pai, pelo que vos acabo de ouvir. Sois, na verdade, mais nobre do que eu supunha. Nossas ideias se coadunam plenamente. Só o orgulho e a bazófia podem cegar os que não têm reta e esclarecida consciência, para prestigiar mais a raça que o mérito individual. Não é o berço que valoriza a criatura, mas a virtude, ou a inteligência aliada ao mérito individual.

CAPÍTULO VII

A reunião no solar de Argemont foi pouco ruidosa, mas seleta. Congregaram-se em seus salões, artística e sobriamente ornamentados, famílias de fidalgos normandos, de diplomatas e intelectuais.

Havia, entre os convivas, um castelão de Arras, que, apresentado à filha do austero conde de Argemont, logo lhe notara a formosura e talentos peregrinos. Chamava-se Gastão Dusmenil. Era de estatura mediana, fronte ampla, cabelos louro-castanhos. Cursara uma das academias francesas. Era versado em Literatura e Ciências Exatas, já havia realizado longas viagens através do continente asiático.

Heloísa sentiu-se, desde que o viu, intensamente comovida. Durante as horas de convívio, naquela noite inolvidável para ambos, ele palestrou sobre a Índia, que havia percorrido recentemente.

Mostrava-se severo no julgamento da sociedade contemporânea, verberando a nulidade e a frivolidade da maioria das donzelas e dos jovens dos países mais cultos, que não se consagravam a uma arte, a uma profissão, sem alvo na vida que se tornava, por isso, enfadonha quanto inútil.

Poucos dias após a recepção do solar de Argemont, Dusmenil apresentava-se novamente ao venerável conde.

Conversaram intimamente num dos varandins da pétrea habitação, na presença de Heloísa que, por vezes, fazia judiciosas ponderações.

– Sr. conde de Argemont – falou Gastão no curso da palestra –, tenho peregrinado por quase todas as regiões europeias e asiáticas, pois só me falta conhecer a Sibéria e o Japão – e nunca me deixei fascinar por qualquer beldade feminina, porque, em geral, a mulher é frívola e banal. Parece exclusivamente empenhada em conquistar marido ou amante, pelos encantos físicos, pela tafulice, pelos adornos excessivos, esquecendo-se de que a moral; a educação e o senso é que forjam os vínculos indestrutíveis e prendem suavemente os corações, talvez por todo o sempre!

As jovens de sentimentos elevados não devem querer imitar as mundanas e odaliscas, a conquistar adoradores apenas pela plástica helênica, pois, às vezes, inspiram paixões violentas, mas efêmeras, porque arrefecem subitamente e não fazem a ventura dos lares honestos. Os homens não devem aspirar a mães, consortes ou irmãs formosas e, sim, a puras e dignas, das quais possam oscular a fronte com santo orgulho, sem corarem quanto ao seu proceder...

– De acordo, Dr. Dusmenil – retrucou de Argemont –, e felicito-vos por assim pensardes, apesar da vossa pouca idade. Conheci, na Terra, a ventura integral, neste particular, pois liguei meu destino a uma das mais dignas e belas criaturas que hei visto... Esses exemplares, porém, não são comuns...

— Mas existem, felizmente! — tornou o castelão de Arras, fixando intencionalmente Heloísa, que se tornou rubra e disse:

— Não discordo do que expusestes, Dr. Dusmenil, pois revelais sentimentos nobilíssimos, mas haveis de convir que o homem, geralmente, é que valoriza mais a beleza física do que a virtude. Tendo de escolher companheira para o transcurso de uma existência, entre uma Vênus[14] frívola, contemporânea, e uma Cornélia[15] sensata, mas, sem atrativos plásticos, preferirá a primeira. Quantos homens há que renegam o lar honesto, onde ficam inconsoláveis esposa e filhinhos carinhosos, para buscarem os antros dourados onde doudejam as flores do vício, do mal, da sedução...

— Tendes razão, senhorita, e muito folgo por emitirdes ideias que revelam apreço à virtude e à justiça. O crime moral a que vos referis devia ser punido pelas leis sociais e, certamente, os códigos futuros dele hão de cuidar.

"Quem sabe ainda conseguirei objetivar meu ideal, aliar meu destino ao de uma jovem que reúna a perfeição física e a espiritual?

"Envidarei, então, todos os meus esforços por torná-la venturosa, mas exigirei não transgrida nenhum dos seus deveres morais.

"Pretendo, ainda, prosseguir nas minhas excursões através do Novo Mundo e desejo que, na minha ausência, a esposa me seja absolutamente fiel, digna da consideração de meus amigos, servos e conhecidos.

---

[14] Deusa romana do amor e da beleza.
[15] Matrona romana conhecida por sua virtude e seriedade (190-100 a.C.).

"Eu encontro atenuantes para muitos delitos humanos – menos para a perfídia. E quase sempre a mulher bela e admirada é vaidosa, perjura, timbrando em ser amada por muitos homens, para causar inveja às *amigas*... das quais não relutam em roubar os maridos e a ventura, e em conspurcar o nome dos esposos e dos filhos...

"Alguém pode apunhalar outrem – compelido pelo ciúme, pelo ódio, ou pela vindita que turbam os sentidos; pode ser bandido, levado pela penúria ou pela impiedade humana, mas os traidores não têm dirimente: ludibriam e pungem, sempre, a quem lhes consagra afeto às vezes profundo; esfacelam corações dedicados, com premeditação. A perfídia, pois, para mim é o delito máximo, a superlativa afronta aos sentimentos dignificadores, o crime imperdoável.

"O cônjuge infiel é o assassino moral que fere inocentes e fica impune perante os códigos penais, que só cogitam de fidelidade devida ao rei e à pátria, esquecendo a que deve ser tributada à família, que não merece menos a nossa veneração. É o ladrão da alheia e da própria honra. É o Iscariote abjeto, execrando, que não tem a precisa coragem para pôr termo à própria vida, com o baraço ao pescoço, continuando a vilipendiar a sociedade com a sua presença abominável.

"É o destruidor da esperança, da ventura e da honra dos lares. Não achais que penso bem, senhorita?"

– Sim! – respondeu ela com veemência. – Não encontro justificativa para o ludíbrio praticado por noivos, casados ou amigos, que se tornam monstros sociais e deviam ser punidos severamente por magistrados incorruptos!

Heloísa, assim dizendo, entristeceu-se bruscamente: recordara-se do sonho retrospectivo em que se vira acusada de vil perfídia ao formoso *Marcos*, cujo coração vira lacerado de dor...

❦

Pouco tempo depois desse amistoso colóquio, realizaram na capela do solar de Argemont os auspiciosos esponsais de Heloísa e Gastão Dusmenil.

O conde, valetudinário e melancólico, não suportando a separação da filha adorada, solicitara ao casal a permanência no solar, pois temia que a morte o surpreendesse longe dos desvelos filiais.

Dois anos ali permaneceram, serenamente, enlevados e ditosos, Gastão e a bela consorte.

Já então lhes nascera um menino de formosura angélica, mas de compleição delicadíssima, de saúde extremamente alterável. Os jovens genitores viviam em constante inquietação.

Renê, assim se chamava o primogênito, era níveo e louro, de olhos de água-marinha parecendo translúcidos; traços de pureza que lembravam efígies de alabastro-róseo, plasmados por um Fídias celeste.

Certa feita, Dusmenil encontrou a esposa ajoelhada junto ao berço de Renê adormecido. Ela sorriu, mas tinha os olhos nevoados de pranto.

– Que tens? – interrogou o marido com ternura.

– Não vês? Estou velando pelo meu paraíso e meu calvário...

– Quisera ser Rembrandt ou Murillo[16] para pintar uma tela imortal – *Esperança e temor* – inspirada por ti, neste momento... Por que não me fiz artista? Quanto o sinto agora!

---
[16] Rembrandt – pintor holandês (1606-1669); Murillo – pintor espanhol (1618-1682).

A enfermidade do Sr. De Argemont agravou-se subitamente no inverno daquele ano. Pressentindo a partida iminente, ele falou à lacrimosa e querida filha:

– Morro tranquilo, Heloísa, pois deixo-te casada com um perfeito cavalheiro, caráter irrepreensível, bondoso e solícito.

– Também o creio, meu pai – retrucou Heloísa –, posso, ao presente, considerar-me plenamente venturosa como esposa. Ninguém sabe, porém, o que me sucederá no futuro... Vossa afeição, santa e profunda, é-me sempre inestimável e imprescindível! Por isso, se *partirdes agora*, como pensais, deixareis um vácuo infinito em minh'alma! Não sei que triste pressentimento me amargura a felicidade atual...

"Cuido que, tempo virá, muito hei de lamentar a ausência do meu incomparável pai, meu insubstituível amigo! Se é que Deus vai levar-vos *agora* (com que dor o digo!), para as mansões ditosas onde encontrareis vossa digna companheira, não deixeis, nunca, de velar por mim!

– Desvanece esses lúgubres pensamentos, Heloísa! Gastão adora-te e já tens um vínculo de luz a prendê-lo ao lar, que será de paz e ventura, como o mereceis...

– Deus vos ouça, querido pai!

Uma noite, suavemente desprendeu-se a alma do bondoso fidalgo – que o era nas virtudes e na magnanimidade – da matéria já impotente para prendê-lo à Terra, qual o casulo abandonado pela falena quando lhe nascem as asas de gaze cambiantes...

CAPÍTULO VIII

A dor que alanceou o coração de Heloísa foi duradoura e pungente. Só encontrou conforto nos encantos do meigo filhinho e no afeto do esposo.

Um mês após o passamento do conde de Argemont, ela partiu para Arras, onde Gastão possuía diversas propriedades e instalou-se, principescamente, em uma delas.

Cinco anos de lídima felicidade dobaram para aqueles entes que se amavam intensamente, sem o menor vislumbre de dissabores.

Quando Heloísa chegou à nova moradia, notou com desagrado a presença de um indiano de estatura elevada, cabelos de ébano, olhos negros e coruscantes. Chamava-se Ariel Hamed e era mordomo de todos os domínios de Dusmenil.

– Que olhar trágico tem este homem! – exclamou ela, ao vê-lo pela primeira vez. – Por que o tens em tua companhia?

– Porque em arriscadíssima caçada, em Puducherry, salvou-me a vida na iminência de ser despedaçado por um tigre feroz, quando, vencido pela fadiga, repousava à sombra de uma árvore. Foi isso há oito anos. Fizemo-nos amigos e jamais dele me separei. É-me tão fiel e dedicado como um galgo! Terás ensejo de verificar o que ora te afirmo.

Ela emudeceu, mas observava-o sempre com assombro e desgosto.

Ariel, quando necessitava falar-lhe, não a fixava, mas, às vezes, cravava-lhe bruscamente o olhar sombrio e velado de tristeza, que se tornava fulgurante, parecendo que se havia acendido, às súbitas, no cérebro uma lâmpada misteriosa cujas irradiações lhe relampeassem nos olhos de treva.

Heloísa evitava-lhe a presença, que mal podia tolerar. Vivia absorvida pelos desvelos que a delicada saúde do filho requeria. Este, já expressava os seus sentimentos e era tão meigo, carinhoso, dócil de fazer ditosos os ternos genitores.

Não se apartava da mãe dedicada, que o não confiava aos cuidados de ninguém. Seu níveo leito era paralelo ao dela. Tornava-se assim a sentinela permanente do adorado bambino.

Despertava, com frequencia, para afagá-lo, para tomar-lhe a temperatura e o pulso. Saía a horas matinais, levando-o pela mão, acompanhada do esposo, e empenhados ambos em robustecer aquele débil organismo.

Quando completou seis anos, entrecortados de crises assustadoras, melhorou consideravelmente, reanimando as esperanças paternas.

Uma tarde, Gastão falou à consorte:

– Heloísa, desejo, por algum tempo, retomar minhas viagens. Pretendo percorrer a América em tua companhia e com o querido Renê. A viagem vai ser longa e fatigante, mas repousaremos em diversos países.

– Perdoa-me, Gastão, mas não devo aceder ao teu convite – respondeu ela entristecida. – Bem sabes quanto é frágil o nosso Renêzinho: sujeitá-lo a climas diversos, a fadigas incessantes será, talvez, causar-lhe a morte... E esse pensamento, só em concebê-lo, me apavora! Parece-me que enlouquecerei se o perder!

– Vamos ouvir o parecer do nosso médico. Vou chamá-lo com urgência.

O venerável sexagenário Dr. Dudevant, ao chegar à residência de Dusmenil, depois de auscultar detidamente o pequenino Renê, opinou com firmeza:

– Não deveis levá-lo convosco, Sr. Dusmenil. A saúde do menino é extremamente alterável. Convém-lhe ainda, por algum tempo, absoluto repouso. Virei examiná-lo com frequencia, e, com cuidados ininterruptos, talvez consigais realizar vosso intento quando ele atingir a puberdade.

– Mas não lhe será favorável a diversidade do clima?

– E o cansaço das viagens marítimas, Sr. Dusmenil? Se ele a bordo tiver náuseas – como é provável que as tenha, se o levardes convosco – está perdido! Perdoai-me a franqueza, pois sou médico, mas, sobretudo, pai extremoso, não desejo vos revolteis contra mim, se for imprevidente...

– Qual, pois, a enfermidade de Renê, Dr. Dudevant? – interpelou aflito o amoroso genitor.

– Uma leve alteração... cardíaca. Seu estado, porém, tende a melhorar. Tenho observado que, ultimamente, a saúde dele vem normalizando. Deveis, porém, evitar-lhe qualquer emoção. Não pode ser contrariado. Deixai-o a meu cuidado, pois vou submetê-lo a um tratamento metódico. Podeis partir tranquilo. Salvo imprevisto insucesso...

Quando a sós com a esposa, Dusmenil falou-lhe:

– Estou apreensivo com o que disse o Dr. Dudevant. A razão aconselha-me a ficar vigilante em nosso lar, a teu lado e do idolatrado Renê; mas não sei que estranha influência me impele a empreender longas viagens! Parece-me que sou descendente de Samuel Belibet...[17]

– Por que não reages, Gastão, contra essa tendência que te domina?

– Porque não a considero prejudicial a quem quer que seja. É apenas despendiosa a sua execução, mas nossos haveres permitem que a satisfaça sem sacrifícios...

– Arrisca-se a vida, quando se viaja...

– Nossa vida corre perigo onde quer que estejamos. Se for meu destino morrer de um acidente, nada o evitará. Sempre foi, para mim, incomparável prazer o excursionar – conhecer novos horizontes, diversos povos, diferentes costumes!...

"Agora, o que me desgosta é não poder levar-te e ao nosso Renê. Partirei pesaroso e apreensivo, mas pretendo regressar dentro de um ano e ficar estacionado por tempo indefinido. Deixo a velar pelos que me são caros o meu fiel Hamed..."

– Não, não meu amigo! – exclamou Heloísa, vivamente – leva-o contigo, expões-te a vários perigos em regiões

---
[17] Peregrino.

desconhecidas e não te deves separar dele, que já te salvou a vida uma vez...

– Não, querida, ainda não conheces, quanto eu, esta zona, pois costumam os malfeitores assaltar os castelos. Poderá tal suceder, se me souberem ausente... Já o fizeram uma vez, causando-me avultado prejuízo. Hamed é destemido! Estou convicto de que, em semelhante emergência, agirá com heroicidade.

– Prefiro ficar à mercê da Providência divina...

– Tens razão, mas só irei tranquilo, deixando o bravo Ariel a desvelar-se pelo que nos pertence.

Heloísa emudeceu, entristecida, sentindo, desde que desposara a Dusmenil, um pesar indefinível, que lhe parecia infundado, mas existia no íntimo do seu ser.

Conhecia-lhe bem o caráter – incorrupto, dedicado, generoso; mas obstinado e intransigente em suas resoluções...

Uma secreta amargura toldou-lhe a límpida felicidade conjugal, desde que ele lhe confiou o projeto de uma excursão às plagas americanas.

Era tão viva a sua mágoa que Gastão, antes de partir para desconhecidas paragens, falou-lhe sensibilizado:

– Voltarei ao primeiro chamado, minha querida. Se Renê adoecer, não me ocultes a verdade. Escreverei de todos os portos onde ancorar o transatlântico e poderás dirigir-me tuas cartas para os lugares que eu designar previamente. Estaremos, assim, em correspondência constante.

Dois meses passaram calmos, depois que Dusmenil se ausentou.

Heloísa saía raramente, apenas para assistir a algum ato religioso, num dos templos de Arras, distante duas milhas. Ia de liteira, em companhia de Renê e de Marta, uma aia muito afeiçoada. Demorava-se poucas horas, visitando algumas famílias com as quais entretinha amistosas relações, mormente a do Dr. Dudevant, assistente infatigável do adorado filhinho.

Repentinamente, ela começou a notar algo de anormal, ou suspeito, na atitude de Hamed. Desde a partida de Dusmenil, ele apurou o traje e apresentava-se-lhe todos os dias, a pedir ordens.

– Sr. Ariel – disse-lhe Heloísa uma vez, mal sofreando o seu desagrado –, não necessita receber determinações minhas, senão em casos excepcionais. Quando as tiver, mandarei chamá-lo. Gastão dispensa-lhe ilimitada confiança e o senhor poderá agir com inteira liberdade.

– Quereis, senhora – respondeu-lhe o hindu com inaudita amargura –, evitar minha presença? Achais-me tão hediondo que vos inspire repulsa?

Ela estremeceu, percebendo que Hamed havia interpretado maravilhosamente os seus mais recônditos pensamentos, penetrando-lhe os arcanos do espírito, mas, por delicadeza, retrucou:

– Não trato as criaturas pelo aspecto, mas pelo mérito que possuem, ou pelos atos que praticam. O Sr. Ariel nunca me ofendeu. Não falto com a verdade dizendo que não tenho ordens diárias a transmitir-lhe.

– Senhora, não conseguis iludir-me nos vossos mais secretos sentimentos... Tenho privado com faquires, que há muitos milênios estão de posse de muitos segredos da alma humana. Fui iniciado nos famosos templos do Himalaia, e, para mim, a telepatia não tem segredos: *leio os pensamentos no cérebro*, assim que são concebidos, como se fitasse no céu as estrelas coruscantes... Compreendo – ai de mim! – que me odiais... desde que me vistes!

Alçou o olhar até então fixo no solo, contemplando-a profundamente, como tomado de súbito êxtase; depois, houve nele um fulgor estranho de tigre indiano, quando se precipita em alguma armadilha...

Heloísa não se mostrou acovardada, e, embora empalidecesse, retrucou com energia:

– Sr. Hamed, não discutamos secretos sentimentos! Não foi para isso que Gastão, que o considera amigo, o deixou administrando suas propriedades!

Ele, com humildade, desfitou-a murmurando:

– Bem sei, *senhora rainha*...

– *Rainha*? Por que me chamais *rainha*? – interpelou a esposa de Dusmenil atemorizada, lembrando-se bruscamente da revelação que tivera naquele sonho inolvidável do internato. Recordou-se, então, às súbitas, que aquele que tinha à sua frente, em humilde atitude, não lhe era desconhecido... Evocou o palácio maldito em que se realizaram os seus esponsais com um déspota devasso... cuja aparência era em tudo semelhante à de Ariel...

Era, então, realidade plena a transmigração de Espíritos milenários em novos organismos? Ter-se-ia a alma do monarca de Persépolis reencarnado em Hamed?

Estariam suas existências, como outrora, acorrentadas uma à outra por uma força suprema? Como é que *ele* não desconhecia o passado nefasto?

Observando-lhe a viva perturbação, Ariel disse-lhe com entusiasmo:

– Porque sois "senhora", pela beleza e pela altivez! Não sois uma mulher vulgar, a inteligência resplandece em vossa fronte, qual lúcida coroa imperial! Que cabeça mais digna que a vossa poderá ostentá-la no mundo?

– Não o desejo, Sr. Hamed – falou Heloísa com sinceridade e desdém. – A única ventura a que aspiro *é o amor de meu esposo e do meu adorado filhinho*!

Ele fixou-a novamente, mas, então, com os olhos turvos de lágrimas, trincando os lábios que se purpurearam de sangue. Curvou-se com a fronte quase a tocar o solo e retirou-se silencioso e cambaleante.

CAPÍTULO IX

Algum tempo decorreu sem que houvesse na residência do casal Dusmenil um acidente digno de registro. Heloísa, porém, não estava tranquila. Sua alma evoluída, possuindo faculdades psíquicas de inestimável apuro, pressagiava algo de assustador.

Percebia, às vezes – sem que os olhos constatassem a realidade dessa suspeita –, quando saía ao parque em companhia do formoso Renê, que seus passos eram seguidos sorrateiramente; parecia-lhe que a acompanhava uma longínqua sombra, mas, apenas se voltava, a sombra esvaía-se, numa depressão do terreno ou por trás de algum caule centenário.

Certa vez, pela calada da noite, foi despertada por um cântico de indefinível ternura, em idioma desconhecido, a vibrar suave e dolorosamente pela amplidão da natureza, quebrando o silêncio absoluto do solar. Era um soluço melodioso e passional, vibrado em surdina e como que partido de um coração angustiado, ou sedento de carinho... Dir-se-ia a própria Criação imersa em trevas, que entoava uma canção merencória, plena da nostalgia do Sol que vagava pelo outro hemisfério, inundando-o do ouro ardente de seus raios.

Heloísa, comovida, sentiu o peito opresso. Mais que nunca, ansiava pela volta do marido.

Sentia-se atemorizada, sem poder desvendar a causa do secreto pavor que, desde a partida de Dusmenil, se apoderara do seu coração.

Chegado o inverno, a saúde de Renê alterara-se novamente.

Tendo enfermado o médico assistente, o Dr. Dudevant, este o confiara aos cuidados de um jovem sobrinho recentemente diplomado. Heloísa escrevera ao companheiro cientificando-o do ocorrido. Seu intuito, porém, era libertar-se de Ariel, cuja presença tornara-se um tormento inenarrável!

Encerrava-se no recinto da ampla habitação, sempre acompanhando o filhinho, descorado e franzino.

Via, com inquietação indescritível, os ríspidos dias do inverno, através dos vitrais, e uma tristeza insofreável, um presságio torturante agoniava-lhe a alma, arrancando-lhe dos olhos lágrimas copiosas, que lhe resvalavam pelo formoso rosto de alabastro e rosa...

O doentinho, que a observava, também se afligia e falava docemente:

– Por que estás chorando, mãezinha?

– Porque... teu paizinho está demorando a voltar!

– Também eu tenho saudades dele, mas não posso é separar-me de ti, mãezinha querida!

Ela beijava-o enternecida, ouvindo-lhe as carinhosas expressões. Um dia, para inteirar-se dos sentimentos de Renê, disse-lhe, sorrindo tristemente:

– Quando tiveres de ir para o colégio, queridinho, não deixarás tua mãezinha por alguns meses, todos os anos?

O pálido semblante do menino sombreou-se de súbita amargura, e, meneando a linda cabecinha loura, respondeu com firmeza:

– Nunca irei para um colégio, mãezinha!
– Por quê? Queres seja eu a tua professora?
– É porque... mas não chores mais, mãezinha!
– Dize! Dize, meu filhinho.
– Eu vou... morrer, mãezinha!

Ela o tomou nos braços, cobrindo-o de lágrimas e de beijos e murmurando com angústia:

– Por que me fazes sofrer assim, filhinho adorado?
– Não sou eu que o quero, mãezinha: é o Papai do Céu que vai mandar buscar-me para a sua morada azul, onde brincam os anjinhos... com as estrelinhas de ouro! – Não, amorzinho, pede-lhe para ficares comigo! Ele tem muitos anjinhos e eu... só tenho um, aqui na Terra!

Enternecidos ambos, beijaram-se e estreitaram-se em amplexos afetuosos, confundindo as lágrimas e desejando que aquele abraço fosse eterno...

Muitas noites Heloísa passou-as em vigília, dominada por inominável ansiedade.

Orava longamente, rogava o auxílio da Mãe Redentora para que a livrasse de tão torturante situação. Uma noite em que conseguira conciliar o sono, sonhou vê-la com vestes resplandecentes, tendo ao regaço uma criancinha aconchegada, na qual reconheceu o meigo Renê... Infinita angústia confrangeu-lhe a alma, quando lhe pareceu ouvir a mesma dúlcida voz do bondoso Invisível, que lhe falara na capela do internato de Rouen:

– Pois o teu Espírito milenário ainda não se acha preparado para a prova definitiva, filha minha?

"Pois não confias o teu Renê à piedosa Mãe de Jesus? Serás, porventura, mais sensível e extremosa do que ela, que nunca se revoltou contra os desígnios do Alto quando viu seu adorado filho no cimo do Gólgota, supliciado num madeiro aviltante? Compreendes, agora, a tempestade de dor que flagelou aquela nobre criatura? Resigna-te, quanto ela, com as sentenças do Juiz supremo, Heloísa! Não temas o sofrimento que te apunhala o coração: deixa-o sangrar como o de Maria, ao ver vilipendiado e açoitado o seu Jesus! Convence-te, filha, de que a ventura é efêmera neste planeta e só o padecer é duradouro, porque todos são calcetas que aqui vêm reparar delitos consumados em muitas existências iníquas".

– Amigo desvelado – murmurou ela brandamente –, bem sei que falas verdades incontestes; mas vede que a humanidade é frágil, tem momentos acerbos de vacilação e desalento. O próprio Cristo, plenamente evoluído, alma lúcida, teve instantes de doloroso esmorecimento, e, no cimo do Calvário, interrogou com infindo pesar: *Eloí, Eloí, lemá sabactâni?*[18]

---

[18] Deus meu, Deus meu, por que me desamparaste? – MARCOS, 15:34.

– ...quando não abroquela a verdadeira fé nos desígnios do Pai celestial – concluiu a entidade consoladora. – Deves repelir esses pensamentos nefastos ao teu progresso psíquico! Jesus não duvidava da Justiça divina, era uma entidade acrisolada em todas as pugnas redentoras. Suas palavras revelam o desalento que se apodera das almas enfraquecidas nos momentos culminantes da expiação.

"Já tens séculos de tirocínio espiritual e deves esforçar-te por saíres triunfante e não vencida, nos prélios da dor!..."

– Protegei-me, então, amigo incomparável, para que eu vença as provas supliciantes que aprouver ao Altíssimo enviar-me.

– Sim, filha, podes ficar tranquila. Muitos seres superiores velam por ti e pelo cândido Renê, que é já um ente digno do Céu, ou das mansões dos conversos e redimidos...

– Livrai-me de Hamed, que temo e pelo qual sinto invencível aversão!

– Ai! filha, já lhe foste comparsa em dramas horripilantes... O destino, vezes incontáveis, vos tem ligado indissoluvelmente... e só dele te poderás libertar... quando sofreres com resignação estóica a prova suprema! Serás amparada pelos amigos invisíveis para a venceres cristãmente...

"Adeus! Vou orar por ti."

Heloísa despertou, e, confiante no auxílio daquele amigo desconhecido, exalçou o pensamento às paragens siderais, implorando conforto para seu coração, que, qual marujo amestrado nas lides oceânicas, pressentia, inquieto e temeroso, a aproximação da borrasca temerosa.

Dias longos de inverno sucediam-se como se jamais houvesse de raiar nova estação para os habitantes daquela região.

Ficava Heloísa, às vezes, a uma janela, unida ao pequenino enfermo, fitando os lírios de neve que bailavam no ar, como que desprendidos dos vergéis celestes por um tufão universal, e, decepados do hastil de cristal, se precipitassem, às miríades, sobre aquela zona alcantilada. Formavam, muitas vezes, figuras fantásticas, seres apavorantes e de beleza ideal, níveos e mutilados, como estátuas de jaspe plasmadas por um escultor.

À castelã apreensiva, parecia-lhe estar contemplando mirabolante cenário, destinado à representação de nebulosa tragédia wagneriana,[19] na qual fossem principais personagens espectros ou duendes...

Apertava ao seio o mimoso filhinho, receosa, talvez, de que os brancos fantasmas que voejavam pelos ares lho fossem arrebatar dos braços amorosos...

Anunciava-se a primavera, quando Ariel, que havia muito não lhe aparecia, solicitou uma audiência.

O hindu apresentou-se trajado à feição oriental. Vestes de veludo escarlate, com arabescos áureos e complicados, contornavam-lhe o corpo gigantesco; um turbante de pelúcia negra cingia-lhe a cabeça, de onde apenas surgiam as extremidades das madeixas, que tinham sido de ébano, mas, agora, estavam mescladas de fios brancos, semelhando franjas esmaecidas de uma dragona de marechal carlovíngio, já prateada pelo perpassar dos séculos...

---

[19] Relativo a Wagner, músico alemão (1813-1883).

Cumprimentou-a com exagerada reverência.

Renê, que se divertia com um polichinelo, pôs-se a contemplá-lo, impressionado com aquele aspecto régio. Heloísa correspondeu-lhe à saudação com um leve aceno de cabeça, dizendo em tom decisivo:

– Que deseja, senhor Ariel?

– Aqui não há *senhor*, mas escravo. Chamai-me, unicamente, pelo meu humilde nome...

– Escravo, vestido de púrpura só poderá possuí-los o czar de todas as Rússias... Não tenho essa pretensão. Dizei o que desejais, sem preâmbulo, pois estou em preparativos de partida para o castelo de Argemont.

Ele dissimulou não haver compreendido a ironia das alusões, e murmurou com o olhar fixo no solo:

– Sabeis por que me odiais, *senhora rainha*?

– Mas eu não vos odeio! Não insistais nessa afirmativa. Sei que salvastes a vida a meu marido e não posso execrar-vos sem me haverdes causado qualquer agravo...

– É por generosidade que assim falais... ou antes, é com imenso sacrifício que vos expressais desse modo, em antagonismo com os vossos sentimentos de repulsa à minha pessoa. Sei que me detestais com requintes de pavor... O inverso do que se passa comigo, senhora! Eu vos vi e desde logo fui atraído... por vossa alma que, *eu* sei, já foi minha consócia na opulência e muito cara ao meu coração...

"Oh! senhora, talvez não saibais que é crença milenária, em minha pátria, a transmigração do Espírito durante séculos, em diversos corpos, até que purificado, liberto de todas as imperfeições, se desliga da Terra e sobe às mansões serenas onde fulguram as estrelas...

"Pois bem: vós deveis ser uma alma prestes a abandonar este mundo vil, para não mais a ele tornar... bem como este menino a quem adorais... porque, em diversos avatares, vossos destinos já foram ligados pelos liames sacrossantos do amor... E por que me tendes aversão? Porque já fui vosso conivente em muitos crimes, que vos acarretaram punições acerbas. Já vos fiz sofrer inúmeras vezes, para conquistar vossa afeição, mas – ai de mim! – tenho sido sempre, sempre e sempre repudiado! Na marcha triunfal para o Absoluto, ou Parabram, vós me antecedestes! Fiquei na retaguarda, a muitas milhas de distância! Tenho ainda muitos defeitos... remanescentes das iniquidades de outrora. Luto como um atleta para os subjugar em meu íntimo, mas, como víboras inanimadas pelo inverno, assim aquecidas pelas chamas do ódio, elas revivem e causam males irreparáveis... Há momentos em que ainda sou empolgado por instintos leoninos. Sou vingativo e cruel. Humilho-me contra os que me espezinham. *Sinto* que se me desperta, às súbitas, o orgulho indômito do déspota... doutros tempos..."

Calou-se por momentos. Depois, mudando de tom, com infinita doçura, prosseguiu:

– Mais forte que a minha vontade de iniciado nos mistérios do Além, é a paixão que me domina... Nunca me deixei prender nos grilhões do amor.

"Esvaiu-se-me a juventude indiferente às mulheres da minha terra, que são belas, de tez dourada e olhos de ônix ardente... Quando vos vi, senhora, pela vez primeira, qual visão celeste, julguei contemplasse uma efígie de neve colorida pelo fulgor dos arrebóis.

"Vosso olhar puríssimo, vossa altivez, fascinaram-me... O tesouro mais cobiçado pelo homem é o que está velado por dragões... A mulher é o tesouro mais valioso do mundo... quando tem por atalaias os dragões invencíveis da virtude ou da honestidade... É o que vos sucede, senhora, para desventura minha!

"Pressinto que, apesar do desnível social que nos separa, já foram estreitamente ligadas as nossas sinas, em transcorridas existências... das quais jaz em meu íntimo – tal se fora a fragrância suavíssima de lilases – a recordação ou a saudade indômita dessa era às vezes florida de ilusões, outras crivadas de cardos ferinos... Já fui poderoso e temido. Já vos prestei homenagens pomposas, já perpetrei crimes hediondos para vos possuir...

"Hoje, mísero servo, não tenho mais opulência nem súditos para se prosternarem à vossa passagem... mas, que quereis, senhora? O coração, cego pelas paixões empolgantes, ignora o que seja a categoria social, e, muitas vezes, tem aspirações incontidas... Deveis perceber, com a lucidez estelífera que possuís, que eu vos adoro e sofro horrivelmente com o vosso desdém, que me exacerba e avilta, martiriza e enlouquece!..."

– Que quereis, então, vos faça eu, Sr. Ariel? – falou Heloísa revoltada, erguendo-se com dignidade, pálida de temor e surpresa.

– Que desejo? Que desejo? É o que dizeis? – revidou ele exaltando-se. – O que há de mais sublime na Terra, um só carinho, um beijo, um único e serei eternamente vosso escravo, como tenho sido de vosso esposo!

– *Fiel escravo de Gastão* – respondeu-lhe com indignação irônica que lhe tornava as faces de níveo jaspe – que aproveita a sua ausência para o trair ignobilmente, como ousais propor-me uma infâmia? Não compreendeis que este anjo, minha ventura e meu tesouro terreno – Renê –, está nos observando, compreende o que se passa à sua vista e teria o direito de execrar-me, quando de mim se lembrasse? Não sabeis que um filho é sentinela concedida por Deus para que a que lhe deu o ser nunca transgrida os seus deveres conjugais e maternos, zele por seu futuro e por sua honra? Ainda que estivéssemos a sós, não anuiria ao que me pede acintosamente: *nunca me considero completamente isolada* – Deus vive em minha consciência; meus protetores ou anjos tutelares cercam-me – *eu os pressinto* muitas vezes a meu lado; ouço-lhes o rumor das asas de arminho... Eles me amaldiçoariam se profanasse minha alma com uma perfídia, uma abominação!

– O amor ofusca-me a razão, desvaira-me, senhora! Realizastes as vossas aspirações terrenas unindo o vosso destino... ao do homem que vos idolatra... Sois intensamente feliz.

"Não sabeis o que é a tortura de um afeto não partilhado e repelido com asco... por quem imolaria a própria vida para conquistá-lo! Eu era amigo do Sr. Dusmenil, por ele me sacrificaria uma segunda vez de bom grado, mas, desde que vos conheci... comecei a odiá-lo! Tenho ciúme das suas carícias. Tenho tido ímpetos de o matar, para que jamais possa beijar-vos. Por que vos amo assim? Desgraçado que sou! Apesar de todos os obstáculos que nos separam, sei que as nossas existências já foram vinculadas, e esta afeição que vos consagro... vem de séculos! Como erradicá-la do coração num só momento? Impossível! Impossível! Piedade, senhora! Reconheço que sois virtuosa e vos aviltaríeis tornando-vos minha amante ou de quem quer que seja... Só o que desejo... o que imploro... é um beijo... para saciar esta paixão satânica – se não fora divina! – para extinguir a chama voraz que me consome a alma... fremente de amor e ciúme!

– Estais louco, Sr. Ariel? Se eu cometesse o crime a que me concitais, teríeis ascendência sobre mim, destruiríeis por todo o sempre a minha felicidade conjugal – eu fugiria de Gastão julgando-me a mais degenerada das mulheres!

– Eu me suicidarei ante vossos belos olhos, para que fiqueis tranquila, senhora!

– Deus me livre de ser causadora de tão negro delito, aliás inútil, senhor! Um cadáver de permeio, entre mim e Gastão? Seria para mim a desventura perpétua!

– Não causeis a minha e a vossa desgraça, senhora! Atendei-me!

– Nunca, senhor, seu desejo será satisfeito! Se eu acedesse a esse rogo, sentir-me-ia aviltada, maculada, infamada perante a minha austera consciência! Prefiro a morte à desonra. Quer tirar-me a vida? Faça-o! Mate-me, mas não queira conspurcar-me o Espírito, que terá de ser julgado pelo Juiz supremo!

– Compadecei-vos de mim, senhora! *É a derradeira vez que me vedes...* Medi as consequencias da vossa recusa:

hoje vos suplico piedade... amanhã, talvez, ma implorareis de joelhos!

– Minha resolução é inabalável. Não insista mais nessa loucura!

Rapidamente Ariel sacou do cinto de ouro o reluzente punhal e o alçou à fronte da indefesa esposa de Dusmenil. Renê soltou um grito estridente e desmaiou nos braços de Heloísa, que, imóvel, petrificada, também prestes a desmaiar, não se moveu.

Súbito, Hamed imobilizou o braço que empunhava a arma acerada, gargalhou convulsamente como se houvesse enlouquecido e disse, com entonação de ébrio, frisando todas as palavras:

– Não vos matarei de um golpe... não; mas lentamente, tal como estou sendo apunhalado há muito! Bilhões de vezes haveis de arrepender-vos do desdém e orgulho com que me tendes esmagado...

"Quero *vingar-me*... como fazem os tigres da minha terra, quando conseguem libertar-se de alguma armadilha em que caíram famulentos, inesperadamente... Não tendes mais diante de vós o humilde servo Ariel... mas o antigo e poderoso tirano do Oriente, habituado a ver as multidões prostradas à sua passagem e a fazer rolar ao solo as cabeças rebeldes! Não me vereis mais, *senhora rainha*, porém, não me esquecereis nunca, até à eternidade!".

Guardou rapidamente o punhal na cinta e desapareceu no vasto corredor que dava acesso à portaria do solar.

CAPÍTULO X

No dia imediato a essa trágica cena, achava-se Heloísa em pranto, desvelando-se pelo amado Renê, que guardava o leito, com a saúde profundamente alterada por causa do que presenciara na véspera, quando foram avisá-la de que Hamed e Fabrício – o criado particular de Gastão, que o não acompanhara por haver adoecido gravemente na ocasião de sua partida – haviam desaparecido misteriosamente.

Presa de inenarrável inquietação, Heloísa por alguns dias esteve desesperançada de ver restabelecido o adorado filhinho.

Só quando o viu convalescente é que ponderou a situação e compreendeu que o rancoroso Ariel ia preparar alguma cilada, cujas consequências não podia devidamente aquilatar.

Dois meses transcorreram, de apreensões e mágoas acerbas para a nobre castelã.

Querendo fugir daquele local onde julgava ver, constantemente, a sinistra figura do hindu encolerizado, deliberou voltar ao solar de Argemont até que o esposo regressasse.

O pequeno, reanimado pelo desejo de passear com a dedicada mãezinha, reuniu seus bonecos e carrinhos e os colocou em uma das malas onde as servas acondicionavam o indispensável à repentina mudança.

Achava-se, à tarde, Heloísa ordenando ao novo mordomo o que deveria fazer na sua ausência, quando foi surpreendida com a chegada de Gastão, pálido de gesso e dominado, visivelmente, de intensa amargura. Ao vê-lo, interrogou, alarmada:

– Que tens, estás enfermo?

O mordomo retirou-se e Heloísa aproximou-se do marido, que, com um gesto, em vez de abraçá-la, repeliu-a. Renê, radiante, atirou-se ao colo do pai que o cobriu de beijos, conchegando ao seio o seu pequenino e definhado corpo e soluçando por momentos. Depois, pondo-o no chão, o impeliu brandamente, ordenando:

– Vai brincar, filhinho, tenho que conversar... com tua mãe!

O menino obedeceu, não sem haver osculado ternamente a genitora, que, atônita com a atitude insólita de Dusmenil, sentia indefinível angústia.

– Senhora – falou-lhe o consorte com voz trêmula, sem mais querer fitá-la – bem sabe quanto sou intransigente em questões de honra. Disse-lhe inúmeras vezes. Para mim não há traições justificáveis.

– Por que me falas em traição? Acaso deixei de cumprir meus deveres de esposa e mãe?

Sem lhe dar resposta, Dusmenil prosseguiu:

– Sempre a julguei uma criatura nobre, diversa no proceder do comum da humanidade. Sempre a considerei digna do meu profundo amor, mas estava iludido nas minhas convicções. Fui brutalmente surpreendido por notícias aviltantes a seu respeito, as quais me fizeram quase enlouquecer de dor, de vergonha e desespero!...

– Que outro celerado poderia urdir contra mim odiosa calúnia senão Hamed?

– Ariel é um caráter ilibado. *Só ele me é fiel e devotado.* Já me salvou a vida contra perigosas feras e *agora me defendeu a honra*!

– *Defendeu-te a honra*? Que afronta é essa que me fazes? Quem aqui faltou com os deveres de honorabilidade?

– Quem? – bradou Gastão exaltando-se – a senhora, a quem confiei meu lar, meu nome, minhas esperanças, meu futuro!...

– Mas isso é atroz e inverossímil! Pois abre devassa. Não saí durante tua ausência, senão poucas vezes, para assistir a algumas cerimônias religiosas; não recebi pessoa alguma, além dos médicos que tratavam Renê, que esteve à morte. Que fiz, pois, para ser assim torpemente acusada?

– A senhora foi a Arras... encontrar-se com o seu amante... que se disfarça em médico para poder penetrar nesta casa sem escândalo e que ousou vir aqui uma noite, mas foi perseguido por Ariel e Fabrício!

– Deus meu! Parece que vou enlouquecer de dor e de revolta!

– Não suspeitava que fosse tão prestemente descoberta a execranda verdade? Não me comovem suas falsas expressões de indignação... Todas as adúlteras as têm, assim dramáticas, para embair os maridos ultrajados!

— Chame esses infames à minha presença!

— Poupo-lhe essa humilhação... Creio que terá um resto de bom senso para não discutir um caso de honra perante dois servos...

— Crês mais, então, em dois miseráveis criados do que em mim, que tenho um passado impoluto?

— Confiava demasiada e cegamente na sua fictícia virtude... Não há, na Terra, mulher bela que seja honesta e fiel — *todas cedem facilmente às seduções do homem que lhes agrada*!

— Não me ofendas assim, injustamente, Gastão; Ariel não é teu amigo: estás iludido com essa víbora!

— Por quê? Por que o temia quando lhe disse que ele ficaria velando pela senhora e Renê, até que eu voltasse? Por que se recusou acompanhar-me, pretextando a enfermidade de Renê?

— Porque o Dr. Dudevant foi desfavorável à ida do nosso filhinho. Porque percebo que Hamed nos odeia. Só tu não compreendes aquele olhar de tigre rancoroso.

— Não me queira iludir mais: toda essa aversão que por ele manifesta é porque... Ariel estorvava seus planos de ludíbrio e vilania!

— Pois bem: já que não queres crer na minha sinceridade; já que me afrontas sem provas, agasalhando a calúnia de dois infames, requere o divórcio e comprova as acusações abjetas que acaba de irrogar-me!

– Quer, certamente, fazer outra vítima, libertando-se dos vínculos legais que inibem contrair novas núpcias?... Separarmo-nos judicialmente? Nunca! O divórcio é a desonra da família, vulgarizada e confirmada pelas leis sociais. Não quero arrastar pelos tribunais e pelas sentinas da curiosidade pública *o meu nome e o de Renê*. Não quero conspurcar o futuro de *meu* filho. Separemo-nos, mas não judicialmente.

– Cerceias-me o direito de defesa, Gastão! Só agora reconheço – prosseguiu em lágrimas, deixando de o tratar familiarmente – que o senhor é injusto e egoísta. Consagrava-lhe a mais viva afeição, que supunha inabalável; suas odiosas suspeitas e agravos acabam de desiludir-me. Separemo-nos, pois, porque não mais poderei tratá-lo como até aqui, mas tomo a Deus por testemunha da incriminação que me fez, dando crédito a dois pérfidos vilões. Ouça-me pela derradeira vez e grave em sua alma o que lhe vou revelar: *Ariel é seu rival disfarçado em amigo e servo humilde*. Quando o senhor descobrir a verdade, há de lamentar as injúrias que acaba de assacar-me. Há de sentir pungente remorso... mas de nada lhe valerá o arrependimento!

– Prove-me que Ariel mentiu e eu o matarei como a um cão hidrófobo! – exclamou Dusmenil no auge da emoção e do desvairamento.

Heloísa – num desses momentos em que se julga haver decorrido um século – refletiu. Ia dizer-lhe a verdade, mas sentiu súbito aturdimento e a voz dulcíssima que lhe falava dentro d'alma nos instantes dolorosos, segredou-lhe com energia:

– Evita o derrame de sangue, filha amada. Se o fizeres, tua prova fracassará. Sofre tudo, mas não te vingues, *Deus te fará justiça*!

Então, esmaecida qual marmórea estátua, desfeita em lágrimas, disse nobremente:

– Como provar o que exige, senão mediante um inquérito judicial, ou com o tempo? Como obrigar os celerados trânsfugas, que ousaram macular-me a honra com ignóbil calúnia, a terem consciência e a retratarem-se?

– Pois bem: saberei pesquisar o que houve para inteirar-me da realidade dos fatos e punirei o culpado ou culpados, se os houver. Agora, porém, urge que vá para Argemont. Eu ficarei e encarrego-me, doravante, do tratamento e da educação de Renê... que pretendo seja um cavalheiro honesto!

– Está louco? Quer imolar a vida de um anjo ao furor da sua iníqua vingança? Onde aprendeu a ser tão cruel e impiedoso, senão fascinado por esse maldito hindu?

– Renê ama-me tanto quanto à senhora. Velarei por ele dia e noite, e, dentro em pouco, ele a esquecerá!

– Esquecer-me o adorado Renê? Fazê-lo talvez odiar-me? Mate-me, então, mas não pratique essa perversidade inominável!

– Pensei, realmente, em tirar-lhe a vida... Foi esse o meu primeiro ímpeto, revoltado pelo que soube; mas depois refleti que ficaria só com a minha desventura e legaria a Renê acerbos dissabores futuros: filho de um assassino e de uma adúltera! É por amor a essa criança que não a apunhalo. Quero antes que a senhora sobreviva, que padeça as consequencias do seu crime, que seja tão desgraçada quanto eu... pois sei o que vai ser o meu porvir... que parece haver desmoronado e rolado num abismo!

Por momentos, Heloísa, acabrunhada, presa de infinito desespero, não pôde tomar uma deliberação definitiva. Depois, falou meio alucinada:

– Senhor, deixe-me aqui ficar até que Renê, ainda convalescente, de todo se restabeleça. Viveremos como estranhos.

– Impossível atendê-la. Não pretendo mais viajar e sua presença tornou-se-me odiosa!

CAPÍTULO XI

Heloísa, não podendo mais sofrear o tormento moral, motivado pelos agravos do marido, saiu precipitadamente da sala.

Dirigiu-se ao seu quarto, onde Renê a esperava aflito, sobraçando diversos brinquedos que atirou logo ao solo ao ver a mãe banhada em pranto. Cingiu-lhe o pescoço com os débeis bracinhos, como vívido colar que a castelã teve a ideia de jamais desatar em todo o curso da sua existência.

– Por que choras tanto, mãezinha? – interrogou aflito, com ternura infinita. – Foi o paizinho que te contrariou? Foi o teu Renêzinho? Que fiz eu?

Ela, inundando-o de lágrimas, falou soluçante:

– Meu anjinho adorado, nunca me aborreceste. Choro porque vou ficar sem te ver... por alguns dias. Estás doentinho e não podes viajar. Vou ao castelo de Argemont e ficarás com teu paizinho, que também te quer muito, mas nunca me esquecerás, não é verdade?

A criança abraçou-a mais fortemente, exclamando:

– Não te deixo partir só, mãezinha querida! Quero ir contigo!

– Então... dorme, filhinho, para sairmos amanhã bem cedinho.

Voltando-se para uma aia – robusta e insinuante aldeã que a fitava lacrimosa – ordenou docemente:

– Vai buscar o leite para Renê, Marta!

A serva, antes de obedecer, baixou a voz e disse-lhe:

– Senhora, perdoai minha audácia e rude franqueza: sei o que se passa convosco! Ouvi toda a conversação, pois estava casualmente arrumando o quarto da sala... Bem sabeis que sou casada e que meu marido – ou melhor, algoz – está no Sul, em visita aos seus.

"Não me íeis levar para Argemont, mas eu vos imploro: não me deixeis aqui! Desejo seguir-vos, como escrava, para onde fordes!".

Naqueles instantes de amargura, dominada por invencível desalento, a dedicação de Marta comoveu intensamente a infeliz senhora.

– Obrigada, Marta, ficarás comigo até quando te aprouver!

Depois, com amarga ironia:

– Às vezes uma alma nobre não se abriga num fidalgo, mas num fâmulo...

A criada retirou-se para lhe cumprir as ordens.

Heloísa, sempre lacrimosa, continuava abraçada ao filhinho, até que, vendo-o prestes a adormecer, acomodou-no na cama.

A noite já havia descido sobre o hemisfério oriental o seu velário de crepe. Nunca lhe parecera tão tétrica. Dir-se-ia que lhe inundava a alma um oceano de trevas.

Marta regressou. Heloísa, dominando a angústia que lhe constringia o coração, depois de dar o alimento a Renê, fê-lo orar, ajoelhado no leito. Beijou-o depois na fronte, nos cabelos, e murmurou:

– Agora, dorme filhinho...
– Então não chores mais, mãezinha!

Ela, contendo os soluços, aquietou-se, ajoelhada junto ao leito do pequenino adorado, afagando-lhe a cabecinha angélica. Quando o viu adormecido, murmurou estendendo os braços sobre ele:

– Maria Santíssima, eu vo-lo entrego... Apiedai-vos dele... e desta desventurada mãe, qual o fostes! Dai-me ânimo sereno para, a exemplo do vosso boníssimo Filho, sorver até à última gota a taça da amargura!

Ergueu-se depois, lentamente, sentindo-se impotente para consumar a esmagadora sentença que pesava sobre ela. Fitou demorada e ansiosamente o filhinho adormecido, compreendendo que aquela imagem querida lhe ficaria indelevelmente gravada na alma dolorida.

Envolveu-se em longo manto negro – que usara no luto do estremecido genitor – e, seguida de Marta, trôpega atravessou o extenso corredor que dava saída ao solar, o mesmo por onde, havia pouco, vira sumir-se cambaleante o ultor Ariel...

A lembrança do vulto sinistro – que parecia seguir-lhe os passos constantemente – causou-lhe convulsivo tremor... Como se vingara torpemente da sua nobre fidelidade o terrível hindu! – pensou. Era bem, via, o crudelíssimo e implacável verdugo de Persépolis...

Mas, que lhe fizera senão resistir à proposta aviltante de trair o querido ausente, que, agora, fascinado por seus sortilégios, a expulsava do lar – de que fora ela impoluta e heroica atalaia?

Não aquiescer ao delito, para os celerados, é ser pior do que eles, no julgamento de suas torvas consciências! É a guerra perene da treva contra a luz. É o aulido raivoso do mastim acorrentado, vendo, em pleno azul, singrar a galera radiosa da Lua. É o furor do leão enjaulado vendo além, no prado florido, pascerem cândidas ovelhas que deseja devorar...

A virtude, como o vício, tem adversários inexoráveis. A uns, porém, aguardam séculos de sofrimentos; a outros, milênios de bênçãos e venturas.

Ela jamais pactuaria com um ato indigno. Preferia a morte, o suplício moral à desonra. Tudo suportaria, como Jesus – ser ultrajada, açoitada, desventurada – menos macular a neve açucenal de sua alma com a tisna de um delito! Ia no encalço da desolação, da saudade imensurável, dos dissabores inconsoláveis; mas em sua alma luminosa não havia um átomo de remorso e aguardava, com a convicção absoluta dos primitivos mártires nas arenas romanas, a justiça do Magistrado supremo. Era desditosa, mas não poluta.

Por que silenciara, como o Cristo no Sinédrio, podendo patentear a verdade? Que força extraordinária lhe colara os lábios?

Era mister que assim fosse, para evitar o derrame de sangue. O holocausto que o Criador lhe exigia então, para sua definitiva liberdade, era o opróbrio, a separação dos entes que mais amava na Terra – satélites fulgurantes da sua alma. Seria, pois, ela a vítima propiciatória, que evitaria crimes irreparáveis, naqueles momentos. Mas, se Renê, longe de suas carícias, viesse a sucumbir, se fosse ele e não ela o sacrificado? Horror! Horror!

Deus não consentiria tão tremenda imolação. Ele viveria com os carinhos paternos. A verdade seria desvendada por intervenção divina e talvez a paz voltasse ao lar que lhe parecia irremediavelmente desmoronado.

Cessou de chorar, mas uma dor penetrante, como produzida por glacial estilete, penetrou-lhe o coração e, nítida, apresentou-se-lhe, à imaginação exacerbada, a revelação que tivera no internato de Rouen... Viu, subjetivamente, no régio palácio o desditoso *Marcos* apontando-lhe o coração apunhalado... Era bem essa a expiação penosíssima que lhe fora imposta pelos tribunais celestes, para resgate do seu crime execrando... Era essa a *prova suprema* de que lhe falara o bondoso invisível...

A existência humana – romance ininterrupto, eterno, com lances cômicos, dramáticos, misto de farsa, tragédia, epopeia infinda – tem transes dolorosíssimos que, às vezes, num instante, fazem os delinquentes redimirem séculos de ignomínias... É mister, pois, havê-los, para que a alma conspurcada se depure e alveje, se eterize e ascenda às regiões serenas do Infinito, em cujo oceano radioso gravitam as constelações, os reinos fúlgidos do Soberano universal! Heloísa compreendeu essas luminosas verdades. Achava-se num desses momentos que deixam um sulco de relâmpago no íntimo do ser e perpetuam, por milênios, na vida do Espírito, um sucesso patético e remissor...

Amparada, porém, por uma potência extraterrena, por braços intangíveis mas vigorosos, desceu a escadaria da principesca habitação sem se voltar uma só vez.

Dois lacaios, aprestados para a viagem, aguardavam-na fora do gradil do vastíssimo parque.

Entrou na mesma liteira que trouxera Dusmenil e fitou, de relance, com olhar febril e desvairado a massa escura do castelo onde haviam decorrido anos de ventura e harmonia, que ruíram inopinadamente, como por efeito de um terremoto.

– É a derradeira vez que o vejo! – exclamou mentalmente, com indizível amargura.

Não chorava, mas profunda agonia lacerava-lhe o seio opresso. Deixou-se cair no interior da liteira, cerrou as pálpebras, monologando intimamente:

– Oh! como se realizaram todos os tormentosos pressentimentos de outrora! Como sou desgraçada! Bem que o imaginava e disse a meu pai que o seria se me casasse! Que potestade desconhecida e invencível me compeliu a não denunciar o falso Ariel a Gastão, fascinado por seu influxo nefasto, adquirido nos misteriosos ritos do Industão? Deus meu! como suportar a vida, odiada e desconsiderada por quem foi meu único amor terreno, e longe do meu adorado Renê? Esquecer-me-á o querido anjinho? Que crime cometi para merecer tão severa sentença de tão magnânimo juiz?

A voz suavíssima, que a advertia sempre nas horas da adversidade, respondeu-lhe à última interpelação:

– Que delito perpetraste, Heloísa? Pois não o presenciaste, filha querida? Não foste traidora e perjura? Não fizeste, levada pela vaidade e pelo orgulho, o déspota crudelíssimo que acaba de destruir tua felicidade terrena, derramar caudais de sangue, trucidar aquele que te idolatrava – Marcos, de quem feriste o coração generoso com o punhal da perfídia, do desespero, do agravo?

– Mas, já não hei tido tantas existências de expiação? Por que, somente agora, resgato esses crimes de há tantos séculos?

– Porque justamente agora é que teu Espírito está galvanizado na dor, tem conquistado percepções lúcidas, sentimentos nobilitantes e, nessas condições, têm maior mérito os sofrimentos morais, do que quando se achava ofuscado pelas impiedades que praticava...

"Esta prova por que passas, suportada dignamente, será a derradeira de tuas existências planetárias, encerrada com fecho diamantino; e ficarás apta para os grandes surtos do Além..."

– Piedade, meu amigo: não recordeis mais aquelas páginas negras e sangrentas! Implorai ao Onipotente misericórdia para esta desditosa; coragem para não fracassar nestes momentos de dor superlativa!

– Coragem, filha dileta! Não se prolongará muito a tua acerba expiação! Aceita sem desfalecimentos nem revoltas as provas definitivas... e tua alma, burilada pela dor, redimida pela virtude, poderá encetar as missões sublimes dos mensageiros siderais... Não acuses; não blasfemes, não conserves rancor contra os teus comparsas de outrora!

– Mas é horrível, bom amigo, o ter sido fiel a meu esposo, sacrificar-lhe quase a própria vida e ser expulsa do lar, como adúltera e desleal!

– Bem o sei, filha minha, compreendo toda a extensão da tua amargura; passaste pela prova máxima de todas as existências, porém a mais meritória; triunfaste com denodo e heroicidade, como o legendário Hércules, da Hidra[20] pujante da perfídia que, outrora, se alojava vitoriosa em teu espírito mercenário...

"Esforça-te por fazer uma prece fervorosa ao Pai clementíssimo, que te proporcionou o ensejo de saldares um débito sinistro do passado...

"Humilha-te, imola-te na pugna do sofrimento e da virtude, como a Donzela de Orléans, a fim de conquistares plena reabilitação! Perdoa aos que te fazem purificar com lágrimas e agonias as máculas que ainda denigrem algumas pétalas do lírio albente de tua alma!"

Calou-se a voz maviosa, e, só então, Heloísa sentiu caudais de pranto fluírem-lhe do íntimo, como se o coração dilacerado de dor se houvesse transformado num Volga de lágrimas, que lhe escoasse pelos olhos magoados.

A noite era de trevas compactas. Estava iminente temerosa borrasca.

Os lacaios que conduziam a liteira acenderam-lhe, à vanguarda, duas lanternas rubras, que, sobressaindo da caligem noturna, pareciam dois purpurinos e fosforescentes olhos de mitológico dragão, ou de monstro dantesco devassando as sombras das geenas.

Heloísa, por instantes, pervagou a vista pela natureza enlutada, como que envolta em espessa mortalha de crepe. Não divisou nem os perfis das colinas menos

---

[20] Hidra de Lerna – Na mitologia, serpente com sete cabeças, que renasciam à medida que eram cortadas, se não fossem decepadas de uma só vez.

distantes. As árvores e arbustos marginais da estrada por onde seguia a liteira, vistos de relance, semelhavam sentinelas romanas carbonizadas num incêndio que devastasse a Cidade Eterna e se propagasse por todo o planeta terráqueo, e transformadas em espectros negros, braços entrelaçados, ensaiassem uma renda perene ou um bailado macabro, conchegados uns aos outros em defensiva recíproca, para não serem arrebatados pelos turbilhões que rugiam e os faziam oscilar no solo...

As raras folhas que possuíam no início da primavera farfalhavam constantemente, parecendo esse cicio uma estranha música preludiada apenas em flautins formados de tíbias humanas...

Heloísa não sabia mais distinguir se ainda estaria no mundo abjeto ou no irreal, criado pelos mitógrafos, ou se era transportada para um antro de suplícios inquisitoriais.

Supunha que só o seu corpo material era conduzido na liteira, enquanto a alma, abalada por um ciclone africano, cindindo a amplidão enegrecida, fora em busca do níveo leitozinho de Renê...

Mas súbito, no céu plúmbeo, aclarado momentaneamente pelo serpear de um corisco, supôs ver uma fronte dourada com fulgores de astro, estranhamente semelhante ao filhinho idolatrado, já em demanda do Infinito...

– Senhor! Senhor! – exclamou com as mãos súplices, soluçando – que significa isso? Não me pertence mais o anjinho adorado? Não o verei mais nesta atribulada existência? Ides levá-lo, ó Deus, para os vossos reinos azuis? Como hei de viver sem as suas carícias? Sei que vou morrer de angústia e saudade... mas, abreviai o meu martírio! Não... perdoai-me, Senhor! cumpra-se a minha dolorosa sina e seja feita a vossa divina vontade!

– Com quem falais, senhora? – interrogou Marta, aflita, supondo que a ama houvesse enlouquecido.

Ela não respondeu – tombou, rígida, nas almofadas da liteira. Apenas o corpo marmorizado permanecera ao lado da fiel servidora, qual estátua de Madona que houvesse rolado de um altar ao vigoroso impulso de mãos iconoclastas; seu Espírito, porém, pelo frêmito de um sofrer incoercível, desprendera-se do cárcere relegado...

Marta chamou-a em vão – estava inanimada...

Livro II

Corações fendidos

CAPÍTULO I

Gastão Dusmenil, no seu gabinete de estudo, depois do violento diálogo com a esposa, foi acometido de inenarrável dissabor; viu, por todo o sempre, desarvorado o áureo bergantim de todas as suas esperanças mais fagueiras; destruídas, de chofre, como por efeito de um abalo sísmico, todas as venturas terrenas!

Entrechocavam-se-lhe no cérebro os pensamentos – víboras de chamas – como relâmpagos em nimbos lutuosos, a culminar no auge da consternação, quase o atirando ao sorvedouro da loucura...

Tinha sido cruel com Heloísa, reconhecia-o, mas a dor o alucinava apresentando-se-lhe à mente conturbada a figura de Otelo:[21] tornar-se-ia verdugo da adúltera se não fora o débil e cândido Renê, cuja lembrança lhe enternecia o coração, impedindo-o de tornar-se uxoricida.

Traído! Como o esquecera facilmente a perjura, logo que se ausentara do lar, onde deixara acorrentada a alma

---

[21] Personagem de Shakespeare que matou a própria esposa Desdêmona, vitimada pela calúnia. Eis a definição "ciúme é um monstro de olhos verdes".

leal e saudosa! Confiara demasiado naquela que julgara o protótipo da fidelidade, intangível ao mal, à desonestidade, celestial no espírito e no físico, e, no entanto, tivera a desfaçatez de introduzir um amante nos próprios aposentos conjugais! O ultraje fora imenso e imperdoável. Por que não a apunhalara em silêncio, como se esmagasse asquerosa áspide, quando se lhe aproximara? Por que não desafrontara a honra com a vida da pérfida?

Não se iludira nos conceitos referentes à sociedade e às mulheres: a corrupção contaminara todas as almas, poluíra todos os corações – não havia virtude, apenas existia um simulacro de retidão de caráter perante o público, mas, à sorrelfa, pela calada das noites, nas alcovas sombrias predominava a impureza ou o desejo de fruir prazeres ilícitos...

Odiava a infiel! Execrava-a!

Mas, como prosseguir vivendo, com a chaga viva e corrosiva da desonra; sentindo no imo um vácuo incomensurável, que absorveria todos os oceanos reunidos; ouvindo o fragoroso desmoronar de todos os sonhos, de todas as ilusões que arquitetara para um lar honesto?

Reconhecia haver esposas dignas de compaixão – vítimas obscuras de maridos corruptos e brutais, levadas ao desvario pelo anseio de encontrar um átomo de felicidade nos carinhos de um amante dedicado, pois o coração humano tem sofreguidão de carícias e ternuras... Mas, ele prezara sempre a companheira, nunca lhe dera um dissabor, consagrava-lhe afeição profunda, adorava-a como um crente a uma entidade paradisíaca, e por isso, não encontrara dirimente para o seu crime asqueroso...

Fora violento para com ela expulsando-a de sua presença, mas a afronta recebida endoidecia-o! Não punha termo ao próprio martírio para que o filhinho idolatrado não fosse entregue à mãe adúltera, ou ao influxo do amante, que não saberia guiá-lo na senda do dever e da honra, maculando o seu e o nome dos seus ancestrais, que timbravam na fidalguia, pelo sangue e pelo caráter impoluto...

Não queria deixá-lo só, abandonado aos azares do destino, enfermo e dominado pela pérfida que o concebera.

Percebeu, de súbito, o tropel dos corcéis conduzindo a liteira em que Heloísa ia partir para o solar de Argemont, onde foram tão venturosos. Repentina angústia lhe constringiu o coração, e os olhos se lhe marejaram de lágrimas copiosas e quentes.

Por que não deixara amanhecer para fazê-la cumprir a sentença, se não por piedade, ao menos para que os servos não compreendessem que a expulsara?

A noite era caliginosa. Ameaçava borrasca.

As derradeiras palavras de Heloísa atingiam-lhe a mente com ressonância clangorosa: – Deste crédito a infames caluniadores antes de averiguar a verdade, mas, muitas lágrimas verterás, tardiamente, quando não for mais possível uma reparação!

Por que, sendo culpada, dissera aquelas palavras com a nobreza das almas puras e impecáveis?

E se fosse inocente?

E se, realmente, Ariel e Fabrício, com intuitos ignorados, houvessem urdido contra ela uma aleivosia aviltante? Tornar-se-ia homicida, sem remorsos, para punir os perversos...

Um tremor de coréia percorreu-lhe o corpo, parecendo-lhe que a própria alma convulsa fora atingida por avalanche glacial, rolada dos Andes, lacerando-a, esmagando-a, pulverizando-a...

Sentiu uma vertigem como se estivesse resvalando precipitosamente em despenhadeiro alcantilado, sem ter um arbusto, uma teia sutil de araquinídeo para segurar as mãos crispadas numa hiperestesia nervosa.

Chegou à janela, assim que lhe foi possível, e, a uma centena de metros, viu a liteira que se afastava, iluminada por duas lanternas rubras, mal distinguindo a silhueta dos animais e dos lacaios, não lobrigando nenhum vulto dos que se ocultavam no interior do veículo, que lá se ia lentamente pela estrada deserta e adormecida...

Estava consumada a sua desdita: separava-se, como inimigo implacável da única mulher que havia idolatrado, admirado, considerado sem restrições, e à qual confiara o lar, o nome, a alma, os sonhos, as esperanças!

Inocente, ela? Não, desgraçadamente. Se o fosse, altiva como era, ter-se-ia defendido heroicamente, para não ser repudiada por ele e pela sociedade; sobretudo, para não se apartar de Renê, a quem parecia adorar...

Não! Era positivamente culpada, criminosa, perjura, maldita!

Mas, por que o havia substituído por outro, sabendo quanto ele a estremecia? Quem era esse amante privilegiado? Um sobrinho do Dr. Gontran – asseveraram os zelosos servos. Como se insinuara ele no coração nobre de Heloísa? Por que se desvelara pelo tratamento da criança? Teria predicados físicos e intelectuais que ele, Dusmenil, não possuísse?

Havia de apurar a verdade, saber se o jovem esculápio fora introduzido, à noite, nos seus aposentos, a pretexto de examinar o pequenino enfermo...

A cólera, o ciúme, cegavam-no.

Estava como embriagado, narcotizado, com as ideias turvas, julgando-se dominado por sugestões satânicas de atrozes vinganças...

Sua alma, em plena juventude, arquitetara uma ventura inaudita – um lar sagrado pelo amor, inexpugnável à maldade, um Éden em miniatura, um sacrário humano cheio de conforto e carinho, onde Heloísa imperava como rainha clemente, ídolo intangível à ignomínia. Bruscamente, um outro usurpara-lhe a felicidade, qual se esta houvera sido alicerçada no cimo dos Alpes e se desfizesse em blocos de gelo que, desprendidos daquela altura, rolassem numa cratera ardente e insondável de um Stromboli[22] em violenta erupção...

Por que tão alto colocara a esposa?

Porque a supusera a concretização de todos os seus ideais terrenos: bela, física e moralmente, carinhosa, inteligente, meiga – síntese enfim de todas as perfeições humanas...

Mas, ai dele! Não fora o único homem a notar-lhe a formosura... outro a cobiçara e o ídolo de alabastro níveo, que colocara no santuário da sua alma sentimental e honesta, despenhara-se do alto e se esfacelara rolando no sorvedouro da perfídia e da vilania...

---

[22] Ilha do norte da Sicília, na qual se localiza um dos vulcões em atividade na Itália.

Sua desventura era completa: não poderia tentar uma separação judicial, para que sua honra não fosse poluída nos tribunais; mas saberia tomar um desforço contra o homem que derrocara toda a sua edênica felicidade. A justiça humana, a seu ver, era falha e imperfeita, só cogitando da dor, dos prejuízos materiais, das ofensas corporais, do homicídio, não havendo leis senão para punir a traição à pátria e ao rei, nunca a dos amigos, dos esposos, dos que destroem a ventura alheia...

No auge da consternação atirou-se a um divã, sentindo aniquiladas as forças orgânicas, quando foi chamado à realidade dolorosa por uma criada a cientificá-lo de que o pequenino Renê acordara sobressaltado, gritando pela mãe.

Já passava da meia-noite.

As trevas eram intensas. Bátegas de chuva, como azorragues brandidos por mãos invisíveis, fustigavam as árvores que apenas começavam a enfolhar-se parecendo gemer em surdina, ciciar preces incompreensíveis, implorar piedade aos infatigáveis verdugos...

Ele correu ao quarto que sempre fora ocupado pela consorte e, coração opresso por saudades pungentes, deparou com o filhinho em pé no leito, estendendo os braços descarnados, como a buscar o colo materno, com as lágrimas a correr pela face esmaecida como a das efígies dos sepulcros...

Gastão ajoelhou-se junto do pequeno leito de Renê, como se o fizesse diante de um altar sacratíssimo, e, só então, prorrompeu em soluços.

A criança, assustada, tocou-lhe na cabeça e perguntou em pranto:

– Onde está a mãezinha? Estou com medo da chuva, papaizinho! Vai chamar a mãezinha para ficar com o seu Renêzinho!

Dusmenil ergueu-se repentinamente e apertou-o nos braços, beijando-lhe a fronte, molhando-a de lágrimas ardentes.

Tentou acalmar-se para infundir confiança ao filhinho alarmado com a sua atitude dolorosa e com a ausência da genitora bem-amada. Quando conseguiu falar, disse-lhe com ternura:

– Dorme, meu querido. Não tenhas medo da chuva, pois teu paizinho está junto de ti.

– Mas onde foi a mãezinha que não está ali na cama?

– Está doente, ficou lá no outro quarto.

– Leva-me lá, paizinho. Eu não vou acordar a mamãe, só quero dar-lhe um beijinho... um só!

– Amanhã, filhinho; agora, se ela acordar, pode ficar pior.

– Ah! paizinho... se ela aqui não vier... eu vou morrer!

– Não, amorzinho, não digas isso! Não tens aqui o teu paizinho que tanto te quer?

– Mas eu também quero a mãezinha junto de mim... até... eu ir para o céu!

Foi com grande esforço que Dusmenil conseguiu vê-lo adormecer novamente, mas soluçante e de palidez assustadora...

CAPÍTULO II

Dusmenil não se recolheu ao leito um só momento, velando pelo filhinho e empolgado pelos mais contraditórios pensamentos.

Teve a impressão de que se escoara um século naquela noite tétrica.

Quando procedeu contra Heloísa, dominado pelo ódio e pelo ciúme, supusera estar exercendo um inconcusso direito; defluídas, porém, longuíssimas horas de reflexão; arrefecidos os impulsos mais violentos, como se houvesse lavrado um incêndio íntimo – parecendo-lhe, por vezes, ouvir o crepitar das paixões na ara ardente do coração, deixando-o após imerso em cinzas – julgou-se arbitrário e precipitado...

Ele também errara. Na sua consciência reta e impoluta arvorava-se, para o julgar, um tribunal implacável.

O passado imaculado da esposa apresentava-se-lhe como desmentido e protesto veementes contra as insidiosas acusações dos fâmulos. Por que a repudiara antes de comprovar o delito?

Lembrou-se do pesar que Heloísa patenteara quando ele tomou a resolução de prosseguir nas viagens. Por que a deixara isolada, com o filhinho sempre enfermo, necessitando desvelos incessantes, inquieta, apenas cercada de servos? Que loucura! Tarde o reconhecia! Abandonando-a naquele castelo – quase um claustro – sem um parente, um conselheiro, um amigo dedicado!

Que prazer poderia ele encontrar em qualquer região do globo, senão naquele remanso de paz, junto daqueles dois seres estremecidos? Ela era jovem, formosa, inteligentíssima, inspirava admiração e amor irresistível aos homens mais sensatos. Ele, e não Ariel, é que deveria ser o cérbero do seu lar.

Fora certamente notado, por todos que com ele privavam, o seu quase abandono. Houve então quem se insinuasse na alma da esposa e, como há em todos os corações, por mais nobres que sejam, o desejo secreto de vingança, enquanto ele fugia à ventura tranquila do seu santuário, dominado qual Aasvero[23] pela tentação de percorrer o mundo todo, um outro se introduzira no santuário.

Era uma "revanche" feminina, comum em quase todas as mulheres em plena juventude e ao demais de helênica formosura... A vingança, porém, suplantara a ofensa, se é que ofensa cometera.

Submetera-a a uma prova – se ela, porém, saísse ilesa, se triunfassem a virtude e a fidelidade, jamais dela se apartaria e do filhinho e só a morte, ou a fatalidade, poderia

---

[23] Judeu errante, personagem legendário que teria agredido Jesus quando este passou carregando a cruz, e foi por Ele amaldiçoado, condenado a vagar pelo mundo, sem nunca morrer, até o fim dos tempos.

separar aqueles três corações que lhe pareciam vinculados pelo destino, com grilhões indestrutíveis, de diamante! Mas – com que acerba mágoa, com que infinito pesar o reconhecia! – fora ludibriado em suas previsões, vencido pela desventura e pela traição!

A alvorada surpreendeu Dusmenil em amargas reflexões. Ondas luminosas – pérolas etéreas mescladas de um rubi fluido – invadiram o aposento em que se achava compungido e insone. Amanhecera de todo e em sua alma havia trevas e lágrimas...

Transcorreram dias de amargura para Dusmenil, que todo se dedicava ao adorado filhinho. Este, porém, não se conformava com a separação da querida genitora e caíra em abatimento profundo. Apreensivo, Gastão chamou com urgência o Dr. Dudevant. A este, disse-lhe que Heloísa fora chamada repentinamente ao solar de Argemont, pelo mordomo, gravemente enfermo e desejoso de falar-lhe antes da sua morte provável. Para evitar as fadigas da viagem, deixara a seu cuidado o pequenino Renê, que estava inconsolável e um pouco febril.

O Dr. Dudevant era alto e descarnado, de aspecto varonil e insinuante. Depois de o felicitar pelo seu regresso ao lar, fitou-o com insistência como se lhe quisesse devassar os mais recônditos pensamentos e percebeu, lucidamente, pela lividez da face, que algo de anormal se passara entre o casal.

– Seria preferível – disse lentamente – que a Sra. Dusmenil o levasse consigo, a contrariá-lo, sujeitando-o a um abalo que lhe pode alterar profundamente a saúde...

— Era inadiável a partida de Heloísa, ontem, pois o mordomo de Argemont desejava fazer-lhe declarações *in extremis*... Como levar o querido Renê, com a noite tempestuosa que tivemos?

— E... quando pretende ela regressar?

— Quando possível...

O médico calou-se, apreensivo. Gastão interpelou-o habilmente, querendo colher informes que muito o interessavam:

— Doutor, durante minha ausência ele esteve gravemente enfermo?

— Sim, em estado quase desesperador.

— Por que não foi confiado aos vossos cuidados?

— Porque eu estava de cama. Bem sabeis que o inverno é cruel para os reumáticos... Achava-se, então, comigo um sobrinho, assaz inteligente, recém-formado, Luciano Dudevant, que por alguns dias me substituiu com vantagem...

— Houve algum chamado noturno?

— Sim. Parece que houve um incidente com o vosso filhinho, sobre o qual a Sra. Dusmenil guardou reserva, mas quase enlouqueceu ao vê-lo semimorto... Ela não vo-lo disse?

— Não houve tempo... Ela aguardava minha vinda para partir com urgência... Onde está atualmente o vosso sobrinho?

— Na Itália, em viagem de núpcias. Por que mo perguntais?

— Porque... desejo gratificá-lo pela dedicação com que tratou o querido Renê, salvando-o da morte.

— Não tenteis indenizá-lo – prosseguiu o ancião com solenidade –, vossa esposa já o fez, por meu intermédio;

mas Luciano, que possui fortuna pessoal, não quis receber o que lhe enviou, e mo deu a mim para que pudesse repousar alguns dias e ter melhor dieta.

Gastão emudeceu, meditativo; depois, como que despertado pela realidade e havendo tomado secreta resolução, disse:

– Venha ver o doentinho.

O menino ainda se conservava acamado. Sua palidez era impressionante. Parecia inanimado. Dir-se-ia formosa imagem de alabastro, semivelada por alvas coberturas. Respirava a custo e a fisionomia ressumbrava angústia.

O piedoso Dr. Dudevant penalizou-se. Auscultou-lhe detidamente a região toráxica. Dusmenil, com ansiedade inenarrável, acompanhava-lhe todos os movimentos, observando-lhe a expressão fisionômica. Quando o viu terminar o exame, arguiu-o com vivacidade:

– Que lhe parece, doutor? Faço um apelo à vossa lealdade para dizer-mo sem subterfúgios. Qual a moléstia do meu filhinho, que os médicos não me revelam?

O médico ficou silencioso, visivelmente preocupado; depois, com firmeza, disse:

– É um caso raro na Patologia. Nunca vos declarei a verdade, para poupar-vos, e à vossa esposa que o adora, um grande pesar: Renê nasceu com uma lesão cardíaca, que se agrava ao menor abalo e qualquer choque violento lhe pode ser fatal... Vede-lhe o tórax como se está arqueando – é a endocardite que começa a manifestar-se.

– Deus meu! que me dizeis, doutor? É incurável essa enfermidade? Por que não mo dissestes antes de minha partida para a América? – disse Gastão deixando-se cair no leito, prestes a desmaiar de angústia.

– Ânimo, Sr. Dusmenil – murmurou o médico sensibilizado, amparando-o. – Vou tentar minorar-lhe os sofrimentos. Mandai chamar, com urgência, vossa esposa. A impressão dolorosa de que se acha possuído pode ser funesta, pois não se conforma em ficar separado de sua carinhosa genitora.

Gastão tomou rápida e decisiva deliberação: expediu um emissário ao solar de Argemont, chamando Heloísa para junto de Renê... enquanto que ele empreenderia uma nova viagem, da qual jamais regressaria...

Horas de inquietação e amarga expectativa decorreram. De retorno, o mensageiro disse que não pudera falar à senhora, que estava acamada, delirando, impossibilitada de tomar qualquer resolução, com a vida em iminente perigo...

– É a fatalidade! – exclamou Gastão desalentado e compungido.

E refletiu intimamente:

– Deve ser o remorso da ação indigna que cometeu o que a fez adoecer... É o pesar de se haver separado do único ente... a quem ama, realmente! Deus é justo. É assim sofrendo que ela compreenderá a dor inaudita com que me lacerou o coração fiel e dedicado!

Assim pensava, mas não se sentia saciado no desejo de vingança contra a pérfida. Algo em seu íntimo lhe exprobrava o procedimento, atormentando-o, garroteando-lhe a alma inexoravelmente.

Tentou abafar os bramidos da consciência, desvelando-se pelo pequenino enfermo, incutindo-lhe a esperança de rever a mãe, cumulando-o de dádivas, de promessas, de ternuras...

A criança descerrava as pálpebras, olhava-o fixamente, e, embora lhe transparecesse no rosto de jaspe a dúvida do que lhe prometia, sorria docemente e logo retomava o seu aspecto entristecido. Seu olhar ia-se amortecendo, e, então, as faces já tinham a alvura das mais níveas camélias.

O Dr. Dudevant ia examiná-lo mais de uma vez por dia e não verificava melhora alguma.

Uma noite Renê acordou, sentou-se no leito e levou a quase diáfana mãozinha direita à boca, forcejando por extrair um incisivo que, havia muito, estava abalado. O pai, solícito, o auxiliou e, dentro de poucos segundos, o minúsculo e níveo dentinho, com algumas gotas de sangue, foi arrancado. Renê, como se despertasse de um sonho prolongado, recordou-se de que Heloísa já havia tentado extraí-lo para o guardar, mas desistira para não magoá-lo.

– Manda-o à mãezinha... Sim, meu paizinho? Ela mo pediu – murmurou com lágrimas nos olhos azuis.

– Sim, meu amorzinho. Lava a boca. Eu lho enviarei amanhã.

A criança obedeceu, segurando um copo que o genitor lhe apresentara. Vendo o sangue enrubescer-lhe os lábios, Dusmenil, que já estava comovido, sentiu as lágrimas afluírem-lhe aos olhos, como que derivadas do coração angustiado.

"Se pudesse" – pensou ele – "transfundir-lhe a última gota de sangue para lhe avigorar e reviver o organismo debilíssimo, fá-lo-ia naquele momento, com alegria superlativa!"

Lavou o minúsculo e alvo dentinho e o encerrou na carteira, qual se fora uma pérola de Ofir.[24]

Dias de indescritível amargura iam decorrendo na residência de Dusmenil, com a lentidão que só a dor imprime ao tempo. Dir-se-ia que os dias e as noites não findavam nunca, em marasmo perpétuo...

Uma noite o aflito castelão, passeando com o filhinho ao colo, recebeu por um fâmulo o aviso de que Hamed e Fabrício, de regresso de Paris, necessitavam falar-lhe.

Para se não apartar um momento do adorado enfermo, então calmo e conchegado ao seio, mandou entrar Ariel. Ao vê-lo, a criança deu um grito lancinante e apertou, apavorado, o pescoço do pai.

– Que tens, meu querido? – interpelou aflito e contristado.

O menino mal pôde balbuciar, com voz entrecortada pela comoção que lhe causara a presença da sinistra personagem:

– Manda sair Ariel... paizinho! Tenho medo... medo dele!

Gastão dirigiu-se ao recém-vindo, dizendo-lhe:

– Ele está muito mal, Ariel, e não pode ser contrariado! Atender-te-ei logo que for possível... Agora, não.

Quando o hindu se retirou, Gastão interrogou carinhosamente:

– Por que não gostas de Hamed, filhinho? Ele é amigo do teu paizinho...

– Não, paizinho, ele é muito mau!

– Foi a mãezinha quem to disse?

– Não... ele quis matar a mãezinha!

---

[24] Região do Oriente onde Salomão mandava buscar ouro.

Convulsivo soluço lhe sacudiu o fraco seio, ao recordar a trágica cena que presenciara na ausência de Gastão.

Um terror indescritível perpassou pela mente de Gastão: que se passara naquele lar, na sua ausência? Por que, tanto quanto Heloísa, Renê odiava o hindu? Inverossímil o que acabava de ouvir! Hamed, tão humilde e respeitador, não se atreveria a tentar assassinar-lhe a esposa, confiada à sua guarda, mesmo que fosse vergastado por ordem dela, ou que a surpreendesse praticando alguma ação infamante...

Renê delirava, certamente, amedrontado pela brusca aparição do servo fidelíssimo, do qual não gostava, certo por influência da esposa que, desde que o vira, o detestava... Ou então – quem poderia dizer-lho? – tomara algum sonho trágico como realidade viva...

A criança continuava agitada e lacrimosa, murmurando com voz plangente:

– Paizinho... manda buscar a mãezinha querida!... Hamed pode ir lá... e matá-la! Quero vê-la... uma vez só... Eu vou morrer...

Indizível o tormento de Gastão!

Propiciou ao doentinho um cordial, mas, a palpitação de que fora acometido era tão forte que podia ouvir-se a um metro de distância. O tórax alteava-se, qual se o coração, vívido e trêmulo, oscilante como pêndula acelerada quisesse perfurá-lo... para voar ao céu, ou em busca do castelo de Argemont, onde se acolhia o que para ele era mais precioso no universo, do que o próprio céu – a mãe adorada!

Dusmenil beijava o filhinho, implorando-lhe que não chorasse, que se acalmasse. Súbito, ele cessou de chorar e perguntou com infinita doçura:

– Prometes mandar buscar a mãezinha amanhã?

– Sim, meu amorzinho, juro-o! Podes crer no teu paizinho que te quer muito, muito! Se ela não vier... eu te levarei onde ela está!

Renê sorriu, com enlevo, e um fulgor de celeste alegria angelizou-lhe o pálido semblante, que já se assemelhava ao dos querubins marmóreos. Depois, fitando-o com olhar onde ainda brilhavam lágrimas, interrogou:

– Ela ainda me ama, paizinho?

– Muito... por que me perguntas?

– Porque se foi sem mo dizer, sabendo que estou doente, e não veio dar-me um beijinho!

Gastão soluçava. Daria a vida e toda a fortuna a quem lhe levasse naquele momento a exilada, a fim de satisfazer o supremo desejo do filhinho inconsolável.

Renê pediu que lhe mostrasse o céu, queria verificar se já estava amanhecendo, para poder seguir ao encontro de Heloísa. Dusmenil abriu uma janela e mostrou-lhe, através dos vitrais, a natureza silenciosa, em luto transitório, o que, em sua alma, ficou então gravado por muitos decênios e parecia ter duração eterna.

Renê fitou as trevas, desalentado, prevendo que, naquela fugaz e dolorosa existência terrena, não veria mais o alvorecer de um dia. Um espasmo angustioso retorceu-lhe o débil corpo de beija-flor humano...

Gastão alarmou-se. Depositou-o na cama e chamou os servos, que acorreram pressurosos aos seus gritos de aflição. Um deles foi despertar o Dr. Dudevant, que pernoitara num compartimento contíguo ao do enfermo, cujo estado julgava desesperador. Quando o médico o auscultou com os olhos úmidos, constatou que havia passado ao Além, de onde certamente baixara por limitado tempo...

— Doutor — disse Dusmenil, alucinado — mostrai que sois meu amigo: abri-me uma artéria, ou propinai-me um tóxico que me liberte deste martírio inominável que me exulcera o coração! Deixo-vos toda a minha fortuna por este só desejo. Sou o mais desgraçado dos mortais... depois de haver sido o mais venturoso! Não devo sobreviver ao fracasso de todos os meus sonhos terrenos! É horrível o que padeço! Tirai-me a vida, doutor, que me pesa dentro d'alma, como se nesta estivessem os Alpes! Piedade, meu amigo: eu, que sou milionário, vos imploro a esmola de um veneno que termine o meu inaudito suplício! Abençoar-vos-ei e Deus vos perdoará, se for crime... o cortar-me este tormento dantesco! Por que hei de viver com a morte e o desespero no coração, sem o meu único tesouro na Terra?

Comovido, o Dr. Dudevant o abraçou, dizendo:

— Há muito previa este desenlace, Sr. Dusmenil... É profunda a vossa amargura, mas lembrai-vos que tendes de vos curvar a um poder supremo, perante o qual nossa vontade não passa de um punhado de cinza exposto aos vendavais... Não me peçais um impossível — manchar minha consciência de pobre honesto — com a execução de um crime condenado pelos Códigos e por Deus! Nenhum tesouro, por mais valioso, poderá subornar minha consciência íntegra...

— Por que me falais em Deus, nestas horas de consternação, se não se compadeceu Ele do meu Renê e não ouviu meus rogos fervorosos? Por que me feriu tão duramente, doutor? Que mal lhe fiz, e ao meu semelhante?

— Ele é também pai extremoso, ama o meigo Renê e por isso o chama às suas mansões radiosas: lá, o anjinho nunca sofrerá um pesar igual ao que vos lacera a alma!

— Mas, por que não me tirou a vida, conservando a dele, mais preciosa que a minha? Eu a permutaria de bom grado pela do filhinho querido! Compadecei-vos do meu sofrer, doutor: só vós podeis extingui-lo.

— Que dizeis, meu amigo? Como posso tirar-vos a vida sem tornar-me um criminoso perante as leis humanas? E minha consciência? E o Criador? Sou médico — não sou assassino.

"Quereis vos liberte de um sofrer violento tornando-me desgraçado, corroído de remorsos, se vos atendesse? Pobre como sou, perderia a incomparável fortuna que possuo — a consciência imaculada! Enlouquecestes? A dor vos desvaira a ponto de me julgardes capaz de um dos mais hediondos crimes — o homicídio? Compadeço-me, porém, da vossa angústia inaudita e, o que posso fazer, como sacerdote da Ciência, é ministrar-vos um narcótico para que possais dormir algumas horas... dando tréguas à mais acerba realidade!"

— Dai-me, pois, meu amigo, senão... ninguém me impedirá que ponha termo a este suplício inominável!

O Dr. Dudevant misturou, num cálice d'água, algumas gotas do líquido de um frasco que trazia consigo, e, dentro em pouco, Dusmenil adormeceu profundamente.

O médico manteve-se numa dedicação inexcedível. Por dias consecutivos não abandonou Dusmenil, dominado pelo desespero e pela consternação, qual se estivesse sob o guante de dois verdugos implacáveis.

CAPÍTULO III

Um dia, ausente o doutor, achava-se Gastão estirado no leito, vencido pela desventura, aniquilado por pensamentos lúgubres, quando subitamente, qual aparição fantástica, Belzebu dramático da Idade Média, surgiu-lhe diante dos olhos o enigmático Ariel.

Tinha emagrecido assustadoramente; vincos de amargura cavavam-lhe o rosto, que parecia recortado a punhal; os olhos estavam mais fulgurantes que nunca, com um brilho de lágrimas; os cabelos haviam encanecido totalmente, contrastando na alvura com o bronze da fronte sulcada; havia, enfim, envelhecido muitos decênios naquelas poucas semanas.

Gastão, que não pressentira a sua entrada no quarto, estremeceu e fitou-o com espanto.

— Que desejas, Ariel? — interrogou com vivacidade.

O hindu aproximou-se e estendendo os braços em cruz, voz soturna, pálpebras cerradas, murmurou com humilde reverência e íntima amargura:

— Senhor... matai-me!

— Por quê? — interpelou Dusmenil surpreso e suspeitando algo de aterrador nas suas palavras.

– Porque... senhor... *se vos houvesse ocultado a verdade...* continuaríeis feliz... ao passo que vo-la tendo revelado... tornei-vos desditoso!

– Não, meu amigo, cumpriste o teu dever e eu te agradeço a prova de dedicação que me deste! A honra, para mim, vale mais que a ventura. Saberei recompensar-te quanto o mereces, amigo devotado!

Sem nada articular, com profunda reverência e aspecto grave, Ariel retirou-se do aposento de Gastão, que se achava quase inerte, em atonia profunda, sob a ação de enérgicos narcóticos, enquanto em sua mente as ideias se digladiavam incessantes, como se travassem em seu íntimo renhida batalha.

Se alguma dúvida lhe restasse n'alma desolada, a respeito da culpabilidade da esposa, o ato heroico de Hamed tê-la-ia desvanecido para sempre...

Seus padecimentos, pois, recrudesciam dia a dia. Um pensamento, dentre quantos o atormentavam, era mais importuno, mais terrível, mais esmagador: julgava-se o assassino do meigo Renê, com o separá-lo da mãe idolatrada!

Querendo apunhalar a esposa com a notícia do passamento de Renê, enviou ao solar de Argemont um emissário, para transmitir-lhe verbalmente. Heloísa, porém, convalescente de gravíssima enfermidade, mantinha-se incomunicável.

Tomou ele, então, a única resolução que lhe pareceu compatível com a sua desesperada situação.

Sentia-se fraco para a refrega ou melhor – campanha homérica da existência. Era um vencido sem crença, sem fé, sem ideal, sem amor, acovardado pelo desalento e pela falta de convicção em uma justiça extraterrena. Parecia-lhe ter sido arrojado de um píncaro de luz a um báratro de trevas asfixiantes.

Considerou a inanidade da opulência para evitar as grandes catástrofes da vida. De que lhe valia a fortuna, podendo esbanjar em profusão, qual um nababo oriental? Tanto quanto um punhado de areia arremessada aos ciclones do Saara...

Pensou, inabalavelmente, em evadir-se do palco da vida, qual ator desanimado, em afonia completa, alvejado pelos apodos de uma platéia enfurecida. Ele próprio faria correr o velário no sombrio e deserto cenário da sua existência...

Era no crepúsculo.

Ocultou-se no gabinete de estudo, fechando-se à chave. Escreveu diversas cartas, fez alguns dispositivos sobre sua fortuna pessoal, legando grande parte a Ariel e a instituições pias, de Arras.

Quando a noite fechou de todo, apagou a lâmpada que havia acendido para escrever. Dolorosa constrição premia-lhe a alma, envolta em trevoso sudário. Um esmorecimento profundo dominava-o, aniquilava-o.

Por momentos cogitou, pela primeira vez, no que poderia aguardá-lo além-tumba. Fora criado e educado como católico praticante. Os sacerdotes afirmavam ser nefando homicida todo aquele que premeditasse e pusesse em execução o suicídio, ou autoassassínio. Ouvira-os, desde a infância, a verberar com as cores mais tétricas esse ato de covardia, de rebelião contra as sagradas leis, descrevendo os tormentos por que passam os réprobos que atentam contra a própria vida, que não nos pertence, mas a quem no-la concedeu – o Criador! Mas que lhe importariam os suplícios satânicos se lhe sobejava no âmago um Etna de chamas corrosivas?

Que lhe valeriam, para os sofrimentos irremediáveis a acicatar-lhe o coração, os sacramentos que recebera na meninice e a principesca fortuna que herdara de seus maiores? Que era o mundo para ele, senão vasta necrópole, desde que fora traído e já não existia o adorado filhinho?

Quem poderia afirmar, com inabalável convicção, a sobrevivência da alma? Os teólogos e os filósofos proclamaram-na, desde as eras de Platão e Sólon,[25] mas quem são eles, de todos os tempos, senão utopistas que creem no transcedente e incognoscível?

Grande consternação lhe tolhia a alma, os próprios movimentos, parecendo-lhe estar sob uma ação magnética ou prestes a adormecer para sempre...

Não mais cria na eficácia das preces. Habituara-se a orar, desde tenra idade, até o momento em que Hamed lhe revelara a sua desventura... Deixara, pois, de o fazer, desde que se tornara infortunado.

Nas noites de amargura, a velar pelo idolatrado enfermo, ainda dirigia, alta voz, alguns rogos ardentes ao que denominam – Majestade suprema; seus brados de aflição, porém, não foram ouvidos, perderam-se no espaço silencioso...

Se Renê vivesse, talvez ainda elevasse o pensamento à Potestade que os sacerdotes lhe asseguravam ser de suma

---

[25] Filósofo grego (428-347 a.C.); político e legislador grego (650-570 a.C.).

bondade – mas que ele, agora, vencido pela desventura, considerava insensível aos destinos humanos!

Que adiantara, para os desgostos que o esmagavam, o haver rezado desde a infância?

Se a Providência existia realmente, que lhe fizera? Por que não se apiedara dele e de Renê? Por que, em pouco dias, tudo conspirara contra si, fulminando qual o raio, de um só golpe, todos os seus anelos terrenos; pulverizando todas as suas venturas; decepando, alfanje invisível, o fio precioso da existência de Renê?

Sentia-se impotente para lutar contra esse poder desconhecido, inflexível e sem comiseração, que lhe feria com dupla punhalada o sensibilíssimo coração – o ludíbrio de Heloísa e a morte do filhinho adorado, soterrando-lhe o espírito em geena de trevas compactas como blocos de granito...

Parecia-lhe, desde então, só existir uma entidade onipotente, votada ao mal – a mesma que se patenteava nas catástrofes, nos terremotos, nas guerras, nas epidemias, na ceifa constante de mães, pais, irmãos, filhos idolatrados...

Se existisse a vida psíquica, em breve o saberia e, no tribunal a que fosse arrastado, não necessitaria de advogado – ele próprio faria a sua defesa! Preferia, porém, o nada, o aniquilamento completo da alma e do corpo somático.

Foi à escrivaninha e, tateando os objetos na escuridão em que se achava mergulhado, retirou de uma gaveta o revólver de que se munia sempre, quando realizava excursões perigosas.

Não quis acender a lâmpada de prata fosca, pendente do teto por longa corrente.

Subitamente, quando alçou a arma à altura da fronte, ouviu um rumor semelhante ao produzido pelas asas de um beija-flor, que fazia vibrar o ambiente. Voltou o olhar na direção em que o escutara e, à direita, distinguiu pequenino vulto luminoso, cujas irradiações astrais se desprendiam da fronte áurea, cingida por fulgurante halo, parecendo devassar não só as trevas do gabinete, como penetrar as paredes.

A arma caiu-lhe da mão amortecida, sobre um tapete argelino que forrava o soalho.

Extático, arquejante, comovido, reconheceu no radioso e angelizado ser o seu querido Renê, que moveu negativamente a fronte aureolada de luz, como a exprobrar-lhe o ato criminoso que ia perpetrar, e, erguendo graciosamente um dos bracinhos lactescentes para o alto, fê-lo compreender que devia aguardar, além, a Justiça suprema, à qual devia submeter-se.

Dusmenil, estarrecido de surpresa, não se pôde mover, transido do torpor que o chumbara ao solo. Quis oscular e estreitar ao seio a formosa e adorada aparição, mas não conseguiu sequer fazer um gesto com as falanges imobilizadas.

Assim como surgiu, assim se esvaeceu, qual fúlgida neblina, o gracioso vulto do pranteado filhinho. As sombras, como reposteiros de crepe, novamente invadiram o ambiente. Só então, Dusmenil, emocionado e perplexo, pôde recobrar os movimentos.

Sensibilizado, debruçou-se às bordas da escrivaninha e, por momentos, foi abalado por soluços incoercíveis.

Aquelas lágrimas, porém, eram como bálsamo que lhe fluísse do coração, inundando-lhe o íntimo, aplacando as flamas do desespero que o calcinavam, levando-lhe à alma um átomo dourado de esperança indestrutível: não duvidaria, jamais, da sobrevivência do Espírito, do poder e da magnanimidade de uma Entidade onisciente, que perscruta até os mais recônditos pensamentos, que fizera um de seus arcanjos desarmar-lhe a mão quando ia consumar um ato de revolta contra as suas Leis incomparáveis!... Que lhe dissera Renê na sua sugestiva mudez? Que não perpetrasse um delito nefando – cortar o liame sagrado da própria existência, para que se não tornasse passível das penas exaradas pelo supremo Juiz, cuja justiça é infalível; salvara-o, num gesto seráfico, de um vórtice de responsabilidades e sofrimentos inenarráveis!

Ele, Gastão Dusmenil, matara-o de pesar e saudade, apartando-o da genitora idolatrada e ele, Renê, já divinizado com as luzes siderais, retribuíra-lhe o mal com o bem, sustara-lhe a mão criminosa para que não cometesse um auto-homicídio. Sua aparência já indicava um ser superterreno, parlamentário de Deus. Não se lhe apresentara mais enfezado e doentio, mas formoso, alvinitente qual querubim. Perdoara-lhe o sofrimento que lhe infligira, amava-o pois, ainda. Ah! a morte que ele amaldiçoava, quando ela lhe enregelou nos braços o filhinho adorado... era, então, a ventura e não o nada e a desdita, como supusera!...

A alma é imortal – pensou então, sentindo a realidade desse postulado. Dir-se-ia ser ele quem no seu âmago segredara aquela verdade e isolava-o do seu corpo físico, tentando seguir o adejo da visão celeste...

Jamais – fossem mais rudes as refregas da dor que lhe combalissem a alma – quaisquer dúvidas lhe pairariam na mente sobre a verdade radiosa a que fora levado pela desventura e pelo amor santificante de Renê.

Cessou de lastimar e, num impulso de contrição e reconhecimento, prosternou-se e orou longamente, fixando o local onde surgira o vultozinho fulgurante. Percebeu, então, que, em todo o transcurso daquela peregrinação terrena, o bálsamo da fé se lhe impregnara nos refolhos do espírito, arrefecendo-lhe as dores, encorajando-o a suportar o madeiro penoso das provas aspérrimas...

Poucos dias após, com as forças físicas recobradas, Dusmenil chamou Ariel e disse-lhe:

– Meu amigo, resolvi reencetar minhas viagens que, creio firmemente! – agora só terminarão com a minha vida... Pressinto que não tornarei a estas paragens... Se tal suceder, voltarás com Fabrício, que vou levar em nossa companhia e procurarás o meu notário, pois lego-te o suficiente para que vivas tranquilo e com principesco conforto, mesmo que tua existência se prolongue mais de um século!

– Senhor! – respondeu-lhe Hamed com tristeza e humildade – não julgueis que vos sirvo por cobiça, mas por dedicação... Que me importam a opulência e a vida sem o meu senhor? Morrerei de saudade sobre o vosso longínquo sepulcro...

– Obrigado, Ariel! Quanto me amenizam os acerbos pesares essas palavras que revelam dedicação sublime e excepcional! Bem sei quanto és nobre e abnegado. Não se paga em moeda o que é inigualável na Terra – a amizade desinteressada e fraterna, que é o diamante mais valioso da jazida das almas puras! Quero, porém, que a tua velhice abençoada fique ao abrigo das vicissitudes da sorte.

Dusmenil fitou o hindu, que emagrecera ainda mais, depois que lhe aparecera, quando faleceu Renê. Estava tisnado, eril, taciturno, mumificado. Curvou-se por momentos e cerrou os olhos de onde manavam lágrimas, que Dusmenil supôs de reconhecimento profundo, não suspeitando que eram arrancadas ao pelourinho da consciência contundida e fustigada pelo inflexível e bendito verdugo – o remorso!... Parecia o espectro de um réprobo que chorasse, perante o tribunal divino, o resgate dos seus crimes execrandos...

CAPÍTULO IV

Heloísa realizara a viagem de retorno ao solar de Argemont semimorta, e da liteira foi transportada ao leito.

Chamado um médico, este por alguns dias temeu não poder combater-lhe a febre e o delírio ininterruptos.

Quando ela obteve algumas melhoras, já não era a formosa filha dos condes de Argemont, cuja perfeição venusina causava admiração geral; consumira-a a combustão orgânica; faces cavas e jaspeadas, os olhos profundaram-se nas órbitas, os ossos ameaçavam perfurar-lhe a pele.

Se a vissem quando a febre aplacou, não a reconheceriam o esposo e o ultor Ariel: diriam que fora substituída a encantadora Heloísa, pelas caladas da noite, por outra criatura já encerrada num sepulcro e, então, era a imagem fiel da dor e da desolação...

Quando, transcorrida uma quinzena, recobrou a razão e lhe arrefeceu a febre, chamou a infatigável Marta, que se desvelava por ela, e disse-lhe com voz quase imperceptível:

– Senta-te e veste-me. Vou regressar *à casa de Gastão*. Vendo-me, agora, ele não terá ânimo de expulsar-me outra vez... Sei que o meu adorado Renê está enfermo e chama por mim... Só a minha presença poderá salvá-lo... Quero morrer a seu lado! Não sei que força potente me trouxe até aqui, arrancando-me dos braços de Renê... Se Gastão não me receber, morrerei à sua porta e, compreendendo quanto tenho sofrido, ele se arrependerá de ter ouvido o maldito hindu!

– Que dizeis, senhora? – falou a criada em pranto. – No estado em que estais, podereis viajar?

– Jesus há de reanimar-me. Apiedado de mim, levar--me-á até onde se acha o meu idolatrado Renê.

– Por Deus, senhora, desisti desse intento! Perderíeis a vida ao ser transportada à liteira!

– Tu desconheces as energias maternais, Marta; elas poderão erguer do leito de agonia uma progenitora... sabendo esta que o filhinho está prestes a resvalar num abismo... e que pode salvá-lo!

– Perdoai-nos, senhora! mas não devemos cumprir agora vossas ordens!

– Irei carregada até à liteira. Não tenho, acaso, servos dedicados que me queiram fazer a última vontade? Serei generosa para todos...

– Senhora, sois idolatrada por todos os vossos servidores... mas, por isso mesmo, nenhum quererá concorrer para vossa morte!

– Manda, então, um portador ao castelo de Dusmenil para saber o estado de Renê. Morro de inquietação, Marta!

Numa angústia indefinível, esperou o regresso do medianeiro que fora a Arras saber novas de Renê... que já se havia alado às regiões luminosas dos redimidos e por ela chamara até ao derradeiro alento...

Esse portador fora prevenido pelo médico assistente de Heloísa para não revelar a dolorosa verdade, já conhecida em todas as cercanias de Argemont.

Ao vê-lo de volta, interrogou com ansiedade:

– Como passa o meu adorado anjinho?

– Ligeiramente enfermo, senhora...

– Viste-o?

– Sim!

– Onde?

– Brincando no parque...

– Qual o seu aspecto?

– Doentio, como sempre... O Sr. Dusmenil vai levá-lo a Paris, esta semana, ao consultório de um médico eminente.

– Por que não manda chamá-lo? Renê achará penosa a viagem... Foi ele quem to disse?

– Sim, senhora.

– Renê chora por minha causa?

– Sim, mas o Sr. Dusmenil não se descuida um momento de o consolar, para que se não lhe agrave a moléstia.

– Tenta fazer com que me esqueça – considerou com inaudita amargura.

Depois novamente se dirigiu ao emissário:

– Como hei de saber notícias de Renê, Gontran?

– O Sr. Dusmenil preveniu-me de que, se a criança piorar, avisar-vos-á. Caso contrário, podeis ficar tranquila que o menino está melhorando com o novo tratamento a que o estão submetendo.

Poucos dias após esse diálogo, estando já convalescente, Heloísa, reclinada em uma *chaise longue* no alpendre do solar, alongava tristemente a vista na direção da estrada de Arras.

Profunda melancolia ensombrava-lhe o rosto descarnado, que se tornara de neve. A recordação dos últimos sucessos deixara-lhe a alma como que repleta de escombros, desfizera em cinzas o seu passado venturoso e o seu porvir; sentia-se árida, qual região devastada por um cataclismo sísmico. Parecia-lhe que um terremoto a atingira, estilhaçando no íntimo todas as aspirações, todas as esperanças do futuro e tornando-a um ser diverso do que fora até então, com o coração dorido, assolado pelo simum da desventura...

❦

Caía a tarde. Pinceladas de púrpura líquida tingiam o ocaso, qual se um Rembrandt invisível começasse a esboçar uma tela portentosa, destinada a algum soberano artista...

Heloísa, assim recostada na espreguiçadeira, adormeceu bruscamente, qual se fora anestesiada por médicos invisíveis, esculápios das academias siderais.

Deu-se, então, a exteriorização do seu olhar psíquico, abrangendo paragens longínquas e desconhecidas. Cuidava deslizar pelo firmamento invertido, pisar brandamente sobre flores luminosas e alcatifas de névoas multicores, com a maciez do arminho. Invencível torpor manietava-lhe todo o corpo, tornando-o imóvel e rijo.

Bruscamente, começou a vislumbrar uma claridade argentina, como se a natureza estivesse envolta em gaze nupcial, de prata eterizada.

Viu, em paragens desconhecidas, mas encantadoras, flores primorosas, parecendo talhadas em lâminas de pedras preciosas, de todos os matizes, algumas fosforescentes, outras cintilantes. Sentia-se deslumbrada, mas profundamente triste.

Súbito, dulcíssima voz – a mesma que costumava ouvir nos momentos aflitivos – vibrou-lhe estranhamente no íntimo, sem divisar quem a emitia, e como que evolada daquelas flores paradisíacas:

– Filha querida, desprende-te das venturas terrenas que, para o teu coração sensível... foram todas consumadas! Não vieste, desta vez, ao planeta das trevas para gozar, mas para ressarcir culpas tremendas, remodelar teu caráter e conquistar tesouros espirituais...

"És rica qual descendente de monarca moscovita, mas essa riqueza não mais te pertence, é inútil para reconquistares a felicidade malograda, como a concebe a criatura humana...

"Enorme essa fortuna, não basta para refazer a tua ventura esfacelada, as esperanças e aspirações derrocadas pelo ciclone das provas extremas.

"O ser humano é que valoriza os metais transformados em moeda. O ouro, para Deus, é lama dourada; para Ele só tem mérito a virtude, que é ouro do Céu. Este ouro é que estás conquistando, buscando-o nas jazidas profundas da alma, escavando-o com o alvião das provas atrozes e contundentes, fundindo-o na fornalha dos sofrimentos aspérrimos, purificando-o na caudal de lágrimas e angústias inenarráveis!

"Lembra-te de que Jesus – o arauto do Soberano universal, o mais radioso plenipotenciário das regiões divinas – cingiu a coroa do martírio, foi humilhado, vilipendiado, ultrajado e não fruiu uma só ventura mundana; não tinha teto nem moedas; e, no entanto, era arquimilionário no Céu, o supremo Creso[26] dos tesouros espirituais e da suma perfeição moral... Todos os mortais padecem por não quererem imitá-lo, porque aspiram às felicidades integrais, irrealizáveis nos orbes de expiação e regeneração e só possíveis nas estâncias siderais, onde se congregam os evoluídos, os acendrados no cadinho da dor, os invictos nas batalhas do labor e do dever; os que baniram do coração os detritos do mal, todas as máculas e reabilitaram-se perante o Criador, julgados nos tribunais dos mais incorruptos magistrados celestes, resgataram todos os débitos nefandos, atingiram o aprimoramento psíquico disseminando o bem a mancheias, como fez o Nazareno...

"Ouve, Heloísa: todos os gozos terrenos estão esgotados para a tua alma nobilíssima... exceto um – o maior, o mais intenso de todos: o que provém da prática da virtude máxima – a divina caridade! Esquece que tens um coração dilacerado, que foste caluniada, que passaste pela prova aspérrima da fidelidade, para só te recordares que, sob tetos de palha, em mansardas infectas, se abrigam seres

---

[26] Último rei da Lídia (atual Turquia). Famoso por sua riqueza.

humanos entanguidos pela nudez, pelo frio, pela fome, pela miséria, pela dor, enfim... Ampara os desalentados; estanca as lágrimas de amargura; veste os órfãos e os valetudinários; conforta os aflitos: conclui, enfim, tua derradeira encarnação – que o será se a terminares com um fecho de luz! – com a divina apoteose do Bem! Se assim o fizeres, alcançarás a definitiva redenção.

"Aqui, nesta região de belezas surpreendentes e imateriais, é que se deverá afetuar o encontro definitivo e perpétuo do teu Espírito com o de Renê...".

– Não o verei mais, então, nesta existência, bom amigo? Será que já deixou a Terra?

– Não – respondeu-lhe a voz melíflua do piedoso mentor invisível.

Esta palavra – não –, tão breve em extensão léxica, pareceu-lhe incomensurável naquele momento, repercutiu-lhe no íntimo clangorosamente como o ribombar de um trovão; cindiu-lhe o coração de alto a baixo, qual punhalada desferida por mão vigorosa, mas intangível...

– Dizei-me, compassivo amigo, toda a extensão da minha desventura: não mais poderei beijar meu adorado filhinho, receber suas carícias, satisfazer esta ansiedade que me devora de vê-lo, de arrefecer n'alma a chama voraginosa da saudade?

– Não – tornou a mesma voz dulcíssima, porém trêmula como um gemido, enregelando-a, impregnando-se-lhe no íntimo como a sensação de uma procela de neve.

Ela, súplice, soluçava convulsivamente.

De repente, distinguiu um coração de rubi, luminoso, pairando no espaço, trespassado por um sabre dourado, e como fendido por um venábulo de sol tropical...

Lembrou-se do coração de Marcos esfacelado por seu infame ludíbrio, lembrou-se da pulcra Mãe de Jesus na capela do internato, confirmando-se-lhe, assim, seus dolorosos presságios, quando supôs que a Mártir celeste lho havia apontado, parecendo dizer-lhe: "Também serás mãe e teu coração amoroso será dilacerado pelo gládio ferino do sofrimento e da saudade!...".

Por inexplicável repercussão, julgou que ao mesmo tempo, de um só golpe, aquele sabre radioso feriu o formoso coração sideral e o seu, até ao âmago, até à profundeza insondável do seu ser... Um pesar indefinível rasgou-lho, entranhando-se-lhe por todo o ser, forçando-a a levar a destra ao seio, como para arrancar dele o íntimo encarcerado, que gemia e palpitava desordenado na sua cavidade; mas, subitamente, o coração que se librava nos ares foi-se diluindo, desfeito em gotas fúlgidas, como que metamorfoseado em sangue lúcido ou em rubi liquefeito...

Teve a impressão de que ia tombar ao solo para jamais se erguer, mas, repentinamente, divisou um gracioso vulto de criança a seu lado, cingindo-lhe o pescoço com os bracinhos de névoa cetinosa.

Conchegou-o ao seio angustiado, e deu um grito ao reconhecer o seu idolatrado Renê...

– Como conseguiste fugir de teu pai? – interrogou, ansiosa, prestes a desmaiar de alegria.

— Facilmente, mãezinha, adorada... há vinte dias! Doravante, não mais voltarei à Terra senão para velar por vós, por ti e por ele, beijar-vos em sonho... Espero-vos "aqui", orando por ambos...

— Oh! filhinho querido! então já deixaste para sempre o mundo de sofrimentos?

— Sim. Findei minha breve mas dolorosa missão terrena. Já estou redimido pela dor e pelo cumprimento estrito de meus deveres, em múltiplas existências e séculos de crimes e de expiações pungentíssimas, mas que eu bendigo agora e sempre!

"Resgatas também, mãezinha, até ao último ceitil, o teu débito com o Banqueiro divino. Ainda permanecerás algum tempo no solar de Argemont. Esforça-te por preencher proveitosamente esse tempo, lenindo as amarguras do nosso semelhante, balsamizando o padecimento dos que te buscarem nas horas de adversidade. Não esmoreças, mãezinha adorada! Ver-me-ás em sonho, algumas vezes, para saciar teus arroubos de ternura.

"Lá, não mais me vereis, conforme esclareceu o nosso dedicadíssimo mentor espiritual. Recebe, pois, com ânimo cristão, talvez o último golpe desta gloriosa etapa. Serás plenamente reabilitada perante aquele que te feriu profundamente. Deus fará justiça."

— Oh! meu Renêzinho querido, é impossível viver sem o conforto dos teus carinhos! É uma prova acima das minhas forças...

— É o fecho áureo das tuas expiações terrenas. É o preço da redenção! Vencerás a prova suprema com o amparo dos que te amam e protegem invisivelmente – dos teus cireneus celestes...

Subitamente, foi despertada por suavíssimo ósculo na fronte e pareceu-lhe sentir o contato das mãozinhas diáfanas do filhinho estremecido, a lhe cingirem o pescoço.

CAPÍTULO V

— Marta! – disse a castelã com voz sumida e trêmula. A serva, que a observava compungida e atenta, acudiu logo.

– Que desejais, senhora?

– Aproxima-te...

– Não me vedes? Estou a vosso lado. Que é o que vos faz sofrer?

– Dize-me a verdade, Marta, se é que me consagras alguma afeição, como suponho: o meu Renê adorado já não é mais deste mundo?

A rapariga perguntou:

– Quem vo-lo disse?

– Quem? Ele próprio, Marta! Não tentes mais encobrir a realidade... que me vai levar ao túmulo! Meu coração está dilacerado. Não tenho lágrimas para chorar minha desdita. Vês? É minh'alma que se desfaz em prantos e ninguém, senão Deus, pode percebê-los!

"Como suportar, sem desalento, o peso desta saudade infinita e a falta das suas carícias? Por que me feriu tão cruelmente aquele a quem consagrava a mais pura das afeições?

"Que fiz para merecer tão dura expiação? Mas, perdoai-me, Pai clementíssimo: eu sou a ovelha criminosa, desgarrada há muito do rebanho divino, e que chamastes novamente ao aprisco de Jesus, com o cajado radioso... da dor! Eu minto, quando digo não poder resistir aos embates desta desventura, sem os beijos e carinhos do meu Renêzinho, visto que acabo de tê-lo conchegado ao seio e de oscular-lhe a fronte seráfica... Dai-me, pois, coragem para libar a derradeira gota da taça de amargura, tal como concedestes ao boníssimo pegureiro dos desditosos pecadores!"

Marta, lacrimosa e compungida, ajoelhou-se, murmurando:

– Senhora, vosso filhinho não pertencia à Terra vil: era um anjo que a ela desceu por pouco tempo!

– Pois já o sabias, Marta? – interrogou Heloísa, angustiada.

– Sim, senhora, desde que o emissário regressou. O Sr. Gastão Dusmenil estava inconsolável com a morte do menino...

– E... e o maldito Hamed ainda lá está?

– Sim. Ele e o Sr. Dusmenil vão partir para uma longínqua região cujo nome ignoro!

– Oh! Deus! Parece que a iniquidade triunfa, mas, eu creio na vossa justiça.

Marmórea lividez cobria-lhe a face descarnada. A serva, alarmada, ergueu-se dizendo:

– Vou chamar o médico, senhora.

– Não, Marta; os médicos não curam as chagas da alma. Meu mal é incurável. Leva-me para o leito. Quero que me deixes isolada algumas horas.

A dedicada rapariga, amparando-a nos braços robustos, conduziu-a ao leito e ministrou-lhe um cordial.

Velou por ela alguns dias, durante os quais Heloísa apenas pronunciou poucas palavras, empolgada por apatia e desalento invencíveis.

Quando, algumas semanas depois, percebeu serenada a borrasca que fustigava aquele Espírito boníssimo, só afeito à ternura, à bondade e à pureza, a solícita serviçal prosternou-se-lhe aos pés, murmurando com os olhos enxutos por um lenço já úmido de lágrimas:

– Senhora, perdoai-me! Perdoai-me pelo amor de Deus!

Heloísa, engolfada em profunda tristeza, descerrou as pálpebras e interrogou:

– Por que me imploras perdão? Que fizestes de reprovável? Pois não foste a única criatura que não me abandonou nas horas de suplício moral?

Oh! senhora, ainda que sacrificasse por vós a minha miserável existência, não sanaria o mal irreparável que vos causei.

– Que fizeste, então, digno de punição?

– Fui eu, senhora... que dei azo à calúnia que Ariel forjou contra vós!

– Que dizes?!

– A verdade, senhora, confesso-o sem rebuços. Expulsai-me, depois de me ouvirdes, se julgardes que o mereço. O que não posso é viver oprimida por este remorso que me rescalda a consciência dia e noite, vendo-vos definhar na dor inconsolável... de que me julgo causadora!

Soluçante quase, Marta confessou-lhe:

– Logo nos primeiros anos de mocidade, mal saindo da infância, afeiçoei-me a um bondoso camponês, que me correspondia com lealdade. Teve ele, porém, de prestar o seu concurso à França e partiu para a Argélia revolucionada, deixando-me grande pesar. Só me dava lenitivo a ideia de que, quando regressasse, realizaríamos o nosso modesto casamento. Aconteceu, porém, ser ferido por um estilhaço de obus, e, durante um ano, não deu notícia alguma.

"Constou na aldeia que ele havia morrido em combate. Quem trouxera tal notícia? Só mais tarde o soube... Eu vivia chorando ocultamente, para não contrariar meus pais, que exultaram com a morte do rapaz; tinha o coração enlutado, oprimido de pesar e saudade, e alguém se regozijava com o meu martírio... Um outro rapaz que, havia muito, amava-me sem ser correspondido e tornara-se o pretendente desejado por minha família, começou a frequentar nossa choupana e tantas aleivosias urdiu contra o que andava por longínquas terras, ou já havia baixado ao túmulo, que todos lhe deram crédito.

"Eu não sei ler, senhora. Essa desventura, indiferente aos rústicos, para mim constituiu, sempre, um profundo dissabor. O analfabeto é um ser incompleto, diverso da humanidade culta, aleijado espiritual, cego de olhos perfeitos e límpidos, racional que se aproxima dos animais, irresponsável pelos erros que comete com a consciência ofuscada pelas trevas da ignorância!...

"Quanto desejava então, mais que atualmente, saber transmitir ao longe meus pensamentos, e inteirar-me da realidade, por mais penosa que fosse!...

"Permutar ideias com quem se ama, em alva folha de papel, é enviar e receber um pedaço d'alma, de ternura, de consolo, de esperança, tornando menos acerbas as horas de recordações, de saudades, de amarguras...

"Mas perdoai-me, senhora, se vos relato meus íntimos segredos, uma vez que o faço para que me julgueis, qual se fosseis o mais austero dos sacerdotes.

"Um dia, André, o meu detestado pretendente, apareceu em nosso tugúrio com uma carta que afirmou ter-lhe sido confiada pelo agente do correio.

"Alvoroçada e palpitante, estive com essa carta nas mãos e, supondo-a enviada pelo querido ausente, não desejava que outrem a abrisse, senão eu, para que ninguém profanasse os seus arroubos afetuosos... Apertei-a no seio, olhos marejados, desejando que as palavras de amor, ali decerto escritas, fossem adivinhadas e lidas por meu coração saudoso e comovido.

"Meu pai, ríspido e agastado, estendendo as mãos trêmulas de cólera, para arrancar-ma, bradou:

– Não sabes ler, Marta; porque não entregas esta carta a André, a fim de sabermos quem a escreveu? Tens, acaso, na vida, algum segredo maldito, que me queiras ocultar?

– Oh! pai, minha vida tem sido honesta e pura, mas não posso confiar 'a todos' o que meu noivo me transmite de longe!

– Pois eu te ordeno que entregues esta carta a André, para que a leia! Teu noivo é esse e não aquele que, se ainda não tem a alma no inferno, não teve mão para escrever-te durante um ano!

"Quase desfalecida, deixei a carta fatal cair-me das mãos e, apanhando-a, André pressuroso rasgou o envelope e fez a leitura em voz alta para que todos se inteirassem do conteúdo... Oh! senhora! Julguei que fosse enlouquecer! Em vez de palavras de carinho e saudade, seus dizeres revelavam o maior indiferentismo, terminando com um rompimento definitivo, pois que Gontran afirmava não pretender voltar à nossa aldeia para realizar o casamento, e dando a perceber que, onde estava, seu coração já palpitava por outra...

"Adoeci, por muitos dias, delirando em febre e desespero! O amor que consagrava ao meu primeiro noivo foi substituído por ódio e desprezo...

"Pouco depois desse episódio, realizava meu consórcio com André, como sabeis.

"Ele logo se mostrou o que é: brutal e vingativo. Um dia, disse que nunca me consagrara afeição, mas, inimigo de Gontran, quis que eu lhe correspondesse, para o tornar desventurado quando voltasse."

– E a carta do meu ex-noivo? – interpelei ansiosa, suspeitando pela primeira vez uma cilada odiosa...

– Fui eu que a escrevi! – respondeu soltando gargalhadas escarninhas.

– Separa-te de mim, miserável traidor! – disse-lhe no auge da exasperação.

– Nunca! Abomino-te porque sempre me desprezaste, mas quero que, quando ele aqui volte, saiba como as mulheres são fiéis e como me vinguei de ambos!

"Sabeis, senhora, quanto meu marido me maltrata. Nossa vida em comum tem sido um tormento constante. Há poucos meses, inesperadamente, Gontran voltou da Argélia, onde esteve trabalhando após o serviço militar, tendo amealhado um pequeno pecúlio, aliás destinado à realização do nosso casamento. Evitei-lhe a presença o mais possível.

"Uma feita, encontrei-o ao regressar do mercado e ele, ao ver-me, pálido de emoção, com os olhos brilhantes de lágrimas, disse-me:

"– Que fizeste, Marta?

"Para justificar-me, tudo lhe contei.

"Asseverou que escrevera inúmeras vezes e só recebera uma carta minha – aquela em que lhe comunicava meu casamento com André! Não acreditando em tamanha falsidade, viera inteirar-se da verdade, infelizmente confirmada!

"– Fomos infamemente traídos, Gontran, fizeram-nos ambos desgraçados!

"Conversamos longamente e ficou patente a felonia, a perversidade de meu marido, a quem há muito venho odiando. Ele me agride brutalmente por motivos frívolos, para que Gontran o saiba e sofra com a minha desdita! Há meses, o perverso André foi chamado pelos parentes, que residem no sul da Itália; e seu pai, gravemente doente, não permite que ele volte antes de falecer. Sabendo-o ausente, Gontran procurou ver-me com frequencia...

"A verdade, porém, é que nós nos adoramos e eu deixei de cumprir os deveres de esposa leal. Para que ninguém nos surpreendesse, abria-lhe uma porta do castelo e passávamos horas, às vezes lamentando a nossa situação, outras maldizendo o cruel ausente, ou chorando o nosso infortúnio, considerando-nos desgraçados por termos de ocultar, aos olhos de todos, o nosso profundo afeto.

"Hamed que, qual faz o lobo ao redil, vivia rondando o castelo, viu-me abrindo a porta do saguão a Gontran e assenhoreou-se do nosso segredo, ou melhor – do nosso crime.

"– Vou contar ao André e ao Sr. Dusmenil o teu infame proceder! – falou-me, com calma e crueldade.

"Apavorei-me, aguardando a volta do meu e do vosso marido. Pensei, muitas vezes, em pôr termo à existência. Ariel, para testemunhar o que presenciara, acordou Fabrício e ambos perseguiram Gontran, de punhal alçado, intimando-o a não mais entrar no castelo.

"Vivi, desde então, em mortal desassossego. Poucos dias depois da lamentável aventura, disse-me o terrível hindu:
– Se quiseres que guarde segredo, *haja o que houver*, quando o Sr. Dusmenil regressar não profiras uma palavra em defesa da esposa! Se não cumprires o que ora te proponho, matar-te-ei como a um cão asqueroso. Se

tentares fugir, irei no teu encalço, pois, por meio de sortilégios, descubro o paradeiro de quem quer que seja, e, então, não escaparás à minha vingança...

"Eis por que, desejando dizer a verdade a vosso esposo, acovardada não o fiz. Aquele diabólico Ariel exerce uma influência indomável sobre mim: eu o temo como ao próprio Satanás!

"Não posso, porém, continuar com o coração abrasado de remorso. Poderia ter justificado a vossa inocência perante o Sr. Gastão e não o fiz, deixando desencadear sobre vossa cabeça uma tempestade de dores irreparáveis! Agora, se é verdade que o malvado Hamed lê, a distância, os pensamentos e vier tirar-me a vida, serei feliz terminando o suplício em que vivo, com o coração devorado pelas chamas da compunção; mormente depois que vos vejo chorar pelo adorado Renê, que embalei nestes braços e a quem amava como se fosse meu filho.

"Fui eu, pois, quem, involuntariamente, impelida por um celerado deu causa a que urdissem contra vós uma execranda calúnia...

"Agora, quero ouvir a vossa sentença, por mais severa que seja. E, se for condenatória, terei a precisa coragem de atirar-me no fosso de Argemont, preferindo a morte ao martírio em que vivo!".

Heloísa ouvia, apiedada e pávida, vendo-a contorcer-se em espasmos de sofrimentos indefiníveis.

Ela, naqueles momentos de angústia, compreendeu que a humilde e compungida serva, ajoelhada a seus pés, soluçante e desventurada, *talvez fosse uma das almas ligadas à sua pela trama do destino*, que só Deus urde e pode deslindar.

Não teria sido Marta, em transcorridos avatares, sua conivente nalgum delito nefando, ou prejudicada por sua vontade despótica e invencível de soberana ou miliardária?

Por que aqueles dois seres – Marta e Hamed – surgiram inesperadamente na via florida da sua existência, para destruir-lhe toda a felicidade terrena?

Por que seu amigo invisível e Renê lhe haviam dito que fora consumada a prova definitiva para o resgate de todas as faltas pretéritas?

Não teriam sido, pois, no plano misterioso do espaço insondável, elaborados todos os tormentos santificantes que lhe cruciavam o sensível coração?

Não estaria remindo com lágrimas pungentes todos os débitos para com o Incriado?

Não fora também perjura e pérfida?

Não são as existências terrenas solidárias entre si, ressarcindo-se em umas os delitos das anteriores, tal como ao som precede a vibração?

Não reconhecia, naquela serviçal, um espírito conjugado ao seu, indissoluvelmente talvez? Não era um coração ulcerado, a patentear seus mais íntimos dissabores para receber uma palavra de conforto ou de compaixão?

Pérolas de pranto rolavam pela face esmaecida de Heloísa. Fitou o crepúsculo através dos vitrais coloridos de rubro, como num lago nenúfares lúcidos, que, aos poucos, se fossem desfolhando e submergindo em líquido luminoso. Não era além, naquelas paragens maravilhosas, que se achavam congregados seus bondosos progenitores e Renê, aguardando-a sôfregos, e fruindo uma serena ventura em vão aspirada na Terra?

Era de mister relevar os erros dos seus companheiros de jornada, esquecer as ofensas que lhe fizeram seus algozes, alijar de si a tara dos delitos, acendrando-se pelo sofrimento, tornando-se alva como as açucenas do valado...

— Ergue-te, Marta — disse com brandura — tu não és culpada do que sucedeu e sim o perverso Ariel, que planejou e pôs em execução uma odiosa trama urdida contra mim, sabendo-me esposa honesta e fidelíssima. Ele, somente ele, é responsável pelas desventuras que destruíram o meu lar invejável. Ariel não ignorava que ia ferir uma inocente. Deus fará justiça a quem merece. Eu te perdoo haveres silenciado no momento em que podias justificar minha ilibada conduta, sei que não agiste por ti mesma e sim fascinada por aquele nefasto hindu, que domina, qual serpente, as vítimas indefesas que lhe caem nas ciladas diabólicas... Uma desditosa, como eu, expulsa do próprio lar pelo marido idolatrado, não deve fazer o mesmo à outra que se humilha e confessa, compungida, as suas faltas graves...

"Quero, porém, Marta, que *jamais* e sob qualquer circunstância, transgridas teus deveres morais. Sacrifica a felicidade momentânea do amor ao eterno dever. Tens uma alma responsável perante o Juiz supremo e considera que, para Ele, não há sombras nem crimes ocultos. Não há trevas que interceptem a visão luminosa e penetrante do astro-rei do universo. Marta, não manches teu espírito, para que se faça mister purificá-lo com lágrimas de dor profunda, com as provas mais tormentosas! Deves erguê-lo do abismo do adultério às radiosas regiões da virtude. Sofre com resignação todas as amarguras terrenas, todas as injustiças, mas não te tisnes com a lama do pecado!

"Em meio à desventura que me revolve no coração o punhal da prova, eu reconheço que neste mundo só há uma felicidade que ninguém nos poderá roubar, incompreendida pelas almas torvas e pecadoras – a consciência reta, serena, impoluta! Não procures outra no vale dos gemidos em que nos debatemos, como náufragos de um mar enfurecido – porque não a encontrarás!"

– Ah! senhora! – exclamou a serva ainda súplice – como sois bondosa e nobre! Que alívio destes a este coração que de há muito vinha sendo devorado pelas víboras do remorso!

"Já que não me condenastes nem expulsastes, quero servir-vos até ao derradeiro instante de vida, como se fosse vossa escrava! Ninguém, senão morta, poderá arrancar-me do vosso serviço! Só me apartarei de vós quando me levarem ao sepulcro, e, se Deus o consentir, ainda vos seguirei, minh'alma será a sombra da vossa! Não me abandonareis também, senhora, pois se o fizésseis eu me mataria.

"Protejei-me contra o furor de André, que não tarda a chegar da Itália! Eu o odeio tanto quanto ele a mim... mormente depois que soube toda a extensão de sua vilania, furtando-me a correspondência do meu ex-noivo..."

– Vou refletir no que tenho a fazer, Marta. Aconselho-te, porém, a te humilhares, já que te vingaste de André, transgredindo os teus deveres conjugais. Redime essa mancha do teu espírito com o sacrifício e o sofrimento.

Tudo farei para que te eleves moralmente. Vou criar uma escola noturna, para adultos. Quero que a frequentes. A ignorância justifica muitos crimes e muitas faltas. Se não fosses analfabeta não terias sido vilmente iludida.

Deixa-me, agora. Desejo ficar só... com a minha dor infinita!

CAPÍTULO VI

Mais um ano decorreu sem aparente mudança na existência de Heloísa, que não chegou a recobrar integralmente a saúde e vivia adarvada em tristeza invencível. Jamais um sorriso lhe aflorava aos lábios, tal como a Jesus sucedera. Continuava reclusa no seu formoso solar, como se estivesse num claustro, tendo por único objeto disseminar conforto e benefício aos que dela se socorriam.

Auxiliava as jovens camponesas dos arredores de Argemont e das aldeias vizinhas a adquirirem modestos enxovais. Criou escolas diurnas para a infância e noturnas para os adultos.

Muitas vezes ia assistir às preleções dos mestres que regiam os colégios por ela mantidos, e, tomada de súbita inspiração, falava às crianças e aos fatigados trabalhadores, que dessendentavam o espírito com o orvalho luminoso da instrução, qual se fora uma entidade baixada das regiões cerúleas.

Comprazia-se no convívio das criancinhas, afagando-as com carinho e tristeza, dando-lhes confeitos e bonecos nos dias festivos.

Uma vez, assistindo-lhes à retirada do colégio, notou que um menino de sete a oito anos, do porte e compleição de Renê, destacando-se dentre todos pelas vestes alvíssimas, fitou-a, sorrindo.

Nunca havia notado a sua presença e quis sustê-lo pelas vestes, mas logo que fechara a destra, a graciosa aparição se esvaeceu, qual névoa matinal aos primeiros raios solares...

Esse inesperado fenômeno psíquico comoveu-a intensamente. Ficou profundamente emocionada, mas sentiu inefável conforto e novo alento para prosseguir a nobilíssima e magna tarefa, que o filhinho adorado a induzira a executar.

Nesse comenos, inesperado sucesso abalou vivamente os habitantes das terras de Argemont. O esposo de Marta, caráter irascível, turbulento e agressivo em constantes querelas com os companheiros de trabalho e a consorte, por motivos frívolos esbofeteou um camponês e foi por este apunhalado. E depois de algumas horas de agonia dolorosa, expirou blasfemando.

Marta, sentimental e compassiva, perdoou-lhe todos os agravos, mas não deixou de sentir um lenitivo às suas desditas, por havê-la libertado o Pai clementíssimo, de um algoz implacável. Agradeceu, de mãos postas, a mercê recebida.

Mais que nunca, desvelou-se então por Heloísa, que, sempre melancólica, definhava lentamente, sem murmurar um queixume e espargindo consolo e alento aos enfermos e aos desventurados.

Um dia, em que Marta em vestes de luto lhe aguardava ordens, disse-lhe:

— Estás livre do jugo e da tirania do infeliz André. Tua prova foi mais breve e mais suave que a minha. É tempo de experimentares se Gontran te estima realmente. Escreve-lhe — pois que já sabes grafar teus pensamentos — narrando o sucedido e, se ele estiver bem-intencionado, há de procurar reparar a falta que cometeram.

— Oh! senhora, sois verdadeiramente uma santa: tão injustamente desditosa, só vos preocupais com a ventura alheia! Que Deus vos pague, amada senhora! Quero viver, de rojo, a vossos pés... Que fazer para vos retribuir tanta generosidade?

— Dedicando-me alguma afeição... até que finde este meu martírio, que julgo não se prolongará muito tempo!

— Essa afeição já vos pertence, senhora; e profunda, e eterna como não a consagro a outro ser na Terra. Sois, para mim, qual Mãe de Jesus para os pecadores...

Poucos dias depois, Gontran apresentou-se no solar de Argemont, e, tendo falecido o mordomo, que o era desde o tempo dos progenitores de Heloísa, entrou a substituí-lo.

O casamento de Marta e Gontran realizou-se na capela do castelo, onde se efetuara o de Heloísa e Gastão. O casal, reconhecido e ditoso, não cessava de tributar à benfeitora constantes provas de consideração e apreço.

Decorriam serenamente os dias em Argemont, não sendo turbados pela mais tênue desarmonia. Heloísa que os preenchia com atos de altruísmo no convívio de jovens, crianças, campônios, aldeães, só à tarde se recolhia aos aposentos particulares.

– São as horas consagradas ao Céu, às preces, à meditação... e à saudade dos que se foram para o Além! – dizia com melancolia.

Nas noites quentes e estreladas, deixava as janelas abertas e contemplava, enlevada, o firmamento, desejando sondar o côncavo azulado, onde o Criador encerrou, como em veludoso escrínio, todas as fulgurantes maravilhas siderais e todos os diamantes luminosos do universo! Tinha, então, momentos de êxtase, de exteriorização espiritual, parecendo-lhe que a alma se evolava do frágil casulo para as regiões superiores, em demanda dos estremecidos entes que, no passado, como vibrações argentinas, enchiam-lhe de melodias a existência.

Havia instantes em que se julgava nos domínios dos intangíveis: ouvia um como que flabelar de asas de arminho; surpreendia jorros de luz suavíssima fendendo o espaço constelado, chegando-lhe até à fronte como cataratas de diamantes fluídicos...

Outras vezes, baixava o olhar e vislumbrava, ao longe, o mar, tão diverso da placidez do zimbório celeste, quase sempre colérico, qual hidra convulsionada agitando as escamas cintilantes, que reverberam à luz dos astros...

Nesses transportes, deixava de pertencer ao plano material, arrebatada às regiões radiosas do cosmos; borboleteava no éter, cindia o espaço e confabulava com Entidades cultas que percebia a seu lado, mas não podia distinguir nitidamente, como se a presença delas lhe ofuscasse ou amortecesse a vista.

Outras vezes as percebia junto de si, no aposento mesmo em que costumava repousar na *chaise longue*.

Ouvia, qual sussurro de asas, a voz carinhosa do genitor a confortá-la, concitando-a a prosseguir na rota gloriosa da sua trajetória terrena, referta de dissabores, mas fértil em resultados psíquicos.

– Bem mo dizias tu, filha amada – falava-lhe ele –, que as nossas existências são solidárias. A Fênix legendária, que ressurge das próprias cinzas, é a nossa própria alma imortal...

"Quantos padecimentos, quantos transes pungentes nos seriam poupados, se, desde o início de nossa criação, não ignorássemos esse axioma! Praticando o bem, evitando o mal, o espírito se prepara um futuro isento de mágoas, de choques tremendos, que os criminosos não podem conseguir senão depois de reparados seus desatinos. As existências trágicas são o resultado de nefastos delitos antes perpetrados.

"Atores que somos todos, no palco do universo, os que só representam dramas ou tragédias sangrentas, empunhando armas fratricidas, têm, forçosamente e por muitos anos, de suportar vidas agitadas, tumultuosas; tomar parte em cenas sanguinolentas e desastrosas, até que remidos de seus erros, amando vidas calmas e humildes, acendrado o espírito no Jordão purificador das lágrimas e conquistadas todas as virtudes, possam desempenhar missão de paz, de amor espiritual, em que imperem os sentimentos dignificadores.

"Tu, filha querida, vieste das altas castas sociais: já reinaste soberbamente e já cometeste erros execráveis... Já caluniaste amigas, já traíste cândidas afeições. Já foste mãe desnaturada, esposa infiel, vingativa e impiedosa; todos esses defeitos, como projéteis atirados de encontro a formidável muralha, não a penetraram: voltaram de ricochete, sobre quem os desferiu... no coração do seu próximo.

"Agora, para que ultimes vitoriosamente as provas planetárias, é mister treinar a alma para o perdão, para o esquecimento das chagas abertas em teu coração nobilíssimo, que já foi insensível à voz da desventura! – armando o punhal traiçoeiro *dos teus antigos comparsas*, em cenas revoltantes de crueldade e vindita!"

– Pai adorado! – segredou-lhe em surdina, de alma para alma – percebo que estais sempre a meu lado e sabeis como tenho cumprido austeramente os meus deveres... A consciência não me acusa de haver cometido o mais leve delito; não a tenho mareada pelo mais tênue desdouro... Fui, porém, muito ultrajada e ferida no âmago do meu ser: parece-me que, desde que me separei do idolatrado Renê, tenho o coração retalhado, esfacelado por invisível adaga...

"Não tenho, ainda, a precisa coragem para olvidar os injustos agravos de Gastão, com o agasalho às cavilosas maquinações do perverso Hamed..."

– Injustos agravos, disseste, minha Heloísa? Oh! filha amada: quem é Ariel?

"Comparsa ou conivente de todas as tragédias do teu passado na Terra, e que, por tua causa, sob a tua maléfica influência perpetrou os mais bárbaros crimes, manchou de sangue a mão que assinava sentenças iníquas, ceifando vidas preciosas, empunhando armas fratricidas, e que reaparece agora, antes que desça o velário da tua última prova terrena.

"Pois não compreendes, filha querida, que ele e Gastão foram teus aliados no mal? Ainda o saberás, com todos os detalhes, e compreenderás quem foste... Não podemos, por enquanto, temendo perturbar-te a razão – não podemos revelar-te totalmente a verdade nua, antes de deixares esse mundo... Os seres que supomos mais ínfimos, os fâmulos, todos que gravitam em nossos lares, estão, quase sempre, e por todo o sempre, vinculados às nossas existências, para que possamos reparar injustiças, delitos abomináveis, e não lhes transmitirmos ordens arbitrárias, pois, no passado sombrio, foram executores do nosso arbítrio, em detrimento dos nossos semelhantes. Tens hoje uma serva dedicada – Marta, cuja afeição incondicional conquistaste com o perdão e clemência. Pois bem: já lhe causaste muitos danos, já a compeliste à prática de vilezas e ignomínias, e só agora te tornaste benévola e compassiva para com ela. Começaste a burilar o diamante informe da sua alma, que jamais se desligará da tua, e norteando-a para a luz da virtude e do dever!

"Consumada, agora, a tua breve expiação, iniciarás missões sublimes, que consistirão no elevar e orientar as criaturas ainda vacilantes no carreiro da moral. Marta será uma das tuas tuteladas espirituais.

"Ora sempre com ardor para triunfares de todas as provas terrenas, assim como um templário por sobrancear a comprovação positiva de sua têmpera moral.

"Aceita, sem murmurar, as supostas injustiças e sofrimentos que te forem impostos como cautérios aos carcinomas, às úlceras corrosivas do espírito, para cicatrizá-los e saná-los por todo o sempre.

"Então compreenderás que, sem eles, ainda terias que voltar à arena planetária por saldar, até ao último ceitil, o débito contraído com o divino Instituto. Não será longa tua romagem terrena, doravante. É mister preparar a alma para o esquecimento das amarguras sofridas e retribuir, com a piedade e o perdão, os gravames que te infligiram os teus coligados de outrora!

"Tudo farás imitando o modelo celeste – Jesus – que, espargindo a caridade, o consolo e a compaixão, só recebeu dos homens ultrajes e suplícios, mas soube perdoar aos pecadores, ingressando com a alma – constelada de bênçãos e virtudes – nas mansões venturosas do universo, que são a herança régia do nosso divino Progenitor, a majestade absoluta do cosmos...

"Jesus, agora e até à consumação dos evos, será o arquétipo dos que necessitam cinzelar o espírito crivado de arestas, de iniquidades, a fim de que os aformoseiem, os quintessenciem, tornando-os luminosos quais estrelas humanizadas, para ascenderem às paragens etéreas e, mais tarde, aqui voltarem a desempenhar missões nobilíssimas e gloriosas, tornando-se faróis que norteiem a criatura às pátrias fulgurantes do Além!

"Todos os infratores dos códigos divinos – baseados no amor ao dever, na virtude, no altruísmo – têm, como Ele, de arrastar pela via crucis das expiações flagelantes, sobre os ombros magoados, o bronze do calvário dos delitos, tanto mais pesado quanto mais graves são os delitos – sorver, até à derradeira gota, a taça das amaritudes tormentosas e dos reveses redentores; colocar na fronte, onde abrolharam pensamentos malsãos, a coroa de espinhos que penetram na alma, lacerando-a, como o fizemos aos corações do nosso semelhante, em momentos de desatino... ou de perversidade superlativa! Carrega, pois, filha amada, o teu madeiro doloroso, cujo peso se vai aligeirando dia a dia; tornando-se imponderável, menos torturante – desde que resgataste a falta máxima dos teus remotos avatares, falta que clamava punição, que aliás não excedeu o delito cometido... Vê: os cireneus siderais descem do Espaço estrelado para auxiliar-te a conduzi-lo ao Gólgota das provas meritórias, cujo cimo radioso já deves vislumbrar com a maravilhosa visão psíquica.

"Sairás galhardamente vitoriosa, se prosseguires na faina do bem e do dever, e, então, em futuro não longínquo, teu espírito lucificado ficará perpetuamente unido ao de Renê... e ao de Gastão!"

– Oh! pai amado, por que não dizeis estas coisas ao desvelado amigo que me conforta nos instantes de agonia moral? A... Dusmenil? Oh! não! *Sinto* que uma voragem intransponível se interpôs entre ele e mim, que se não condoeu do meu sofrimento, que me apartou do Renê adorado, enfermo e frágil, tornando-se um parricida. Julgou-me vulgar adúltera, conhecendo meus sentimentos de honestidade, minhas ideias dignificadoras!...

"Para ele as acusações de um misérrimo criado tiveram maior mérito que os meus protestos e o meu passado impoluto..."

– O ciúme, filha querida, alucina, endoidece a quem se lhe dobra ao jugo tirânico! Quantos crimes execrandos, perpetrados sob o seu domínio invencível! É o carrasco dos corações amantes. É a prova máxima do afeto, mormente do conjugal. É o egoísmo perdoável de quem ama profundamente!

"Quantos punhais de Otelos hão varado corações inocentes, empunhados por uxoricidas desvairados pelo despótico ciúme! Nunca o sentiste nesta existência, Heloísa, desposando o único homem que amaste; por isso, não compreendes o que se passou no íntimo de Ariel e Gastão, subjugados pelo ódio, pelo ciúme, pela vindita – aliados sinistros na consecução dos mais horripilantes delitos. O ódio!

"Oh! filha amada! esforça-te em lhe não dares guarida em tua alma nobilíssima: ele é como a labareda voraz, ateada ao próprio coração, consumindo-o, devorando-o lentamente; amortece os mais louváveis sentimentos; arma os seres para o homicídio, para a calúnia, para a vingança; cria um inferno interior, calcina todas as virtudes, lança o desespero no imo de quem o concebe, tornando-o verdugo implacável daqueles a quem mais adorava; de si próprios, da humanidade toda! O ciúme! tormento inenarrável de quantos, apegados ainda ao mundo e aos gozos impuros, imantados às paixões vulcânicas, não consideram o homem um irmão e sim adversário temível, só desejando exterminá-lo para que ninguém possa cobiçar o objeto da sua louca afeição! Hidra de Lerna à qual, decepado um tentáculo, renascem-lhe sete; víbora que se enrosca no coração, empeçonhando-lhe todas as alegrias, todas as esperanças; espectro que segue, qual sombra aos corpos expostos à luz, as suas vítimas, não as deixando um só momento, supliciando-as qual inquisidor invisível, mas crudelíssimo...

"E foste tu, filha querida, alma cândida e lirial, que inspiraste estes algozes e tiranos da humanidade... em dois corações que, até hoje, te consagram um sentimento indefinível – amálgama de luz e trevas, de neve e lodo pútrido!... Quase sempre, Heloísa, é a torpeza que faz gerar paixões impuras; mas, às vezes, o faz a virtude austera que não transige, que não se conspurca, que não se vende por nenhum tesouro, fazendo germinar nos batráquios humanos – mergulhados nos tremedais dos sentimentos polutos – um amor material... pela mais bela estrela de um firmamento azul!

"Se tu houvesses transgredido os teus deveres conjugais, terias a dedicação e o afeto impetuoso de Ariel; repelindo-o nobremente, criaste um inimigo terrível e acérrimo. Sofres, porque não delinquiste. És desventurada, porque és pura. Antes, porém, as amarguras do repúdio, o martírio da separação, as lágrimas da suposta injustiça que te feriu, do que a ventura maculada que proviesse da mais leve transgressão de um só dos teus deveres morais!...

"Bendize, pois, as agonias que tens padecido sem manchar tua alma, preparando, assim, com lágrimas e tormentos, a felicidade futura, a eterna aliança com aqueles a quem amas..."

– *Nunca mais* poderei amar Gastão, pai querido! – exclamou Heloísa soluçante.

– Hoje assim te parece, Heloísa; mas assevero-te que sucederá o contrário...

– Não posso esquecer os seus ultrajes, e, sobretudo, o haver imolado a vida do meu idolatrado Renê!

– Porque ele estava e ainda se acha iludido a teu respeito e de Hamed. A verdade, porém, qual argênteo luar, não tarda a desvendar-se, espancando as trevas da calúnia... Não mais lamentes a partida do redimido Renê para as regiões superiores. Era uma ave do Céu, que apenas por momentos pousou nos beirais do teu lar.

"Nada o podia deter no seu vertiginoso surto às regiões divinas. Seu tirocínio estava findo para a Terra. Ele é o vínculo diamantino que há de agrilhoar as vossas almas por todo o sempre!"

Calou-se, bruscamente, a voz suave.

Heloísa, a conselho do invisível protetor, orou mentalmente implorando ao Pai clemente a coragem necessária para, antes de terminar seus dias na Terra, esquecer ou perdoar os agravos recebidos, as angústias por que passara, tornando-se indulgente para com os seus ofensores e quantos, de priscas eras, se constituíram instrumentos de suas arbitrariedades e delitos.

Ao formular os últimos votos, adormeceu profundamente, estirada no divã.

Imperceptivelmente, Marta entrou no quarto e, vendo-a tão esmaecida, marmórea face a contrastar com o negror dos cabelos, onde já fulgiam estrias de prata, as alvas mãos enclavinhadas sobre o seio emagrecido, em plácido sono mergulhada, supôs houvesse o radioso Espírito transposto as fronteiras siderais, librando-se ao paraíso.

Ajoelhou-se em prantos, beijou-lhe as mãos. Heloísa abriu os olhos e fitou-a com espanto, perguntando:

– Por que choras, Marta?

– Ai! senhora, julguei que vossa alma de santa houvesse partido em busca do querido Renêzinho!...

– E choravas por isso, Marta! Pois olha que, assim, lastimavas a minha ventura, a única a que aspiro nesta vida que se vai extinguindo lentamente...

CAPÍTULO VII

Dia de grande azáfama, aquele, no alcáçar de Argemont. Heloísa não descansara um instante para atender a todos que a procuravam, a todos ouvindo, aconselhando, reanimando, coadjuvando. À tarde, recolheu-se ao quarto, como de hábito, porém mais fatigada que nos dias anteriores e presa de incontida mágoa, pois transcorria a data natalícia do meigo filhinho, que ela não cessava de evocar, transida de saudade.

Recordava o passado, sem poder dominar os pensamentos – emissários invisíveis, mas vibrantes; condores divinos que, enjaulados por instantes no âmbito estreito e maravilhoso do cérebro – romperam a frágil prisão que os encarcerava e libraram-se à cerúlea esfera, sem que houvesse na Terra algo que os pudesse novamente enclausurar.

Lembrou-se do júbilo com que recebera nos braços carinhosos o débil recém-nato, boneca viva, cheia de encantos; criaturinha adorada que lhe pareceu formada de um farrapo da sua própria alma, que assim ficava repartida e desintegrada quando não o tinha colado ao seio, quando lhe não recebia as carícias... Desde que dele se apartara, na tétrica noite do rompimento com Dusmenil, sentiu que se lhe lacerara o espírito e um fragmento ficara com o idolatrado entezinho. Daí por diante, reconhecia-se incompleta, semiviva, mutilada, abrindo-se-lhe no íntimo um vácuo, um abismo... que se ia enchendo de lágrimas, de reminiscências dolorosas, de saudades indefiníveis!

Orou longamente, implorando à majestade suprema não a deixasse sucumbir em desalento.

– Senhor! – murmurou – não vos suplico a ventura a que não fiz jus nesta existência, devido às culpas pregressas, mas uma partícula de paz espiritual, a fim de, serenamente, conduzir sem desfalecimentos o madeiro das provas ríspidas, ao Gólgota das remissões terrenas... Tirai-me do cérebro estas lembranças pungentes, anestesiai-me o coração com o bálsamo divino da resignação!

"Piedade, Senhor, para vossa desolada serva – que tem a resgatar um passado sombrio, uma eternidade de pecados!

"Sinto hoje, mais vivas, as recordações do adorado anjinho que se alou às célicas paragens onde vos achais...

"Tenho ainda impregnadas na alma as suas carícias, o aconchego dos seus bracinhos de névoa, a ternura de seus beijos santos; e, no entanto, sei que seu corpinho já se desfez em vibriões, no bojo de um sepulcro, que guarda também meu coração dolorido e saudoso!

"Vós, que sois Pai extremoso, vede a minha dor profunda e enviai uma gota de lenitivo para a suavizar!

"Piedade, Senhor, para a torturada criatura que já transgrediu vossas radiosas leis de amor e justiça, mas anseia agora aproximar-se de Vós por todo o sempre!"

Mal acabara de pronunciar estas palavras, foi dominada por ligeira vertigem, e, como lhe sucedia às vezes, percebeu que seu Espírito, exteriorizado, cindindo o espaço, librando-se alto, abeirou-se do Imensurável, pairando no éter... Depois, resvalando docemente no vácuo, desceu de novo às regiões terrestres, em linha horizontal, e começou a descortinar lagos, mares, serranias, embuçadas em albornozes de neve e por fim extensas planícies muito áridas, onde reinavam solitude e algidez mortuárias.

Bruscamente, paralisou o adejo e desceu a uma urbe algo obscura, envolta em noturno crepe. Grandes prédios achatados, extensas praças frouxamente iluminadas, como que abandonadas após aniquiladora batalha ou devastada por violenta pandemia, que a houvesse transformado em vasta necrópole.

– Passamos pela Pérsia e atingimos a Sibéria! – murmurou com voz maviosa a devotada Entidade que orientava Heloísa. Esta, não a distinguia, mas lhe sentia a presença.

– Que vim aqui fazer nesta inóspita região? – interpelou, ansiosa.

– Rememorar o passado, mergulhar o pensamento no oceano profundo das tuas encarnações remotas.

"Já aqui viveste e delinquiste. Trouxe-te para presenciares uma cena que te vai emocionar, mas de benéficas consequencias. Ânimo, pois!"

Aproximaram-se de ampla habitação isolada das outras por extenso e inculto parque, onde arbustos e árvores desnudas, cristalizadas de neve, moviam-se vergastadas por frígidas ventanias, como se rodopiassem ao compasso de estranha filarmônica regida por louco maestro!

Junto ao prédio, à retaguarda, Heloísa distinguiu um rio largo e que parecia profundo, meio estagnado e semelhando um estendal de vidros fraturados – pois a espessa crosta já estava estilhaçada, em começo de degelo – formando incontáveis ilhotas diamantinas a se entrechocarem com soturno e impressionante ruído.

– Estás à margem esquerda do Lena,[27] em Irkutsk...[28] – disse-lhe o mentor de voz dulcíssima.

Ela acercou-se da habitação, tenuemente iluminada por uma lâmpada interior, mal deixando vislumbrar alguns interstícios nas janelas da ala direita. Reinava silêncio tumular lá dentro, apenas quebrado frouxamente pelo murmúrio do rio, quais soluços abafados, de criaturas estranguladas.

Penetrou, por fim, sem descerrar nenhuma porta. Achou-se em vasto dormitório e num leito descomunal, com dossel carmezim franjado de flocos dourados, meio aberto; surgindo, sobre a rubra almofada, viu uma cabeça masculina, pálida e esquálida, a destacar-se das cobertas que a circundavam como se fora um guilhotinado. Aquela criatura parecia profundamente adormecida, mas a fisionomia revelava dolorosos sofrimentos, com expressão de mágoa infinita.

– Não conheces mais teu esposo de antanho? – interrogou o carinhoso companheiro.

---

[27] Rio da Sibéria.
[28] Cidade da Sibéria.

– Gastão, este? Será crível? Está enfermo?
– Sim, enfermo da alma, dilacerada como a tua.

Ela sentiu, de súbito, desfazerem-se-lhe os ressentimentos e, comovida, sentia lágrimas candentes a deslizarem-lhe pela face.

– Observa o que se passa – advertiu o guia.

Então, viu abrir-se uma porta lateral e uma figura sinistra que penetrava no ambiente.

Ocultou-se, espavorida, num canto do aposento e reconheceu o vulto de Hamed, trajado de preto, ares de inquisidor a caminhar pé ante pé, cautelosamente, com o braço direito levantado, empunhando acerado e reluzente punhal, em direção ao leito de Gastão adormecido.

Heloísa deu um grito de terror e acordou sobressaltada, levando a destra ao seio palpitante, do qual lhe parecia desprender-se e alar-se por todo o sempre... Acudiu-lhe, pressurosa, a dedicada Marta.

– Que tendes, senhora? Que sentis!

– Um pesadelo horrível, Marta! Vi o malvado Ariel na iminência de apunhalar Dusmenil!

– E não o julgais capaz de o fazer!

– Sim... o miserável não sustentará até ao fim o papel de servo devotado... Ele se revelará logo que Dusmenil não possa mais livrar-se da sua traiçoeira sanha, pois que o odeia, aparentando afeição real e sincera!

Quando a criada se retirou para um cômodo contíguo, Heloísa foi dominada por irresistível emoção, que lhe arrancou do âmago borbotões de lágrimas.

Até aquela hora, desde o rompimento com o marido, pensava nele com profundo ressentimento, com mágoa intraduzível, não lhe perdoando as torturas que lhe infligira separando-a do idolatrado filho... Não o odiava, mas considerava-o adversário inconciliável. Julgava havê-lo esquecido, sentia que um abismo se interpusera entre ambos, um oceano lhes permeava os corações, alheando seus destinos, tornando-os indiferentes. Parecia-lhe que receberia impassível as notícias mais desoladoras a seu respeito. Mas, eis que ao vê-lo em sonho; inerte, enfermo e entregue à sanha do execrável hindu, compreendeu que este, unicamente, fora o causador da sua desdita; fascinara-lhe o esposo, que, sob as suas garras tigrinas, se tornara presa dócil; e tendo realizado toda a vindita que projetara, por fazê-los desventurados e inimigos, ia vibrar, no peito angustiado de sua vítima, traiçoeira e inevitável punhalada!

Não lhe dissera ele, que detestava Dusmenil desde que se apoderara de sua alma, peçonhenta e monstruosa, aquela paixão nefanda que lhe despertara no íntimo os instintos ferozes?

Onde estariam eles naquela noite? Na Sibéria, conforme sonhara? Como salvar Dusmenil do pérfido Hamed? E como lhe pesava a vastidão do mundo, naquele momento pungitivo, sem saber ao certo o paradeiro do único homem a quem amara e não desejava fosse imolado à crueldade do terrível Ariel!

Orou, lacrimosa e longamente.

Nenhuma voz amiga se fez ouvir naquela noite de agonia, em que se elaboravam no seu imo novos sentimentos generosos, transformando os agravos do seu algoz desvairado pelo ciúme, em compaixão, em dulcíssima piedade, em fraterno interesse. Não mais poderia, mesmo que o quisesse, amar como esposa ou como noiva, aquele que tanto a humilhara e ofendera, mas amá-lo-ia como irmã carinhosa ou mãe compassiva, que perdoa todos os crimes do ser pequenino e frágil, que adormeceu nos braços, de quem escutou o primeiro vagido e recebeu o primeiro sorriso!

Voltara, então, como em outros tempos, a interessar-se pela sorte de Dusmenil. Até ali, ser-lhe-ia indiferente a notícia da sua morte, mas, doravante, causar-lhe-ia pavor sabê-lo assassinado por um miserável, que, após lhe haver destruído o lar e a ventura, ia varar-lhe o coração que só pulsava pelo filhinho e pela companheira adorada.

A alvorada raiou, rósea e fresca, e ela ali estava estirada no leito, em vigília tormentosa que não lhe deixara repousar o cérebro e o vulcanizava e espezinhava com os acúleos da inquietação...

Dormitou apenas, alguns momentos, antes de erguer-se. Tal a lividez do rosto, que, ao vê-la, a dedicada Marta quis chamar o médico.

– Não, Marta, não estou doente. Estou apenas abalada com o pesadelo desta noite, mas tudo isso vai passar. Certo, hei de tudo esquecer, cumprindo meus deveres, praticando o bem...

Acolheu com melancólico sorriso quantos a procuravam para obter algum benefício.

Assistiu às aulas matinais das criancinhas, acarinhando-as ternamente e ofertando-lhes guloseimas e brinquedos; reanimou os aflitos, socorreu os enfermos e desditosos.

À tarde, quando se recolheu aos aposentos, sentiu-se fatigada, mas, com a consciência iluminada dos clarões dulcíssimos, que provêm das almas plácidas e virtuosas.

Penetrando num compartimento raramente visitado, atentou num antigo móvel que, havia muito, não era aberto. Aprouve-lhe abri-lo para rever o que continha; e talvez lhe recordasse o tempo áureo da meninice. Procurou as chaves em uma das menores gavetas, e, sucessivamente, as foi abrindo, inteirando-se do conteúdo.

Encontrou cartas familiares e, num maço atado com sedosa fita já desbotada, as missivas que seus genitores permutaram nos raros dias em que se apartavam.

Leu alguns trechos, comovida, com os olhos rociados de pranto, das velhas epístolas que revelavam venturas transcorridas, saudades, afetos puros e indissolúveis.

Só então, avaliou quanto haviam sido ditosos os magnânimos castelões que lhe deram o ser!

Duas almas sempre vinculadas por indestrutível afinidade, unidas até na morte, pois o conde de Argemont pouco sobrevivera à extremosa e fiel companheira... Nunca surpreendera o mais tênue desgosto a lhes toldar a serenidade do semblante nobre, da paz conjugal, enquanto viveram sob o mesmo teto. Invejou-lhes a ventura inexcedível que, certamente, se prolongava por regiões siderais para onde se evolaram.

Bem diverso fora o destino dela.

Guardou, vagarosa, aquelas cartas passionais, já de um tom de velho marfim, e, ao fechá-las na gaveta de onde as retirara, teve a sensação de haver cerrado um pequenino túmulo... onde jaziam as derradeiras provas de uma felicidade fruida e extinta na Terra, qual punhado de cinzas...

Abriu outra gaveta maior, repleta de roupas e objetos infantis... e soltou um grito dilacerante, reconhecendo as roupinhas de Renê, os seus brinquedos prediletos, que ele mesmo colocara com as mãozinhas diáfanas em uma das malas, quando ela as arrumava, antes do regresso do marido e no intuito de esquivar-se ao guante do nefasto Ariel...

Ondas de pranto lhe borbotaram do coração, turvando-lhe a vista, qual se um rio interior, represado por muralhas de granito as houvesse rompido e desembaraçado no seu curso, avolumado, impetuoso, alagando as terras adjacentes com inaudita violência.

Os sentimentos profundos, amortecidos ao tempo, explodem, às vezes, assim como das crateras aparentemente esgotadas, as lavas incandescentes, cascatas de cinzas explodem das convulsões subterrâneas...

A eclosão da saudade e das recordações pungentes avolumara-se-lhe n'alma em um só momento, recrudescendo secretos dissabores recalcados ao influxo de fervorosas preces...

Cingiu ao seio opresso algumas daquelas relíquias que relembravam uma ventura cedo fenecida, inundando-as de pranto, a murmurar soluçante:

– Meu adorado e pobre Renêzinho! Como fomos duramente feridos por aquele que se dizia nosso amparo e nosso...

Súbito aturdimento ofuscou-lhe as lúcidas faculdades mentais, causando-lhe indefinível mal-estar. Supôs que ia ficar privada dos sentidos. Percebeu que na caixa torácica algo se rompera e experimentou ligeira asfixia. A boca encheu-se-lhe de um líquido morno, e, levando aos lábios, instintivamente, a mão gelada, retirou-a rubra, como que tingida em coral liquefeito...

Deixou cair no chão as preciosidades que apertava ao seio e, vacilante, foi tombar num leito ali existente.

Notando-lhe a ausência, Marta foi surpreendê-la meio desfalecida, com as vestes purpureadas pela forte hemoptise. Alarmada, a serva providenciou para que chamassem o médico de Heloísa, que a encontrou quase exânime.

Depois dos socorros que lhe foram ministrados, reclinada numa ampla almofada, ela não cessava de pensar no filhinho estremecido e no esposo, desejando que este último regressasse quando ela estivesse *in extremis*, para que lhe revelasse a verdade e, com o espírito desafogado, pudesse partir no encalço daquele que a aguardava nos pórticos divinos.

– Quero – imaginava com insistência – reconciliar-me com o Gastão nas fronteiras do Além, longe das paixões terrenas, sem que ele possa mais duvidar da verdade e fique, assim, conhecendo quem é... o desgraçado Ariel!

Numa noite de vigília percebeu a aproximação de fúlgida Entidade, cujos eflúvios lhe suavizaram os padecimentos e lhe penetraram no organismo combalido. A visão postou-se-lhe à cabeceira, qual atalaia celeste.

Fitava-a, enlevada, toda envolta em clâmide radiosa, tendo expressivo o formoso semblante.

Súbito, houve um liame psíquico que pôs em contato suas almas, a estreitarem-se em afetuoso amplexo. Heloísa sentiu na fronte enfebrecida um como roçagar de plumas.

– Querida filha – ouviu em êxtase, como se aquela voz maviosa se lhe infiltrasse na mente – estão resgatadas, por todo o sempre, as últimas promissórias do teu débito ao supremo Banqueiro do universo... Era mister que as saldasses, até ao último ceitil, para que teu espírito recebesse plena quitação e, santificado pela virtude, cinzelado pela dor, pudesse, enfim, desprender-se dos pântanos terrenos e alar-se às regiões siderais.

"Não julgues cruel, mas equitativa e íntegra a suma Justiça. Praticaste, outrora, abominações: foste perjura, caluniadora, infiel; mãe desnaturada, impudica; mas aos poucos, lentamente, através de séculos, na forja ardente do dever e do sofrimento, retemperaste o aço divino de tua alma, que se tornou invulnerável ao mal e às paixões nefandas... Não deste guarida em teu coração à áspide do ódio, aos sentimentos corrosivos. Sentes, novamente, irromper dos abismos do teu ser o amor fraterno por aquele que, em muitos avatares, foi teu conivente a perpetração de acérrimas iniquidades.

"Esse puro sentimento, doravante, jamais se dissipará, pois não mais participa da natureza corpórea e sim da espiritual. Está quase consumada tua expiação planetária – teu martírio moral atinge o término... Não mais cogites do passado sombrio, sim do porvir luminoso que te aguarda, quando transpuseres as balizas da Eternidade, as fronteiras celestes!...

"Ora com veemência; perdoa ao teu ofensor, ou antes, aquele que te ama até o desvario; que te não pode esquecer nunca e não vacilou no cometimento das maiores torpezas para se vingar do teu desprezo, inconformado com a tua honestidade inquebrantável! De futuro, hás de laborar para que ele ascenda do pélago do ódio, do remorso e da vindita em que se acha imerso, às cintilantes metrópoles da Majestade absoluta, localizadas nos seus impérios de luz!

"Façamos vibrar, nas harpas divinas de nossa alma, em uníssono, uma prece por *todos* os seres deste planeta de trevas e gemidos!"

Livro III

A Têmis divina

CAPÍTULO I

Deixemos, por momentos, o solar de Argemont e penetremos noutra região terrestre bem diversa da francesa, seguindo o rumo de três personagens conhecidas, que viviam nômades como boêmios ou andorinhas migradoras, por fugir ao látego das invernias morais: Dusmenil, Hamed e Fabrício.

Os dois primeiros tinham aspecto combalido. Dir-se-ia que a mesma dor, qual ardente corisco arrojado de forjas chamejantes, das mais altas nuvens, os ferira de um só golpe.

O robusto Ariel, mais emagrecido que o patrão, tinha o rosto descarnado e sulcado de vincos profundos como leitos de serpes que lhes conservassem as formas sinuosas... Os olhos dilataram-se e tinham o fulgor de archotes num ossário oculto nas catacumbas romanas, nas eras calamitosas de Nero. Ninguém os fitava sem experimentar ligeiro aturdimento. E parecia mais alto e mais trigueiro. Sobressaíam-lhe, na fronte ampla, tufos de cabelos encanecidos, como se neles se alojassem, perenemente, flocos de neve polar, ou dos pincaros do Himalaia.

Gastão, ainda no verdor da mocidade – pois apenas contava os anos de Jesus quando crucificado –, empalidecera de maneira incrível. Parecia marmorizado, tal como a esposa distante.

Raramente, esses bizarros itinerantes conversavam entre si, apenas trocando ideias sobre a jornada que faziam.

O outro servo de Dusmenil e que o seguiu docilmente, Fabrício, foi quem afirmara ter perseguido, com o hindu, o suposto amante de Heloísa.

Formando reduzida caravana, fizeram longa excursão pelo território africano. Internaram-se pelas mais ínvias florestas. Percorreram o Saara, que se apresenta aos peregrinos qual extensa praia ou o fundo álveo de extinto oceano, às vezes escaldante, outras revolvido por violentos harmatãs, que arrojam quase ao firmamento as vagas de areia num desafio impotente de sicário oculto no âmago de seiva secular, cerrando os pulsos ameaçadores ou atirando punhados de saibro ao Sol e às estrelas, para que, à sua luz dourada, não lhe seja descoberto o esconderijo...

Viajaram dias intérminos sobre o infindo lençol de areia, ao qual os passos dos dromedários e dos beduínos arrancam sons incessantes, como gemidos exalados por criaturas humanas nele sepultadas vivas, e que fossem, gradativamente, ficando com os ossos esmagados...

Embrenharam-se, depois, nas majestosas florestas da Guiné e Benguela. Noites houve em que não puderam adormecer, circulados de piras fumegantes por afugentar as feras que, rondando as tendas, uivavam, urravam, rugiam surdamente, constituindo uma como atroadora filarmônica regida pelo lendário e ultor Belzebu, num *sabbat*[29] assombroso, para atormentar e apavorar as eternas vítimas!...

Sulcaram caudalosos rios em frágeis batéis pilotados por íncolas agilíssimos, perseguidos, às vezes, por vorazes crocodilos. Passaram semanas dentro de selvas espessas – exércitos imobilizados de caules vigorosos – como os da *Bela Adormecida no Bosque*, semelhantes a procissões de vegetais gigantescos, paralisadas de súbito ao influxo de alguma fada poderosa e malfazeja. Adormeceram, às sestas, sob frondes colossais que se premiam e entrelaçavam como pára-sóis de plumas verdes, para, em ambiente asfixiante, nas horas de canícula senegalesca, resguardarem a fronte de miríades de soberanos egípcios.

Seguiram, depois, uma rota tortuosa até à foz do Nilo; atravessaram o mar Vermelho, a Ásia Menor, o Turquestão, a Pérsia e internaram-se na Sibéria...

Aproximava-se o inverno, desolador e terrível, como sói ser nas zonas semipolares.

Achavam-se, agora, em extensa planície fustigada por álgidos ventos que, em rápidas lufadas, arrancavam as derradeiras folhas do arvoredo escasso daquela região e as rodopiavam no solo, como se fossem aves mortas, ressuscitadas bruscamente, tentando em vão alçar-se de novo ao espaço infindo...

Fizeram uma parada para a primeira refeição, albergados em lúgubre e úmida hospedaria.

---

[29] Celebração da natureza, em que os bruxos dançam, cantam, deleitam-se com alimentos e honram deidades da região antiga.

Trêmulo e descorado, Dusmenil observava Hamed, que; no aposento, se conservava sentado numa esteira, de pálpebras cerradas, taciturno e absorto em profunda meditação.

Para quebrar o penoso silêncio reinante no mísero aposento, Gastão lhe disse:

– Talvez eu não resista impune a esta temperatura, após a canícula africana; mas justamente a morte é o que procuro nesta inóspita região: anseio pelo epílogo do drama irremediável desta minha existência!

– Por que não esquecer o passado, senhor? – interpelou Ariel como desperto de um sonho, sem fitar o amo, para não o queimar com o fogo das pupilas coruscantes.

– O passado, Hamed, é qual o rio que cresce e se avoluma sempre, a todos os instantes, e reflui, às vezes, à sua fonte, que é o presente, por meio da evocação; mas não paralisa nunca, e quem poderá suster-lhe as torrentes impetuosas como as do Amazonas?

"Falas em olvido porque tua vida tem sido tranquila e nunca, certamente, foste atingido pelo simum da desventura!"

O hindu baixou mais a fronte, que quase tocou o solo; descerrou a meio os olhos em que havia fulgor de lágrimas e disse soturnamente, qual se proferisse um íntimo solilóquio:

– Senhor, sabei que a dor inaudita, voraz, esfacelante é aquela que ninguém suspeita, que ninguém conhece, que se revolve no cérebro, no coração, na alma, qual víbora abrasadora e implacável e remordente a todos os momentos, sem que a vítima tenha o direito de gemer, gritar, pedir socorro, porque o seu pesar acerbo e recôndito é quase um crime e o conduz ao sepulcro, com o segredo da sua desgraça ignorada, oculta no jazigo do coração...

Dusmenil ouviu-o, comovido e surpreso. Compreendeu que aquelas palavras eram sinceras e revelavam um sofrimento secreto e irremediável, que jamais lhe suspeitara. Nunca o vira assim.

Quando travaram conhecimento, em Puducherry, parecera-lhe senão venturoso, ao menos indiferente às borrascas da vida, que supôs não lhe haverem ainda açoitado a alma em bonança.

Visível transformação se lhe operara na fisionomia desde algum tempo, mas não suspeitava a causa dessa mutação, que encerrava um mistério, tornando-o indiferente às paixões humanas e absorvido em preces e meditações.

– Estás nostálgico – disse-lhe apiedado – agora que te aproximaste do Industão... Ariel, eu não desejo que te sacrifiques por minha causa... Se quiseres regressar a Puducherry, onde deves possuir entes queridos, tens a liberdade de o fazer. Dar-te-ei o necessário à tua manutenção, mesmo que tenhas de viver um século! Não me esqueço de que me salvaste a vida e me salvaguardaste a honra.

"O que por ti fizer não será indenização, mas prova de reconhecimento. Vai, Ariel, e faze a ventura dos que te esperam com ansiedade! Não te preocupes mais comigo, pois pressinto que a lâmpada da vida se está extinguindo..."

Após alguns minutos de silêncio, qual se não houvera compreendido o que Dusmenil lhe dissera, Hamed murmurou:

– Senhor, nunca vistes, em noites serenas e límpidas como cristal azul de céu constelado, desprender-se um fragmento de astro que sulca em vertical a amplidão sidérea, e que vislumbramos apenas um segundo e segue sua trajetória sem saber onde vai pousar... porque, qual águia luminosa, já morta, tomba eternamente no abismo infinito? Assim é minh'alma, senhor! Tenho a impressão de ser aquela migalha de estrela caindo, caindo, caindo sempre, perenemente, no abismo insondável! O mundo é muito vasto, senhor; já o percorri em grande parte na vossa companhia e, em parte alguma, logrei encontrar repouso para meu espírito... Fui criado sem afeições, abandonado por pais desnaturados, que desconheço; ignoro se tenho irmãos; nunca tive noiva: ninguém me espera em parte alguma! No entanto, perdoai-me a ousadia da confidência, *amei* loucamente alguém... que só teve para comigo palavras de nojo e repulsa!

"Ninguém me consagra afeto algum, exceto vós, por piedade ou gratidão... Seguem-me, apenas, não me concedendo tréguas ao coração, um *ódio* e um *remorso* implacáveis!...".

– Remorso? Pois tens remorso por haveres sido cruelmente desdenhado, Hamed? – interpelou Gastão suspeitando, pela primeira vez, de algum arcano na existência daquele enigmático hindu, que, até então, lhe parecera um servo humílimo, isento de paixões violentas e cuja linguagem agora o surpreendia, pois revelava um desgosto secreto e imensurável.

– Sim – respondeu-lhe Ariel com a voz grave, amargurada –, arrependimento inaudito... por haver demonstrado a paixão que me enlouquecia, a quem só me abominava.

– Mas isso não se chama remorso, Ariel. Antes deves dizer inconsolável infortúnio! Que pode haver de mais pungente na Terra, para um coração leal e sensível, do que ser repelido pelo ente adorado... ou ser por ele traído?
– Mas, senhor, é que... para me vingar do seu desprezo... vitimei-lhe o filhinho idolatrado... Cruel vingança que me atormenta a alma, qual se a tivesse, desde então, sob o jugo de impiedoso carrasco...
– Que me dizes, Ariel? – exclamou Dusmenil estremecendo de assombro e lembrando-se involuntariamente de Renê. – Pois tiveste coragem de matar uma cândida criancinha, que, parece, pertence mais ao Céu que a este mundo vil?
– Sim, fi-lo: cometi o mais hediondo crime que se pode conceber! Sou um monstro e me julgastes um bom! Mas, por Deus! não me interrogueis nada mais sobre esse doloroso assunto. Caro já o tenho expiado e por mais que implore a comiseração de Parabram, percebo que o meu delito é imperdoável...
– Quem sabe serás menos desditoso... expandindo mais amplamente os teus sentimentos ou retornando à tua pátria?
– Quereis libertar-vos de mim, agora que sabeis quem sou? – murmurou o hindu, fitando-o de súbito, com um brilho de fogo-fátuo nas pupilas negras, mas com profunda humildade. – Ofendi, acaso, vossos nobres sentimentos com a narrativa da minha desdita?
– Oh! não – tornou Dusmenil com vivacidade e manifesta compaixão, os olhos úmidos de pranto – tu te esqueces de que também sou desventurado e sê-lo-ia ainda mais... se te fosses para sempre. Pensas que já esqueci o que por mim

fizeste? Minha dívida de gratidão para contigo jamais será resgatada suficientemente, por mais que procure fazê-lo!

– Obrigado, senhor... Somente vós me tendes alguma afeição... de que *não me julgo merecedor*! Ninguém deve apiedar-se de um desgraçado... como eu.

"Ouvi-me, agora, senhor: não quero o vosso ouro, consenti que vo-lo diga. De que me vale o dinheiro, se todos os tesouros do mundo não apagam as recordações do passado maldito, não suavizam as chamas da compunção, não me podem fazer menos desditoso? Deixai que eu morra como sempre fui: misérrimo, obscuro, desprezado! Julgais que muito me deveis... mas, estais iludido! Eu expus certa vez a vida por vossa causa, porque minha vida é inútil à humanidade... Livrei-vos das garras de um tigre e hoje, pusilânime, não me posso libertar da pantera do remorso, que se enjaula no meu próprio coração, dilacerando-o a todos os instantes... Não queirais recompensar o pouco que fiz por vós. Todo o ouro do universo me é inútil, pois não poderá comprar um átomo de paz para a consciência vergastada pelo remorso e a desventura! Sinto que sobre mim pesa a maldição do Absoluto e ouço, como Aasvero, uma voz imperiosa que me diz: Caminha! Caminha!

"Por isso é que vos sigo, qual cão ao dono; mas, se quiserdes livrar-vos de mim, arrancai-me por piedade a vida tormentosa, dando tréguas a este incomparável suplício! Parabram, certamente, há de perdoar-vos...

"Não tenho, nem ao menos, o consolo das lágrimas, que há muito não deslizam em minha face, antes parece que se avolumam em meu íntimo... Em vez do refrigério do pranto, minh'alma estila gotas de fogo! Sou um maldito, senhor! Sinto que me acompanham falanges mefistofélicas de muitos avatares de inquidades! A única esperança que ameniza as torturas do meu sofrer... agora, é a de encontrar, como vós, o meu túmulo nos gelos da Sibéria! Há muito ando em busca da morte, senhor!"

Gastão fitava-o compungido, comparando a sina de ambos – que julgava tão diversa: ele, nascido em paço principesco, coberto de roupagens finas, educado em colégios afamados, auferindo todas as regalias sociais; o outro, talvez nascido num pardieiro, teria tido por agasalho apenas farrapos sórdidos, talvez houvesse aprendido a ler com os sacerdotes do Himalaia, destituído de classificação social, pobre, humílimo... E, no entanto, ali estavam acorrentados pelos grilhões do destino e do infortúnio, talvez por todo o sempre!

Não sabia, porém, definir o que sentira desde que ouvira, dos seus próprios lábios, aquela confidência terrificante: amava uma esposa e mãe, e, para vingar-se do seu desdém, assassinara um pequenino ser, débil e indefeso!

Que monstruoso procedimento!

Manchadas as mãos com o sangue de um querubim, belo e puro! Pela primeira vez, apesar da comiseração dos seus acerbos padecimentos, percebera que a essa piedade se mesclara incoercível repulsa e que aquele olhar fosforescente se lhe tornara intolerável, perseguia-o, mesmo quando de olhos fechados, como se lhe varasse as pálpebras a projeção fulgurante de um minúsculo farol...

Ele compreendia e justificava o homicídio num ímpeto de ciúme, em defesa da honra ultrajada; no desforço de uma calúnia ou de uma ofensa aviltante; mas o assassínio de uma criança imbele, inofensiva, alheia às torpezas humanas, era a crueldade requintada, delito inqualificável, imperdoável perante as leis humanas e divinas!

Quem assim praticasse seria capaz das maiores ignomínias! Até então, aquele homem lhe parecera humilde, dedicado, possuidor de sentimentos nobilíssimos; doravante, julgava-o capaz das maiores vilanias contra ele próprio, Gastão Dusmenil!

E, com secreta amargura, lembrou-se da aversão que Heloísa e Renê lhe votavam, achando-o sinistro e repulsivo...

Escoaram-se semanas e aquela penosa impressão não se lhe desvanecia na mente.

Ora de carro, ora a cavalo, foram-se os três internando na Sibéria e já se aproximavam do Lena. Planuras desoladas estendiam-se aos olhos, qual alvíssimo sudário de neve que velasse uma grande necrópole, já tocando o infinito para inumar gigantes.

Paravam apenas para descansar algumas horas, e, refeitas as forças em míseras hospedarias, tanto que lobrigavam a luz do dia prosseguiam a penosa jornada sobre o estendal de neve, que, do alto, ininterruptamente caía como açucenas desfolhadas, numa batalha de deuses que se divertissem a arremessar à Terra todos os lírios siderais.

Encontravam, nesses ermos lugares por onde transitavam, raras árvores – rondas petrificadas – despidas de folhas, cristalizadas, como se houvessem mergulhado em cisternas de alúmen, ou como se o firmamento se estivesse esgotando de todos os seus tesouros divinos, constituídos somente de pedradas alvas, em bruscos arremessos e chegando ao solo transformados em diamantinas tempestades, de todos os quilates!

CAPÍTULO II

Aquele ambiente frígido era um suplício para Dusmenil, que dia a dia se tornava mais pálido. Enfermo oito dias, houveram de interromper a dolorosa peregrinação.

Depois, mal convalescente, prosseguiu, até que uma tarde chegaram a Irkutsk. Cidade milenária, circulada de colinas lactescentes das nevascas, como se fossem avalanches imóveis, ou muralhas de cristal; constituída de grandes prédios pouco elevados, alguns retangulares, outros circulares, de janelas esguias para que as rajadas glaciais não penetrassem com facilidade durante os rigores invernais. Em extensa praça, um palácio realengo, em eras priscas, passou a ser ocupado por algum membro da família imperial russa, ou por alguma autoridade administrativa.

Nas estações estivais – que naquelas regiões frígidas são ligeira transição da primavera, nunca sendo cálida a temperatura –, os extensos quintais, protegidos por verdadeiras muralhas, deixam apenas a descoberto raras frondes, que mais parecem plumas verdes, a se balouçarem garbosas alguns meses, para ficarem logo amortalhadas em clâmides de neve – o "cristal celeste", na gíria popular.

Gastão, exausto pela viagem e pela moléstia, alugara uma grande casa nos arredores da metrópole siberiana, e ali ficou febril alguns dias, sem poder sair do leito. Uma noite, em delírio, julgou-se transportado ao solar de Argemont, silencioso e lúgubre. Percorreu os aposentos e foi ter no dormitório de Heloísa, que se lhe deparou lívida, com a fisionomia transparente de desgosto, ou doença incurável.

– *Nunca mais hás de vê-la... como outrora!* – disse-lhe alguém com voz magoada e profunda.

Não descobriu quem lhe falava, mas reconheceu o timbre da voz do venerando sogro.

Despertou sobressaltado por doloroso pensamento e, sem poder explicar-se o insólito fenômeno, parecia-lhe que, dentro de si mesmo, ressoavam as palavras da desditosa esposa: "Meu futuro ilibado vai desmentir a calúnia infamante que contra mim urdiram! Deste crédito às palavras de um perverso e vais conhecer a verdade muito tarde para que possas reparar a injustiça que praticaste".

Debalde lutou para desvanecer aquelas ideias dolorosas. Jamais duvidara da falta de Heloísa, pois a probidade e retidão de Hamed jamais haviam sido desmentidas.

Nos dois anos transcorridos, não achava a mais leve justificativa para o procedimento da consorte. Por que, então, abruptamente começara a vacilar na sua fé, que parecia inabalável, na sinceridade do sombrio e enigmático hindu? Não sabia definir o que se passava em seu íntimo, mas algo o advertia de uma falsidade, de um acontecimento doloroso, de uma revelação esmagadora...

Debelada a febre, sem saber como nem por que, deliberou regressar à França, terminada que fosse a estação hiemal.

Aquela região tornara-se-lhe intolerável.

Buscara-a, colimando nela encontrar a morte, ignorado de todos os amigos e conhecidos e, no entanto, se via empolgado por indefinível tristeza, recrudescera-lhe a amargura, tornaram-se mais vívidas as evocações do passado. Sentiu bruscamente aplacado o, até então, indômito desejo de viajar, que o dominara desde os albores da juventude. Queria o seu túmulo cavado junto ao do querido Renê, ou de seus venerandos progenitores.

Considerava-se um vencido nos prélios da vida, sem aspiração, sem ideal; um exilado voluntário, mas não podia aniquilar na alma a vontade de rever o pátrio torrão, que, como ímã onipotente, lhe atraía o coração angustiado...

Necessitava regressar às suas propriedades, ajoelhar-se no sepulcro do pequenino e adorado Renê, no local onde o vira surgir, visão paradisíaca, naquela noite inolvidável em que pretendera pôr termo à vida atribulada e inútil.

Parecia-lhe, então, que lá em Arras ainda pairava um fragmento de sua alma angelical... suavizando as agruras da saudade, a veemência das evocações penosas que, por vezes, o atormentavam com inexprimível remorso... Na Sibéria – inóspita e longínqua região –, julgava-se distante, por todo o sempre, do berço e da campa do idolatrado filhinho! Queria aproximar-se dele, retornando à França; queria implorar-lhe perdão por havê-lo sequestrado à mãezinha querida, que não pudera oscular pela derradeira vez, não resistindo à falta de suas blandícias e desvelos... Queria orar longamente, como não fazia desde que se tornara desditoso e nômade.

Desde que fora rudemente acicatado pela desgraça, não podia pensar no Criador sem um vago ressentimento, por havê-lo aguilhoado tão fortemente, sem jamais ter cometido o menor delito, sem haver transgredido as Leis divinas e sociais, sem ter dado ensejo a tão bárbara sentença contra ele, que fora sempre justo, probo, incorrupto!

O refrigério do pranto fora-lhe interdito de há muito, desde que se fizera errátil, expatriado, sem lar, sem família, sem crença definida...

Sentia-se ilhado no mundo, sem amigos, sem apoio e, sem que o pudesse explicar satisfatoriamente, pressentia que ele e Hamed iam rolar num vórtice apavorante, ignoto e insondável...

Quem poderia negar que, retornando ao local onde fora ditoso, onde vislumbrara, qual meteoro fugaz, o querido Renê, não lhe voltaria também a serenidade espiritual? Quem sabe, não reveria além a encantadora aparição? Esta só conjetura lhe incutia no íntimo insólita energia, inigualável lenitivo...

E depois... Por que não confessar a si próprio a verdade integral? Desejaria conhecer a conduta de Heloísa... saber como preenchia o tempo, como suportara a separação e a morte do filhinho que parecia adorar...

Passava horas e horas reclinado no divã, observando a natureza através dos vitrais embaçados pelos nevoeiros incessantes, quais oceanos de brumas que invadissem de súbito o ambiente, despenhados do infinito; lobrigava, como fantasmas de falenas brancas, os flocos de neve tornando o ar movediço e irrespirável...

Perto do prédio ocupado por Dusmenil deslizava – então invisível – o Lena coberto de uma lâmina glacial, que o transformara em intérmina serpente de gelo. Seus marulhos decresciam dia a dia, à proporção que se tornava mais espessa a camada de gelo; dir-se-iam gemidos abafados, bramidos humanos que se extinguissem lentamente nas gargantas de muitos supliciados, premidas por vigorosas mãos de impiedosos estranguladores.

Gastão ansiava pelo degelo, pelo início da primavera, sem contudo expor seus projetos. Habituara-se ao silêncio e à meditação.

Cogitava na maneira de regressar à pátria por itinerário diverso do que fizera para atingir Irkutsk: faria em trenó o trajeto até o primeiro porto oriental da Sibéria, fretaria uma embarcação que o levasse ao Mediterrâneo e completaria a viagem de retorno sempre por via marítima.

Decorreram dois meses. As nevascas cessaram.

Já se distinguiam os rumores do rio próximo, embora ainda encerrado numa lâmina cristalina, que, aos poucos, se rompia com fragor em alguns pontos, surgindo então a torrente impetuosa que ela vedava.

Dusmenil, uma tarde, após o jantar, achava-se ainda na sala de refeições, pensativo e estirado numa espreguiçadeira. Ariel, de pernas entrecruzadas, sentado numa alcatifa com os braços distendidos horizontalmente, mergulhado em profunda concentração, imóvel, parecia mumificado, petrificado.

— Que cataclismo devasta o íntimo desse homem enigmático? – considerou Dusmenil apreensivo.

Dir-se-ia que ele morrera sentado, com as pálpebras cerradas; que seu Espírito talvez já flutuasse nas alturas ou tivesse sido sugado por uma voragem interior – a das reminiscências excruciantes...

Teve, pela segunda vez, horror àquele ser misterioso, indecifrável, temendo-o como se houvesse percebido que toda a sua dedicação se pulverizara e esvaíra bruscamente, qual cinza levada pelos ciclones siberianos...

Deliberou então, definitivamente, voltar à França, de onde jamais se ausentaria. Procuraria o convívio de alguns raros e bons amigos, para que o insulamento não lhe sugerisse tétricos pensamentos.

Subitamente Ariel, como se percebesse o que lhe ia na mente, descerrou as pálpebras desmesuradamente e fixou o olhar, imóvel como o dos ofídios, em Dusmenil, que estremeceu e sentiu um fluido magnético percorrer-lhe o organismo, convulsionando-o, aturdindo-o, paralisando-lhe as ideias, que lhe pareceram hauridas por monstruoso, invisível vampiro. Sentiu-se cair em letargo, mas percebeu, apesar da inação física, que algo de imponderável e avassalador lhe penetrou o cérebro, inoculando-lhe um fluido inclassificável, dando-lhe a penosa impressão de um aracnídeo fantástico, que se lhe introduzira no crânio e lhe estorquia as mais secretas cogitações, desentranhando-as dos escaninhos da alma...

— Deliberastes regressar a Arras ou a Argemont? – julgou Gastão que o interpelaram soturna e interiormente.

– Sim, quero regressar à França! – respondeu sonambulicamente dominado.

– E tencionais rever Heloísa de Argemont?

– Sim... e se ela, como prometeu, tiver mantido uma conduta irrepreensível... desejo que me elucide algo do que me atormenta o espírito: sempre a considerei criminosa imperdoável, mas, ultimamente, começo a vacilar, a duvidar da sua infidelidade.

– Premeditais, então, descobrir a verdade?

– Sim, é o meu maior desejo!

– Heloísa de Argemont já se abeira do túmulo; acabo de vê-la no leito de agonia!

– Ela mo dirá então, *in extremis*... Conheço-lhe o caráter e não creio que minta no momento em que vai ser julgada pelo tribunal divino!

– É então, irrevogável, a resolução de voltar à vossa pátria?

– Inabalável!

– Pois bem, Gastão Dusmenil... lavrastes a vossa sentença! Despertai! Ordeno-vos!

CAPÍTULO III

Uma vez despertado, dissipados os torpores do sono magnético, nenhuma ideia lhe ficara do estranho diálogo com o hindu, mas apoderou-se-lhe do espírito um vago terror, o pressentimento de sucesso grave em sua existência, a causar-lhe inexprimível inquietação...

Meio desfalecido, foi levado ao leito. A luz da lâmpada, velada por um abajur cor de ametista, iluminava frouxamente o recinto, deixando-lhe perceber apenas as silhuetas humanas e as dos objetos e móveis circundantes. Distinguiu, na penumbra, o vulto rotundo de Fabrício, semelhante à nédia personagem de Cervantes,[30] que se aproximava cautelosamente, mas fazendo trepidar o soalho com o peso considerável do seu corpo.

— Que há, Fabrício?

— Ai, senhor! tivestes um desmaio logo após o jantar... Julguei que houvésseis morrido, senhor! Dizei-me se ainda vos sentis indisposto, eu irei buscar um médico.

---

[30] Escritor espanhol (1547-1616).

– Obrigado, Fabrício. Estou melhor; não necessito de cuidados médicos e, sim, de repouso absoluto. Já se desvaneceu o sono que supus mortal, que me acometeu à tarde. Deixo para tratar-me quando voltar à França...

– Que dizeis, meu senhor? *Voltar à França!* – repetiu Fabrício abeirando-se do patrão com irreprimível júbilo.

– Estás contente, Fabrício! – tornou Gastão, sorrindo melancólico.

– Contente? Louco de alegria, dizei. Cuido que me vai suceder alguma desdita para me privar de tão grande prazer! É que me sinto morrer nesta região tumular! Esta neve que aí se despenha a todo o instante, de um céu desfeito, transformado em cinzal, cuja última brasa se diria extinta há muitos séculos, gela-me até a alma, senhor!

"Aqui, a existência dos vivos não deve diferir muito da dos que... povoam os cemitérios! Tenho a impressão, às vezes, de que já morri... que sou um fantasma de carne e osso...

"Julgava-me condenado à sepultura neste vasto cemitério que é a Sibéria; mas, agora, sinto-me reanimado pela esperança de voltar à França querida, ver-lhe o céu azul e aquecer-me ao Sol! Haverá, na Terra, coisa mais bela que o Sol, quando nos achamos privados dos seus raios de ouro? Antes tivéssemos demorado mais nas regiões africanas, pois lá, ao menos, há vida, calor, Sol... Sol! senhor!"

Dusmenil sorriu com melancolia, surpreso com a loquacidade de Fabrício, que nunca lhe havia revelado os próprios sentimentos.

— Ao menos este ainda poderá ser feliz... com um raio de Sol! — imaginou Gastão amargurado. — Se eu conseguisse igual fortuna voltando à pátria...

Depois falou ao fâmulo, como que despertado de um sonho:

— Onde está Ariel?

Fabrício baixou a voz, segredando ao amo com manifesto terror, curvando-se para o leito:

— Apenas me auxiliou a trazer-vos para o leito, foi sentar-se outra vez, para passar a noite toda, como de costume, a conversar com as sombras. Tenho pavor desse homem que, suponho, tem pacto com Belzebu!

— Ele vive em contínuas mortificações e preces, Fabrício! — disse Gastão sem completa convicção do que dizia e estremecendo involuntariamente.

— Alguma falta cometeu ele, para que tanto tenha a rogar ao bom Deus, que já deve estar importunado com tantas súplicas!

— Deixa-o em paz com a sua crença e vai deitar-te. Se eu necessitar de auxílio, chamar-te-ei.

— Se quiserdes, senhor, ficarei acordado esta noite, velando por vós... Pressinto que não vou adormecer, tal a alegria que me domina, só ao pensar que vamos regressar à França! Se não fosse o devido respeito que vos consagro, já estaria a dançar como um polichinelo!

— Obrigado, Fabrício. Suponho que não estou em artigo de morte... Deita-te no quarto ao lado, para atenderes ao primeiro chamado, caso seja necessário. Podes, porém, dormir tranquilo e sonhar com a França... e seus encantos!

– Sim, meu caro patrão.

Quando Fabrício se retirou, Dusmenil começou a rememorar os sucessos da tarde. Esteve, realmente, enfermo, ou magnetizado por Hamed?

Que estranho ascendente possuía aquele indivíduo que lhe aniquilara, por algum tempo, toda a energia física e espiritual, e talvez lhe houvesse sorvido os pensamentos como um nóctulo ao sangue?

Tinha vaga lembrança de ter sido interpelado por ele. Que lhe teria perguntado o hindu? Por que não o fazia quando em vigília? Com que fim o fizera? Qual a ideia secreta que desejava lhe fosse revelada? Por que, só então, refletira na loucura que havia cometido, deixando-o senhor do seu lar ditoso, quando o sabia detestado por Heloísa e pelo angélico Renê? A repulsa que o inocentinho lhe votava não seria um aviso do Alto?

Não compartilhava também, como Fabrício, de inexplicáveis receios?

Não compreendia, enfim, que, havia muito, estava com a vontade atrofiada, subjugada pelo indiano?

Como desvencilhar-se do servo que, agora, só lhe inspirava terror.

A catadupa de pensamentos que lhe afluíam, como indômito Niágara, não o deixava adormecer. Sentia-se acovardado, combalido, inerte, desditoso, impossibilitado de reagir sobre quem quer que fosse, em caso de inesperado ataque; desalentado, álgido, tiritante, apesar das cobertas de pele que lhe envolviam o corpo...

Ouvira soar meia-noite na catedral próxima, quando principiou a ficar inconsciente, vencido pela fadiga e indomitável torpor que lhe amortecia todos os sentidos.

Mais por intuição que pelos ouvidos materiais, percebeu o ruído dos gonzos da porta do quarto, aberta de chofre, e passos cautelosos no soalho atapetado, parecendo o rastejar de uma serpente que lhe infundia profundo terror, detendo-se junto do leito e alarmando-o, e tolhendo-lhe a palavra, como se estivesse aniquilado e mudo para sempre...

Sobre o leito havia um dossel de damasco carmesim, semicerrado, e, mesmo que conseguisse desligar as pálpebras, não poderia distinguir quem quer que fosse, a não ser do lado direito.

– Quem está aí? – perguntou Dusmenil intimamente, sem articular qualquer som.

Debalde esperou resposta. A escuridão era quase absoluta no quarto, pois a lâmpada estava com a chama enfraquecida, mais do que observara horas antes, quando do seu penoso despertar.

De repente ouviu um prolongado gemido, como que emitido atrás do dossel e que fez estremecer soalho e teto, como sacudidos por invisível titã.

Gastão compreendeu que alguém se havia retirado a passo acelerado, mas invertido, como que recuando, sem as mesmas precauções que tivera ao entrar.

– É Hamed? – tornou Dusmenil.

O mesmo silêncio.

– Fabrício, ó Fabrício! – bradou então, já completamente acordado.

A porta do quarto ocupado pelo seu compatriota abriu-se com fragor e o lume do lampadário clareou o ambiente.

– Que tendes, senhor? Senti-vos mal?

– Alguém aqui entrou e esteve junto de mim... não sei com que intenção!

– Impossível, senhor! – tornou o servo bocejando – a casa está hermeticamente fechada...

– Onde está Ariel?

– Talvez sentado ainda, como o vistes, na sala de jantar... Ele passa as noites sem dormir, mas de olhos fechados, talvez excogitando coisas diabólicas.

– Quem sabe se foi ele que aqui esteve, temeroso por minha saúde? Mas, por que não atendeu quando o chamei e retirou-se gemendo?

Fabrício, apavorado, achegou-se mais a Gastão, e, relanceando a vista pelo aposento, como a certificar-se de que não havia alguém, confidenciou em surdina:

– Senhor... quando ficarmos livres deste maldito hindu, dir-vos-ei muitas coisas que ignorais...

– Por que nunca mas revelaste, Fabrício? – perguntou Dusmenil assaz inquieto, pois pressentiu que o servo desejava falar de Heloísa.

– Porque... tenho pavor desse homem!

– Dá-me o sobretudo de peles. Segue-me. Quero verificar o que vai de anormal nesta casa.

Agasalhado, mas trêmulo e moralmente abalado, de revólver em punho e seguido por Fabrício, que sustinha o candeeiro de prata, começou a percorrer todos os compartimentos sem encontrar qualquer vestígio humano alarmante.

Ao chegar ao refeitório, notou que uma das portas que davam para um alpendre, a cavaleiro do Lena, estava aberta. Frígida rajada que por ela penetrou, quase apagou a lâmpada que Fabrício empunhava.

Fora, o rio rumorejava soturnamente, arrastando na torrente impetuosa blocos de gelo que se entrechocavam com fragor, como de formidáveis armaduras de aço, movimentadas por falanges de gigantes intangíveis, em campanha renhida, por toda a consumação dos evos...

CAPÍTULO IV

Inopinadamente a atenção de Dusmenil foi atraída para um vulto esguio, negro e imóvel, colado à parede.

Ao vê-lo indistintamente, na semiobscuridade em que estava, Gastão disse com voz trêmula:

– Ergue a lanterna, Fabrício!

O criado obedeceu, mas tão agitado que a lanterna lhe oscilava nas mãos, qual se fora uma pêndula inconstante.

À projeção luminosa que incidira sobre o vulto sombrio, ambos viram o hindu como que ligado à parede, à esquerda da sala, com um braço suspenso acima da cabeça, hirto, segurando reluzente punhal e todo ele inerte, como petrificado da cabeça aos pés...

– Que fazes aqui a esta hora, assim armado, Ariel? Viste acaso algum malfeitor introduzir-se nesta casa? – interrogou Gastão surpreso e angustiado, mas resoluto.

Hamed fitou-o com olhos fosforescentes, como um lampejo de corisco em noite de procela, e continuou mudo.

Súbito, deixou pender o braço rígido, qual se fora o de um ancilosado, desprendendo-se-lhe da mão o punhal, que retiniu no lajedo.

– Vencido pela fatalidade em toda a linha! – exclamou com voz soturna. – Tudo conspirou contra mim... Sou forçado a dizer a verdade. Ouvi-me, senhor... Não endoudeci, como supondes, desgraçadamente para mim! Estou no meu perfeito juízo. É breve e hediondo o que tenho a dizer-vos.

Parou um instante, ofegante e lívido. Depois prosseguiu:

– Salvei-vos naquela caçada, nas florestas de Puducherry, das garras de um tigre feroz. Antes não o tivesse feito... Até que regressastes à França, fui vosso leal amigo... Sentia-me ligado à vossa existência por liames indissolúveis que, sei, foram urdidos pelo destino... ou antes, pelas bragas férreas que nos ligam em diversos avatares, quando praticamos atrocidades inomináveis...

"Encontraram-se, sob o mesmo teto, os dois tiranos de outrora; os dois asseclas do despotismo para a perpetração de muitas iniquidades!

"Não credes nesse dogma do Oriente, da transmigração das almas ou da metempsicose, mas ele representa uma realidade que ainda será conhecida de toda a humanidade terrena. Só ele explica racionalmente o amor e o ódio que se radicam nas almas, por muitos séculos às vezes, até que este seja por aquele suplantado... Mas, deixo as divagações inúteis, porque urge termine o derradeiro ato desta misérrima existência...

"Fui vosso servo e amigo, até que um dia – inolvidável para mim! – voltastes de Argemont... trazendo uma esposa...".

Interrompeu de novo a narrativa, sacudido por tremor incoercível. Dusmenil ouvia-o em silêncio, como que hipnotizado.

– Vê-la – continuou – foi sentir uma voragem profundando-se-me no íntimo d'alma, até então serena e fiel, qual se fora rasgada por um golpe, vibrado do Espaço ilimitado aos antros infernais, tragando todos os meus pensamentos generosos e puros, porque, repentinamente, fui subjugado por um sentimento indômito, avassalador, absorvente, por aquela que escolhestes para companheira de romagem terrena... Onde a teria eu visto? – Noutras eras, em longínquas paragens. Sua imagem jazia no meu espírito, latente mas vívida.

"Nunca se extinguem de todo as recordações da eternidade transcorrida, elas são indeléveis como se esculpidas em bronze, neste bronze divino que se chama alma imortal... Reconheci-lhe a voz, a fisionomia... que já tinham sido adoradas!...

"Nunca se me apresentou à vista criatura feminina com igual aspecto, com aquela formosura, feita de altivez e virtude, que lhe resplandecem no semblante de rainha celeste. Aquela tez, que lembra a alvura da neve dos píncaros do Himalaia, com tonalidades de arrebol, tem uma irradiação que vem, certo, da alma estelar... ou de seus olhos, que são dois sóis negros! Amei-a, senhor – perdoai-me a ousadia de vo-lo dizer –, com delírio, com exaltação infrene, desde que a contemplei pela primeira vez, sentindo-me execrado por ela e pelo pequenino... que deve estar no Paraíso, transformado em fúlgido arcanjo! Por quê? Como o percebia? Senhor, é que os Espíritos se comunicam por elos invisíveis, mas poderosos; transmitem vibrações que revelam e permutam os mais secretos pensamentos. Possuo a iniludível faculdade de ler as ideias nas mentes humanas e, por isso, tive a dolorosa percussão em minh'alma... de ser odiado por aquela a quem seria capaz de sacrificar a própria vida, e por quem me sentia atraído e fascinado! O que tenho padecido, não o descreveria consumindo um oceano de tinta para o descrever em infólios gigantescos, maiores que o próprio mundo em que habitamos!

"Partistes e, confiantes na dedicação que sempre vos patenteei, iludido com os meus sentimentos, deixastes-me a velar por aquele tesouro inestimável de nobreza e formosura... que, no entanto, dia a dia mais me execrava! Horas seculares de inominável tormento, noites intérminas de vigília e suplício moral foram-se escoando com uma lentidão apavorante, e eu sempre, sempre tentando sofrear meus impulsos, lutando comigo próprio, estrangulando os gritos do coração! Uma tarde... sem que pudesse mais dominar-me, confessei-lhe o que se passava em meu íntimo, a adoração que lhe consagrava... e ela, impiedosa, repeliu-me com asco e orgulho; como soem ter as soberanas da Terra... quando esmagam aos pés nauseante víbora!

"Exacerbado no meu amor-próprio, humilhado, infinitamente desdiposto, ousei alçar o braço armado sobre a sua fronte puríssima, para melhor golpear-lhe o coração com o mesmo punhal fatídico que, ainda há pouco, ergui sobre o vosso peito... Mas, outrora como hoje, ele tombou inútil! Por que não lhe tirei a vida, senhor? Por que, naqueles instantes fatais, sentindo irromper-me do íntimo um Stromboli de ódio e vindita, despertarem-se o Nero,[31] o Torquemada e todas as panteras humanas insaciáveis, que se emboscam nos corações intoxicados de ciúme e de paixões indômitas – fiquei impotente para o crime?! – Maquinei, então, e executei cabalmente um plano sinistro: denunciá-la como adúltera, arrancando-lhe dos braços amorosos o filhinho estremecido, escudado na vossa confiança e afeição! Horror! Horror! Que dragão me tornei, arrastado pela paixão que me enlouquecia! – Que, digo, me enlouquece ainda!

"Tenho vivido enojado de mim mesmo. Vendo-me encanecer bruscamente, mumificar-me dia a dia – supúnheis que compartilhasse da vossa dor, mas, o que observáveis assombrado e compadecido... eram os vestígios do suplício, do remorso, a devastação de minh'alma pelo ciclone da desgraça, as chamas do desespero que, voraz vampiro, vive a sugar e a cremar meu coração, a nevar os meus cabelos...

....

"Quando, qual querubim de alabastro, vi o pequenino Renê agonizar em vossos braços – abreviando-lhe o desfecho fatal com a minha diabólica aparição em vosso quarto – porque me temia, aterrorizado desde que me vira erguer o braço vingador sobre sua impoluta mãe – julguei-me o seu assassino, o mais execrável de todos os bandidos, o mais temível de todos os lobos cervais! Desde então, depois que o vi amortalhado, morto de saudades da adorada genitora, não mais tive tréguas, nem serenidade espiritual...

---

[31] Imperador romano (37-68), conhecido por sua paranoia, determinou a morte da própria mãe.

Quis arrancar com afiada lâmina a própria vida execranda, mas, com o meu desaparecimento... descobriríeis a verdade! *Ela* vo-lo revelaria, haveria a concórdia e, quem sabe? o arcanjo da felicidade baixaria novamente ao vosso lar... e dentro de mim estuava então, preamar de zelos, rompendo as muralhas da razão e da virtude – a paixão que me avassala por aquela inigualável criatura! Prolonguei o meu martírio para que o dela e o vosso fossem indefinidos...

"Vós me prometestes um tesouro, procurando recompensar minha simulada dedicação, enquanto no meu foro íntimo eu me sinto maldito e arpoado de compunção e ódio por mim próprio... porque, cada dia, mais compreendo que a adoro, que a amo com loucura, e percebendo que, hora a hora, se agiganta a distância que nos separa; que eu resvalo num abismo enquanto ela já se aproxima do Céu! Segui-vos, senhor, a diversas regiões, como segue a sombra aos corpos iluminados, não mais por desvelo, mas para perquirir os vossos pensamentos, zeloso do único homem que ela amou... tanto quanto me detesta como a um lobo irado, a espreitar os passos da vítima pouco distante, ou qual pantera famulenta que devorou vosso filho, vossa ventura... vossa esposa! Bem sinto a maldição de Parabram fustigar-me a alma, qual látego chamejante vibrado por mão de titã, onde quer que eu esteja!

"Poderia acompanhar-vos aos confins deste planeta, até ao extremo alento – odiando a vida e a humanidade, mas, desejando conservá-la para não vos deixar livre da minha vigilância, tornando-me, sem que o percebêsseis, vossa sentinela e vosso carcereiro – se não houvésseis resolvido voltar à França, inteirar-se do ocorrido, reconciliar-se com ela, renovar a felicidade de outrora, quando, no parque de vossa principesca morada, passeáveis sorrindo, enlevados, enlaçados, beijando-vos... enquanto que eu, às ocultas, me contorcia de ódio, remordido pela áspide do ciúme!

"Não, oh não! Seria demasiado suplício para mim! Mas, ai de vós! que tarde começastes a libertar-vos do meu jugo fatal! Não mais impeço o vosso regresso... *Agora* podeis retornar à vossa pátria... porque está consumada, para ambos, a ventura terrena. Não a encontrareis mais em recanto algum deste planeta, porque ela vai baixar ao túmulo!..."

– Hamed! Hamed! – pôde dizer Dusmenil quase desfalecido de emoção, ainda aturdido e sentindo-se novamente opresso e prestes a desmaiar, como naquela tétrica noite – tu enlouqueceste, por certo! Dize-me que mentes para que não me torne mais desgraçado do que sou!

Estoicamente e com admirável dignidade, o infortunado indiano declarou:

– Um iniciado nos templos do Himalaia não mente... à hora de comparecer perante o tribunal de Parabram! Abrevio, porém, o que ainda vos tenho a revelar. Relatei toda a verdade odiosa, as monstruosidades da minha desgraçada existência. Resta-me, apenas, completar minha sincera confissão. Ouvi-me:

"Desde ontem, ao anoitecer, planejei tirar-vos a vida. Percebestes, há muito, minha nefanda influência. Há dias deixastes de ser meu amigo, como outrora. Começastes a desvendar a hediondez do meu proceder, desde o dia em que vos fiz a primeira confidência... Sentíeis, quanto *ela*, desagrado instintivo da minha presença. Desejáveis libertar-vos de mim, tornando-me opulento a centenas de milhas distantes! Não mo dissestes, mas eu o compreendia, pois leio nos cérebros humanos os pensamentos mais secretos, como em papiro grafado com tintas indeléveis! Custa-me, é-me penoso dizer-vos o resto...

Parou de chofre a narrativa. Ninguém aventurou palavra. Estabeleceu-se um silêncio tumular, apenas quebrado pelo rumo do Lena pouco distante.

Ofegante, olhos arregalados, Ariel prosseguiu:

"Dirigi-me ao vosso quarto cautelosamente, para não ser pressentido por vós nem por Fabrício, projetando ferir-vos bruscamente, sem lutar convosco, sem desmascarar-me à hora da vossa morte, prolongando eternamente o vosso sonho... e, depois, com este mesmo punhal que aqui vedes, dilacerar pela derradeira vez o meu chagado coração, consumando meu atroz martírio... Mas... horror!

"Que se passou então?

"Vedes? Ainda estremeço de pavor...

"Quando ergui o dossel *vi*... o pequenino Renê, bracinho alçado sobre o vosso busto, braço de luz a escudar-vos, com arnês de bronze fúlgido, forjado no empíreo...

"Estarrecido – sentindo que naquele instante me foi retirado todo o influxo e domínio sobre o meu semelhante –, com um braço erguido e enrijado por um poder supremo e invencível, afastei-me gemendo, impensadamente, compelido a denunciar-me por uma força extraterrena, ou divina...

"Não fora ela – quem sabe? talvez ainda tentasse mentir, até realizar meu intento sinistro!...

"Confessei-vos tudo, forçado por um poder imperioso, antes de entregar-me à justiça suprema, que me fustiga nesta hora!

"Não vos imploro perdão, pois sei que não mo podereis conceder... senão quando for atenuada a vossa dor profunda. Que perdão pode haver para quem destruiu vosso lar e vossa inaudita felicidade, assoberbado por um sentimento diabólico... e eterno?

"Não posso, também, sobreviver à hecatombe de todas as minhas aspirações, que nunca se realizaram, pulverizadas pela mó colossal de nefando destino...

"Meus crimes não merecem a piedade humana, nem divina. Eu próprio me execro e me odeio!

"Minh'alma despertou, há pouco, ao camartelo do mais acerbo sofrimento, para reconhecer a hediondez do meu proceder. Nesta existência nada mais posso conseguir em benefício do meu atribulado e criminoso espírito. É mister atirar ao abismo este corpo empeçonhado, a fim de recomeçar uma vida mais pura e meritória.

"Aquele querubim de luz descerrou a negra cortina que obscurecia meu íntimo, deixando penetrar nas profundezas do meu ser o raio causticante de indefinível remorso. Sinto-me Iscariote, a manchar a natureza com o meu vulto sinistro. Sou um réprobo, um maldito de Parabram e da humanidade... Devo ser justiçado com a pena última... para não macular uma sombria masmorra, onde apodrecem outras feras humanas.

"Sinto-me acossado por legião de vítimas, desta e de outras eras, que clamam justiça!

"O tirano maldito, o carrasco insensível de outrora, saberá sê-lo de si próprio! Agora, já iluminada por um farol divino, minha consciência sabe ser reta.

"Esquecei-me, senhor!"

Acabando de pronunciar estas palavras com entonação vibrante, num rápido movimento de louco apanhou o punhal que estava no chão e, num salto felino, quase alígero, galgou o parapeito do varandim suspenso sobre o rio. Sem que os assistentes tivessem tempo de o impedir, cravou a arma acerada no coração e despenhou-se de costas no abismo. Qual pêndulo ensanguentado, oscilou e caiu no Lena, produzindo um ruído de vidros estilhaçados...

Fabrício, que assistiu trêmulo e estarrecido à impressionante tragédia, conseguiu dar alguns passos até o alpendre e volveu o olhar para a estranha e indefinível natureza siberiana: dir-se-ia que o Firmamento e a Terra se nivelavam com uma coloração uniforme, lívida, um só túmulo de brumas eternas!

CAPÍTULO V

Passaram-se alguns momentos de indescritível angústia. Fabrício, que voltara do varandim, cambaleante, deixou-se cair, subitamente desfalecido, numa cadeira. Dusmenil, esquecendo que um servo o observava, alçou os braços num gesto de desalento ou desespero profundo, e, genuflexo, exclamou:

– Deus meu! por que não permitistes que o desventurado me apunhalasse o coração? Não seria menor o meu padecer, morrendo, que suportar este suplício atroz em que me vejo, considerando-me, há muito, parricida e algoz da mais digna e santa das criaturas?

"*Ele* disse que não merece perdão... E eu, Senhor? Sou mais execrável do que *ele*! Que fiz eu num momento de desvario e cegueira espiritual? A desgraça irremediável de dois seres queridos, dois seres angélicos, que, por instante apenas, soltastes do paraíso. Agasalhei a delação de um miserável! Sou mais ínfimo do que Ariel, que não podia compreender, quanto eu, a pulcritude moral da companheira que me destes!

"Oh! meu Renê adorado, bem me disseste a verdade... quando, quase agonizante, apavorado com a presença do celerado, disseste que a mãezinha idolatrada ia ser ferida de morte por *ele*... Por que não acreditei em ti, anjo estremecido?

"Por que, alma de luz, ainda vens suster o golpe merecido, no meu coração abrasado de remorsos?

"Como pude crer em tal monstruosidade contra a impoluta criatura que te concebeu, um ser já digno do paraíso, apenas de lá exilado por céleres momentos?

"Oh! como se realizou o terrível presságio de Heloísa quando, ao partir para a América, deixei-a entregue à guarda do traidor – abutre cruel atalaiando o lar feliz, que, dentro em pouco, haveria de ser destruído para sempre!...

"Por que não me disseste o ocorrido, Heloísa? Por que, naqueles malditos momentos do meu repúdio – dos quais me recordo com angústia inominável –, não me revelaste o que se havia passado na minha ausência?

"Se mo dissesses, teria matado o réptil peçonhento, o teu caluniador, e ainda poderias ter sido ditosa ao lado do nosso Renêzinho querido, que morreu de saudades, faminto dos teus beijos e puros carinhos maternais!

"Mas, que digo? – Trucidar aquele que me salvou das garras de um tigre famulento e feroz? Assassinar quem me prestou um auxílio inestimável, não valeria transformar-me no mais vil dos sicários?

"Ai! compreendo, agora, a excelsitude do teu coração, Heloísa bem-amada!

"Para evitares esse crime, imolaste a tua honra, a nossa ventura, a vida do nosso idolatrado filhinho!

"Expulsei-te do lar que santificavas com a tua presença, acreditando nos embustes forjados por um servo audacioso... Imperdoável a minha ofensa, o meu crime.

"Como deves ter sofrido, nobre Heloísa! Que fiz naqueles instantes de desvario? Não mereço o teu perdão, nem o vosso, ó Deus!

"Sou mais infortunado que o mais ínfimo dos bandidos, acossado pela justiça do mais feroz potentado da Terra!

"Só encontraria tréguas ao meu padecer, se fosse julgado e condenado pelo mais severo dos tribunais, e a seguir calcinado numa pira, ou retalhado vivo, à navalha, empunhada por insensível bandido!

"Que fazer, agora, com o peso inigualável desta dor a esmagar-me o coração? Onde encontrará repouso esta alma em chamas, nesta região de gelo que, todo reunido, não arrefeceria o vulcão de sofrimentos que me irrompe do peito?".

– Senhor... senhor Dusmenil? – disse Fabrício baixinho, temeroso de que o amo houvesse enlouquecido.

Só então, atentou na presença do criado. Fitou-o com olhar alucinado, fixo, como tentando reconhecê-lo.

O servo, trêmulo e agitado, aproximou-se de Gastão e falou:

– Perdoai a ousadia de querer dar-vos um parecer... Aquele homem (apontou para o lado do rio) não era um ser como nós outros... tinha pacto com o demo, dominava, fascinava, como as serpentes às aves que se aproximam... quer queiram, quer não!

"A denúncia que ele urdiu contra vossa esposa – a mais virtuosa das criaturas, que todos veneram e admiram

– não teria vingado, se não estivésseis sob um influxo diabólico".

– Sabias então, miserável, que Heloísa era inocente e só agora o dizes? – interpelou Dusmenil, erguendo-se colérico e ameaçador.

– Sim – murmurou Fabrício com humildade. – Muitas vezes pensei em revelar-vos a verdade, que me inquietava e dilacerava o coração, mas uma força sobre-humana impedia-me de o fazer...

"Ouvi-me, por Deus! e, se depois do que expuser me julgardes criminoso, matai-me.

"Inúmeras vezes quis confessar-vos a verdade do que se passou com a vossa consorte, torpemente infamada; *ele*, porém, possuía um dom mefistofélico, lia meus pensamentos, quanto os vossos e de todos os que dele se abeirassem; e uma noite, com sorriso hediondo, fitando-me com aquele olhar fosforescente que mergulhava em nosso ser, qual o escafandrista no fundo do oceano, falou pausadamente:

– Fabrício, se disseres o que sabes ao Sr. Dusmenil... farei três cadáveres! Não me perguntes quais serão eles... Se me matares à traição para te livrares de mim, *meu espírito se apegará ao teu* por toda a eternidade, qual polvo à vítima, e não terás jamais um segundo de descanso! Terás um fim horrível: far-te-ei enlouquecer e te despenhares num precipício. Ficarás com ossos e carnes em migalhas, como triturados por gigantesca mó!

"Eis, senhor, por que fui conivente com o perverso Ariel, a contragosto meu. Nunca presenciei o que ele imputou à Sra. Dusmenil. Vossa esposa é a mais virtuosa de quantas tenho conhecido. Tudo que ele vos denunciou, naquele dia fatal, foi unicamente maquinado no seu cérebro de monstro humano...

"Senhor, até há pouco eu estava impedido de vos expor a realidade, por força de um jugo invencível. Eu tinha... não, eu tenho horror àquele malfadado hindu!... Fujamos deste lugar fatídico! regressemos à França, senhor! Penso que somente quando avistar um pedaço de céu azul, um raio de Sol, perderei o pavor que de mim se apoderou. Vede, senhor, onde nos achamos..."

Gastão, sem o interromper, sentia-se desfalecido de angústia.

A passo automático, as pernas inteiriçadas, o corpo a tremer, Fabrício foi abrir de par em par as portas do alpendre. Alongou o braço mostrando os cimos das colinas mal delineadas aos primeiros albores do arrebol, como se apontasse uma paisagem incolor ou desbotada pelo perpassar dos séculos, ou como esboçada por algum artista demente, que se utilizasse exclusivamente das tintas branca e cinza... Teve um gesto de alucinado e apontou o Lena:

– Falemos baixinho... Satanás deve estar a ouvir-nos nestas regiões fantásticas, a espreitar a alma torpe de Hamed resvalando num abismo insondável. Eles se conhecem intimamente, creia. O impiedoso Ariel teria realizado os seus sinistros intuitos tirando-vos a vida, se não fosse a intervenção de um arcanjo do Criador...

"Vede aqueles outeiros – prosseguiu emocionado – que mal se divisam, sempre envoltos em densa mortalha de gelo, apegados ao firmamento da mesma cor indecisa do solo, semelhantes a muralhas de cristal separando os vivos dos espectros, para que ninguém ouse escalar suas fronteiras perpetuamente fechadas!

"O rio ainda há poucos dias enclausurado num estojo de vidro, agora quebrado por alvião descomunal, tem um estranho rumor, como se humanas ossadas se entrechocassem na torrente...

"Sabeis o que penso, senhor? – Que os sacerdotes – eu fui educado e protegido por um deles – estão iludidos quando asseveram que o inferno está repleto de chamas ardentes...

"Para que fogos nos antros diabólicos? Para caleinar... o incombustível, isto é, a alma? Não! O reino de Belzebu deve ser... como a Sibéria!

"O inferno é onde há gelo eterno. Os cadáveres são rígidos e glaciais, porque a neve da morte lhes penetra os tecidos, petrificando-os, enregelando-os... No império de Satã há apenas labaredas brancas... de gelo, unicamente, como as vemos além, naquelas serranias que tocam o firmamento, de cuja proximidade não se pode duvidar... Quem as vê, quem delas se abeira... sente o sangue paralisar nas artérias, torna-se um cadáver vivo, com a alma apegada a um corpo de mármore... Aqui, senhor, deve ser o domínio de Satanás!

"Fujamos desta região de morte e sofrimento! Voltemos para a nossa França luminosa e fértil!

"Um raio de sol há de restituir-nos a vida, que aqui nos vai faltando, como se fora um golpe de luz vivificante...

"Quero ajoelhar-me aos pés de vossa esposa, pedir-lhe perdão por não havê-la defendido heroicamente, atemorizado pelo maldito que, a esta hora, deve estar prestando severas contas dos seus crimes, perante o Juiz supremo!

– É tarde, Fabrício, para reparares essa falta imperdoável. Não ouviste o que disse *ele*? Que hei de encontrá-la no leito de morte? É horrível tudo isso... Devias ter-me revelado a verdade, a despeito de tudo. Tenho o direito de odiar-te!

– Perdoai-me – murmurou o servo com infinita humildade. – *Ele* seguia meus passos, vigiava até os meus mais secretos pensamentos, ameaçador, cruel! Mas, confiemos em Deus, que já vos salvou a vida por um de seus emissários... Ele permitirá que encontreis vossa consorte com saúde... E ainda sereis venturoso, espero...

– Sim – murmurou Gastão –, partamos sem mais detença.

E, intimamente, formulou a ideia que o dominava:

– Tenho ânsias de rojar-me aos pés de Heloísa! Quero que me perdoe a injustiça que lhe fiz, para refrigerar este Vesúvio[32] de remorsos que me irrompe do cérebro em chamas!

– Senhor – tornou Fabrício apreensivo pelo que havia presenciado –, aquele homem sabia sortilégios! Julgo que não era um ser humano como nós outros: conversava com entidades diabólicas que ninguém, senão ele, enxergava... Temo que ele reapareça aqui, seguido de uma legião de espectros... Receio que tenha ido aprestar-se para perseguir-nos! Quem sabe não nos está preparando alguma cilada? Terá morrido realmente? Ele prometeu sugar-me a alma,

---

[32] Vulcão italiano.

como um vampiro o sangue, se vos revelasse o que sabia, e receio cumpra o que afirmou tantas vezes!

— Mas, foi ele próprio que me confessou a verdade, Fabrício! Não te atemorizes, pois. Graças à proteção do Alto, estamos libertos do seu funesto fascínio.

— Ele pode querer sustar nossa partida, os demônios o auxiliarão!

— És excessivamente impressionável, Fabrício! Deus não concede a Satã o poder ilimitado que lhe atribuem. O bem não será vencido pelo mal. A luz não será vencida pela treva.

Fabrício, excitado e trêmulo, aproximou-se da porta que dava acesso ao alpendre, mas recuou apavorado, com as mãos nos cabelos eriçados, os olhos desmesuradamente abertos.

— Vede, senhor, parece que crânios humanos, muito brancos, rolam na correnteza do Lena! Fechai a porta, por Deus vos suplico! para que os duendes não invadam a casa. Faltam-me os braços!... Sinto que esmoreço... Vou enlouquecer!

— São blocos de gelo que rolam impelidos pela torrente do Lena. És muito supersticioso. Não tens confiança na proteção do Onipotente, de que há pouco tivemos uma prova cabal? Não és crente fervoroso no poder do Altíssimo? Como, pois, te esqueces dele nos momentos mais angustiosos da existência?

— Sim, meu senhor, mas nas horas de pavor... eu só me lembro do poderio do tentador!

— Pois deves repelir essas ideias, que te conduzirão fatalmente à loucura! Satã não existe. É criação humana, destinada a desviar os maus da prática dos mais hediondos crimes. Absurda, pois, é essa pretensão. Deve-se incutir nas criaturas a convicção de que o mal desagrada ao Ente supremo, é contrário às suas leis inelutáveis e ninguém deve deixar de praticá-lo só por temer um ser fantástico. Deus, e não ele, é que tem existência real. O Eterno é o poder soberano do universo. O sumo Bem, a Justiça absoluta, não poderia criar o mal perpétuo e impune. Se o fizesse, poder-se-ia negar sua clemência e misericórdia incomparável. Em momento de mais calma tornarei a este assunto.

Reanimado, o fâmulo, com a ideia de abandonar a Sibéria, a passo cauteloso e olhando sempre para trás, retirou-se da sala.

Gastão, vendo-o sair, deixou-se cair no divã e rompeu em soluços, sentindo que uma dor inaudita, descomunal, cavava-lhe no íntimo insondável cratera, impelindo-lhe a alma para um resvaladouro de mágoas e compunções!

CAPÍTULO VI

Dentro de poucas horas, estavam tomadas as providências para a viagem de retorno à França.

Dusmenil e Fabrício fizeram-na, em grande parte do trajeto, dirigindo-se para o este do continente asiático.

Antes de partir, Gastão observou o local onde havia desaparecido o mísero hindu. Nenhum vestígio havia da sua imersão no Lena. Certamente, o corpo permanecia no fundo do rio, ou fora arrastado pelas torrentes onde flutuavam fragmentos de gelo, parecendo blocos de diamantes de alguma jazida divina, assaltada por titânicos rapinantes que, perseguidos pelas poderosas patrulhas siderais – mais céleres que as dos antigos legionários romanos – não os podendo levar para os ocultar no Infinito, os arrojassem àquele rio, que se tornava o mais valioso tesouro da Terra...

Uma tarde, quase nos limites da Pérsia com o Turquestão, os viajantes foram surpreendidos por numeroso e temível bando de sicários maltrapilhos e mascarados.

Um deles exigiu, em voz de falsete, os valores que levassem. Dusmenil, precavido para essas súbitas emboscadas, havia colocado em esconderijo de espessa *fourrure*[33] o que possuía de mais valioso.

Os bandidos abriram as malas, revolveram o quanto continham, rapinaram roupas caras, joias e, por fim, apoderaram-se da carteira de Dusmenil contendo documentos e algumas moedas francesas. Inaudita amargura o dominou ao vê-la nas mãos de um dos bandidos, que começou a esquadrinhá-la com o olhar aceso pela cobiça.

Gastão implorou-lhe que retirasse os valores da carteira, mas lha restituísse, pois era dádiva de um ser mui querido...

Os celerados entreolharam-se e um deles, que parecia chefiá-los, guardou no bolso a carteira.

Dusmenil, por um dos condutores do veículo em que se achava, rogou que lha devolvessem, apenas por alguns segundos.

Depois de relutar, o bandido atendeu, mas desembainhou reluzente punhal que apontou ao peito do inerme viajante, seguindo-lhe os menores movimentos. Gastão procurou ansiosamente num escaninho da carteira algo que lá ocultara em minúsculo relicário de cristal, e, encontrando-o, entregou-lhe.

— É uma pérola — rugiram em coro os celerados. Dusmenil, lívido, emudeceu.

— Hás de entregá-la! — bradaram enfurecidos.

Lançaram-se a Gastão, brutalmente, um deles lhe descerrou com rapidez a destra, na qual apertava a medalhinha.

---

[33] Pele de animal com pelo, confeccionada para ser usada como peça de vestuário, forro ou ornamento.

Quebraram-na com violência, e, então, à dúbia claridade do crepúsculo, observaram, apertando-se cobiçosos, que continha um alongado e lácteo corpúsculo.

O chefe do bando, com o olhar lampejando cólera, ódio e decepção, fitou com escárnio Dusmenil, ao verificar que a suposta pérola era apenas um níveo dente de criança.

Para aquele desventurado salteador, separado, pelo vórtice dos crimes, de Deus e da virtude, só o que podia reduzir à moeda tinha valor. Para o infortunado e enternecido pai só havia um tesouro na Terra – o pequenino incisivo de neve, pérola humana que relembrava o sorriso do adorado filhinho que, quase na agonia, antes de fechar para sempre os olhos azuis, lho confiara para que o entregasse à mãezinha querida... Vendo-o, Heloísa havia de perdoar-lhe, seria o último elo que uniria para a consumação dos séculos as suas almas momentaneamente, dolorosamente apartadas...

Gastão vira, com indiferença, aqueles homens se apoderarem de toda a sua valiosa bagagem; agora, porém, tinha os olhos lacrimosos, ao ver o seu maior tesouro profanado nas mãos incultas e criminosas do miserável que lho usurpava.

Entreolharam-se, num relance, aqueles dois seres:

– Gastão com olhos úmidos de pranto, o bandido com as pupilas negras lampejando raiva. Bem diversos, seus sentimentos. Para o desditoso ladrão, só existia o ouro. Jogava por ele a vida, e, buscando enriquecer com o alheio, por meio de pilhagem e delitos, emboscado em antros, em serranias desertas, à espreita do primeiro peregrino que passasse, para lhe arrebatar a bolsa, denegria a alma, empobrecia-a, tornava-a misérrima perante Deus, enlameava a consciência – o arminho celeste em que se impregna a fagulha divina... A vaidade social outorga à pérola, à secreção pétrea de asqueroso pólipo um mérito fabuloso, um valor descomunal, para a ostentar, às vezes, num colo impuro de mulher, que para possuir essa rósea gota de arrebol petrificado, ou minúsculo fragmento do céu veneziano, comete torpezas, nodoa o próprio espírito, deslembrando-se de que somente no coração, velada pelo estojo da matéria putrecível, se oculta a verdadeira pérola divina, que, imersa no insondável pélago da vida, pode alçar-se ao veludoso escrínio do Infinito – a alma virtuosa!

Quem, sobre a Terra, já a possui, torna-a bela, luminosa, digna dos relicários siderais, embora tenha o corpo macerado, mutilado, coberto de farrapos...

Mas a humanidade insana só se lembra do presente fugaz, olvidando a eternidade do futuro.

Aqueles desditosos bandidos – jungidos pela cobiça do ouro, que, para o supremo joalheiro, que afeiçoa almas e estrelas, vale tanto ou menos que uma gota de lama palustre – olvidavam que, roubando indefesos forasteiros, saqueavam o próprio espírito, tornando-o roto, poluído, misérrimo, andrajoso, despojavam-se do seu mais inapreciável tesouro – a paz da consciência – a gema radiosa que os seres santificados pelo cumprimento austero de todos os ríspidos deveres terrenos possuem, quais nababos celestes. Para Dusmenil, naqueles momentos angustiosos, todos os erários do universo ficaram desvalorizados, eram-lhe indiferentes – o que havia de mais precioso na Terra era aquele níveo e pequenino dente do filhinho estremecido, pérola divina que lhe ficara como suprema lembrança do arcanjo que, por instantes apenas, se acolhera ao seu lar e logo partira em demanda de Luz e de Espaço, como águia real acorrentada por segundos em sombria masmorra! Para obter o perdão de Heloísa, imaginara entregar-lha de joelhos, pois era o derradeiro vestígio do corpo angelical do filhinho, era qual lágrima de saudade que se cristalizara no final de sua agonia e ele lhe confiara, qual se o fizesse com uma pérola da golconda celeste, a mais valiosa que existe no oceano... das almas cruciadas! Lágrimas ardentes deslizavam-lhe pela face esmaecida, e, por instantes, teve ímpetos de lutar para reaver o pequenino tesouro que se profanava ao contato de mãos criminosas, embora sacrificasse a própria vida, que lhe parecia um fardo inútil...

Súbito, o salteador que comprimia entre os grossos dedos o lactescente incisivo, num gesto de desdém e o olhar lampejante de cólera, ia arrojá-lo fora, mas, um outro que os observava, compreendendo a amargura de Dusmenil – certamente inspirado por algum gênio sideral – deteve o braço do comparsa e, enternecido, tomando a minúscula preciosidade, depositou-a na mão de Dusmenil, exclamando áspero:

– Leva-o.

Aquele ser miserável, de vestes rotas e sórdidas, dentre todos os membros da temível quadrilha – almas empeçonhadas de pecado, dominadas pela hipnose do ouro e dos crimes, enegrecidas pelo carbono dos desejos impuros, gangrenadas pelos vícios e pelas mais torpes paixões – sentiu pela vez primeira o desabrochar de um sentimento generoso – açucena de neve abrolhada em monturo – misto de piedade e ternura paternal... Compreendendo o desalento e a ternura de um coração desolado... seria ele o primeiro a trilhar o aspérrimo carreiro da virtude, a dobrar os joelhos, a suplicar ao Criador do universo! Estava lançada no tremedal da sua alma a primeira semente de luz e de redenção!

CAPÍTULO VII

Dias de penosa jornada através de planícies ou serras intérminas decorreram com morosidade inenarrável para Dusmenil, que entristecido desejava, qual célere condor, librar-se nos ares e, em voo vertiginoso, alcançar o território francês.

Atravessou o Turquestão, o Cáspio, o arquipélago, e, quando a caravela começou a sulcar o Mediterrâneo, reanimou-se, sentindo a alma dilatar-se no seu âmago, qual se fora atingir o firmamento.

Aportou finalmente em Marselha, e inaudita foi sua emoção ao rever o solo pátrio.

Compreendeu, por íntima e misteriosa intuição, que, finalmente, jamais dele se apartaria; que ia em demanda à terra onde tivera o berço e teria o túmulo, onde jazia o adorado filhinho.

Nunca se comovera tanto, ao retornar à pátria, nem ficara tão sôfrego para rever as regiões que lhe eram familiares...

Fabrício delirava de alegria:

– Senhor – falou a Dusmenil –, jamais deixarei a França, mesmo por momentos... nem que seja aclamado imperador de algum país longínquo! Prefiro mendigar aqui, viver dos sobejos dos rafeiros, a ser milionário na Sibéria... ou nas terras do maldito Ariel!

Gastão, apreensivo, ouvia-o como dominado por um sonho, do qual só despertaria ao contemplar a esposa; percebendo que, a despeito de tudo, nos momentos de maior tormento moral, nunca deixara de amá-la... Relembrava, sem cessar, tudo quanto lhe acontecera, desde que se apartara de Heloísa, supliciado por indizível remorso.

Ressoavam-lhe n'alma as palavras cheias de nobreza que ela lhe dirigira no dia fatal da separação e ficava surpreso como pudera dar crédito às perversas insinuações de Hamed, conhecendo a virtude, o mérito moral dela.

Possuiria, realmente, o hindu, qualquer maravilhoso poder de sugestão? Como pudera magnetizá-lo, a ponto de cometer o mais nefando dos crimes – expulsando do lar a digna companheira, imolando a vida do sensível e encantador filhinho, que não resistiu aos embates da primeira dor, órfão das carícias maternas...

Como a encontraria? Morta ou viva? Como o receberia? – com perdão? Com recusa?

Tinha o direito de odiá-lo...

E se não lhe fosse permitido implorar-lhe o esquecimento dos agravos, se ela já estivesse, como o Renê, sob marmórea campa?

Desejava e temia, ao mesmo tempo, chegar a Argemont...

Ansiava pelo instante de rever a esposa que, mais que nunca, se tornara idolatrada, santificada pelo martírio moral dignamente arrostado pelo inominável sacrifício da sua honra, para que ele não se fizesse homicida...

Parecia-lhe que a separação já havia durado séculos. Avassalava-o, porém, indômita angústia e ressoavam-lhe no íntimo, clangorosamente, as palavras da infortunada esposa: "Tarde reconhecerás a injustiça que ora praticas, que nunca transgredi meus deveres de esposa e mãe!". Ou então, as de Hamed, rindo com sarcasmo: "Podeis regressar à França: ides encontrá-la no leito de morte".

Ter-lhe-ia dito a dolorosa verdade cujo pressentimento lhe apertava o coração?

Toda a sua principesca fortuna ele a daria pela certeza de encontrar a esposa com saúde, poder rojar-se a seus pés, receber um ósculo de reconciliação...

Sua inenarrável tortura era tamanha que lhe afivelara ao rosto uma lívida máscara de alabastro.

Fabrício temia que o patrão enfermasse gravemente e ousava dirigir-lhe palavras de conforto:

– Coragem, senhor! Estamos perto de Argemont e haveis de encontrar com vida e saúde a vossa boníssima consorte!

Entardecia.

Transcorriam os últimos dias primaveris do ano a que nos reportamos. Dir-se-ia que, àquela hora, havia pelo oceano uma portentosa jazida de ouro e rubis liquefeitos, em promiscuidade, dando-lhe nuanças maravilhosas, tornando-a em lúcida apoteose; realçando os contornos das serras que pareciam vulcões em plena erupção, aureolados de matizes suavíssimos, de revérberos divinos...

Flutuavam no ambiente os eflúvios sutilíssimos dos vegetais floridos, disseminados pela viração constante, como se emplumados leques se agitassem por encantados núbios reais...

Aproximava-se a carruagem que conduzia Dusmenil e Fabrício da aldeia mais próxima de Argemont, quando se fez ouvir o dobre de um sino da capela que se destacava no alto de um cerro, qual alvíssimo alcíone, pousada em imensa e esmeraldina vaga, eternamente imobilizada ao influxo de mágico e potente condão...

O crepúsculo a inundava com fulgores de ouro e eloendros e dir-se-ia que se achava ligada ao empíreo por um farol divino.

Os sinos continuavam a tanger fúnebres sonoridades, aliando suas vibrações às de uma filarmônica que executava, em surdina, dolente marcha.

Pela encosta da veludosa colina, em que alvejava o pequenino templo, ascendia a multidão em alas.

Agonia inexprimível constringiu a alma apreensiva de Dusmenil, relembrando a profecia macabra do terrível hindu... Quem sabe – pensou – não chegara na hora precisa de baixarem ao túmulo os despojos da infortunada Heloísa?

Via, num momento, fracassarem todos os seus desejos de reconciliação e de paz! Ruíam por terra os derradeiros planos concebidos durante a jornada, que já durava dois meses e lhe pareciam séculos intermináveis!

Deus o punia com severa justiça: expulsara do lar a mais impoluta das mulheres, atirara a um pego toda a paradisíaca ventura que o Criador lhe concedera – não a merecia mais, na Terra! Arrebatada ao Céu, aquela imaculada criatura que ele havia conspurcado com o ceno da desonra! Ele a repudiara como vil e Deus lhe abrira os umbrais das mansões celestes, como entidade pulcra e nobilíssima.

Pôde, levando a destra ao peito ofegante, murmurar com indefinível amargura:

– Fabrício, a maldição de Deus pesa sobre mim; cheguei tarde demais a Argemont – *na hora dos funerais de Heloísa*!

– Que dizeis, senhor? – respondeu-lhe o servo, tornando-se lívido. – Seria horrível se tal sucedesse!

– Vá, Fabrício, colher informes! Morro de inquietação! Se tudo estiver consumado... dar-te-ei toda a minha fortuna para que me tires a vida! É-me impossível sobreviver a tão excruciante martírio...

O criado fez parar a liteira e desceu para inteirar-se do que desejava Gastão, que, não resistindo serenamente aos embates do flagelo por que passava, sentindo-se no íntimo azorragado por látegos de fogo, tombou inerte nas almofadas e pálido como um cadáver.

Livro IV

Das sombras do passado

CAPÍTULO I

Curiosos acercaram-se da liteira em que Dusmenil continuava inanimado.

Quando, depois dos socorros que lhe prestaram alguns piedosos campônios, recobrou os sentidos, Fabrício o informou do que ocorria: os funerais eram da genitora do pároco e não de Heloísa, que vivia doente no solar de Argemont, adorada de toda a gente, pois era um modelo de virtude e bondade.

Reanimado com a notícia, Gastão prosseguiu viagem. Era já noite quando avistou o castelo onde conhecera a formosa unigênita dos condes de Argemont, com algumas janelas abertas, pelas quais se projetavam revérberos radiosos das lâmpadas interiores, formando toalhas de luz no terreno.

Emocionado, opresso o peito, dirigiu-se ao porteiro, que custou a reconhecê-lo, tão outra era a sua aparência, desde que se ausentara.

– Que desejais, senhor? – interrogou surpreso de seu regresso, pois não ignorava que o casal estava separado por motivos graves.

– Ver tua patroa.

– Ela está, infelizmente, de cama, e só com permissão do médico assistente poderei levar-vos à sua presença...

– Manda preveni-lo da minha chegada. Aguardo aqui a resposta.

O porteiro inclinou-se e comunicou à enfermeira, a dedicada Marta, a pretensão de Dusmenil. Lacrimosa e entristecida, a serva foi-lhe ao encontro e o conduziu ao salão.

Ao vê-la, ele recordou o dia fatal em que repudiara a esposa, e essa lembrança muito o sensibilizou.

– Marta – disse-lhe – preciso ver Heloísa quanto antes.

– Esperai um momento. Ela poderá sucumbir à menor emoção...

– Qual a sua enfermidade? – tornou com ansiedade e amargura.

– Ai, senhor! Que tem ela? Tem morrido lentamente desde... que foi ferida pela maior das desventuras!

– Bem o sei, Marta, mas Deus já permitiu que me inteirasse da verdade e só anseio, agora, rojar-me a seus pés e reparar meu crime!

– Tarde viestes, senhor, mas também eu tenho que vos pedir perdão...

– Tu me pedires perdão, Marta? Pois não foste a única criatura inspirada pelo Senhor do universo, que a julgou inocente? Não foste a desvelada serva, ou amiga, a acompanhá-la nas horas de martírio? Perdoar-te, eu? Não! Desejo é recompensar-te, isto sim.

– Ai de mim, senhor! Quereis saber qual o meu crime? Naqueles momentos malditos, em que destes crédito ao infame Ariel, eu conhecia a realidade, podia vo-la ter revelado e não o fiz... Deveria ter sacrificado a própria vida por ela, que bem o merece, e, dominada por um poder que me esmagava, não evitei o golpe que vitimou o inocentinho que eu amava qual se fora um filho estremecido...

Desfeita em lágrimas, ajoelhou-se diante do antigo amo, soluçando. Ele, porém, com grave entono disse-lhe:

– Ergue-te, que eu e não tu mereço a punição do supremo Juiz, pois melhor devia conhecer o tesouro que Ele me confiara... Não te aflijas com o passado que tanto me amarga. Presta-me agora o mais valioso dos serviços, indo preparar o espírito daquela santa criatura, para que eu possa chegar à sua presença!

A rapariga, enxugando as lágrimas, entrou no aposento da castelã, que, lívida qual estátua, de pálpebras semicerradas, reclinava-se na almofada nimbada pelos seus cabelos negros, que mais lhe realçavam o livor das faces.

Uma lâmpada pendente do teto espargia um como luar tenuíssimo no aposento.

– Senhora... – murmurou Marta, achegando-se ao leito, ainda emocionada.

– Que desejas? – respondeu-lhe a enferma, fitando-a – Que há? Por que choras?

– É que acaba de chegar um viajante que trouxe notícias de longínquas terras! Não vos comovereis demasiado se eu vo-las transmitir?

– Queres referir-te a Gastão? Não tentes iludir-me, pois estava adormecida quando entraste e sonhei que ele tinha vindo aqui.

– E se assim fosse, como o receberíeis?

– Espera, deixa-me orar primeiro: quero o auxílio de Deus para dar-te uma resposta decisiva!

A serva ajoelhou-se ao pé do leito, soluçando.

Heloísa, por instantes, emudeceu e, meio recostada, librou ao Pai clementíssimo a alma comovida.

Durante alguns segundos um oceano de acerbas reminiscências lhe inundou a mente. Dir-se-ia que o pensamento recuara alguns anos: via-se em Arras, ao lado do filhinho idolatrado, nos dias de maior ventura. Esteve queda a escutar o marulho do passado, que todos ouvem em horas de silêncio e meditação – às vezes, vago rumor; outras, anseios, frêmitos, rugidos de procela, que o nosso íntimo conserva eternamente, qual na concha se conserva o marulho dos mares longínquos...

Rememorou os episódios dolorosos da separação de Renê, os dias de angústias passados em Argemont, apenas balsamizados pelos atos de altruísmo que praticava, empenhada no conforto dos desvalidos, dos desditosos, dos orfanados. Ondas de refrigério envolveram-na dulcidamente – a consciência cristalina e imaculada não lhe acusava um só crime, um só deslize... Orou com a serenidade dos redimidos estampada nas faces marmorizadas, finalmente lavoradas pelo cinzel da dor.

Sem uma lágrima, com as mãos ainda achegadas como duas asas unidas e trêmulas, que fossem librar-se pela amplidão sidérea, murmurou:

– Marta, dize-lhe que posso recebê-lo. Estou preparada para esquecer o passado. Sinto a meu lado os Protetores invisíveis, que me escudam com os seus braços de névoas – mais resistentes que o aço, porque são de têmpera divina...

Fremente de emoção, passo incerto, Gastão transpôs o aposento. Um grito involuntário saiu-lhe do peito opresso e, prosternado, soluçou por momentos, à beira do leito.

Heloísa, com os olhos fulgurantes de lágrimas febris – mais belos que os de outrora –, fitava-o enternecida e, com resignação estóica, tocou-lhe os cabelos já encanecidos, com a destra diáfana, ardente, e falou suavemente:

– Como pudeste voltar sem que *ele* te assassinasse? Deus é justo e bom, Gastão; permitiu que não morresses sem que soubesses a verdade, pois o teu regresso prova já estares de posse dela. Como ansiava por este instante, Gastão – o momento sagrado da minha reabilitação! Sabia que o Onipotente havia de conceder-mo!

Dusmenil, quando se levantou, beijou-lhe as mãos e a face, dizendo com amargura indefinível:

– Sou o mais execrável criminoso da Terra, Heloísa! Devias expulsar-me da tua presença, se eu não fosse o mais desgraçado dos homens, pungido pelos acicates do remorso e do desespero!

– Foste, como eu, justiçado pelas Leis supremas. Resgatamos, com lágrimas de fogo, as nossas abominações de outros avatares.

– Deliras, Heloísa adorada? Nunca tiveste outra existência senão esta, na qual foste imolada ao meu orgulho e insano ciúme! Não soube adorar, como devia, a preciosidade inestimável que o Criador me concedeu! Não tenho direito ao teu perdão e, no entanto, quanto o desejo! Por ele daria o universo... se me pertencesse, antes que ao supremo Senhor!

– Acalma-te, Gastão, para que possamos transfundir nossas almas em mútuas confidências! Está quase consumado o prazo que Deus me concedeu para te revelar tudo o que se tem passado comigo, a fim de compreenderes a grandiosidade dos desígnios supremos!

– Mas tu não morrerás agora, Heloísa querida!

– Não se recobra a saúde... na enfermidade que me consome. Se não retornasses agora... encontrar-me-ias no túmulo, e só Além poderia dizer-te o que tenho a revelar-te.

CAPÍTULO II

A piedosa enferma fez o esposo erguer-se tocando-lhe a fronte com os dedos febris, que ele osculou com ternura.

Convidou-o a sentar-se a seu lado e concitou-o a narrar-lhe todos os sucessos ocorridos na sua ausência, sentindo-se feliz em revê-lo com os olhos nevoados de pranto e compunção.

Quando ele terminou o relato de tudo o que lhe sucedera, Heloísa falou-lhe docemente:

– Sabia que voltarias, enviado por Deus, para nos reconciliarmos. Quantas vezes, porém, a dúvida lacerou-me o coração! Temia baixar à campa sem estar purificada a teus olhos, continuando a me julgar adúltera, a mim que defendi a nossa honra e a do Renê, com risco da própria vida!

"Mas esforcemo-nos por olvidar o passado angustioso e lancemos nosso olhar ao eterno porvir que nos aguarda! Sim, receava que voltasses tarde e, contudo, secreta intuição me advertia que tornarias ao lar deserto, mas honrado e já liberto do nefasto jugo do infeliz que destruiu nossa ventura terrena, e que seria, enfim, reabilitada a teus olhos, para eu morrer tranquilamente! Agora, patenteada minha inocência, é mister que parta para onde se acha o nosso querido filhinho... A saudade supera o meu desejo de ser útil ao nosso próximo; anseio ver nosso anjinho, beijá-lo como outrora, dar-lhe todas as carícias que lhe não pude dispensar nos últimos dias da sua curta existência! Um dia... também irás ao nosso encalço, e, quando terminares tuas derradeiras provas, nós te esperaremos nos umbrais da Eternidade, com o abraço afetuoso com que os redimidos aguardam os peregrinos milenários do planeta dos prantos e das expiações remissoras!

– Exultas, Heloísa, com uma antevisão da felicidade que mereces, na mansão dos justos, e esqueces que eu, mísero delinquente, ficarei na desolação das horas seculares da saudade e do remorso? Por que o Criador, tão clemente, não permuta a minha vida inútil pela tua, em benefício dos infortunados?

– Porque... consumei primeiro que tu a sentença divina. A dor inexprimível da calúnia, do ultraje e da separação de um ente adorado, as horas intermináveis de sofrimento, moral e físico, fizeram-me resgatar muitos crimes de pregressas encarnações, alvejaram, com lágrimas, as fáculas denegridas que jaziam em minh'alma!

– Mas, de que encarnações falas sempre, minha amada? Nunca pude crer na veracidade da transmigração das almas em diversos corpos, segundo os dogmas indianos. Teu espírito sempre foi angelical, nobre como o de Maria de Nazaré! Reconheço-o, por minha desdita, tarde demais...

Com voz carinhosa, a enferma revelou-lhe os fenômenos psíquicos que com ela se passaram desde os tempos colegiais; os conselhos austeros que recebia dos seus mentores boníssimos, em horas de amargura e aflição. Dusmenil, a seu turno, relatou os que se relacionavam com as duas aparições de Renê, em momentos extremos e decisivos da sua existência.

Uma perfeita comunhão de ideias e sentimentos e uma afinidade magnética aliviaram, dali por diante, aquelas duas almas, que passavam horas em colóquios inefáveis, deslembradas quase da vida material, permutando pensamentos com a sofreguidão dos que se vão separar, embora cressem que seria por tempo limitado.

– Parece-me – disse um dia Heloísa com infinita ternura – que somente agora é que nos casamos. Nosso primeiro conúbio foi realizado por um *maire*[34] e um sacerdote: agora, pelas Entidades celestes, que velam por nós e que eu percebo a nosso lado, ouvindo o ruflar de suas brancas asas... Um, foi o enlace efetuado pelos homens; o outro, por Deus. O primeiro, material; o segundo, espiritual. Um, foi destruído; o outro será perpétuo. Agora é que nossos espíritos se ligaram, esqueceram as mútuas ofensas, efetuando-se, por toda a consumação dos milênios, um himeneu indissolúvel! Os elos que doravante nos prendem são de aço e de flores imarcescíveis, jamais se dessoldarão; têm a resistência dos metais e a suavidade das açucenas; são indestrutíveis como a luz dos astros, que deve provir da alma radiosa do próprio Deus.

– Eu não soube conquistar essa ventura, Heloísa. Reneguei-a em momentos de desvario... Tua alma é feita de luz e

---

[34] Autoridade civil.

candidez imaculadas... a minha é de réprobo, pois foi cruel e impiedosa, e tem de expiar, talvez por muitos séculos, como o crês, o seu nefando crime. Não pode, então, desde já unir-se a tua, que a repelirá com asco...

– Que dizes, Gastão? Pois não é o amor vínculo indissolúvel, e não to consagro eu desde que te conheci? O amor sem a prova do sacrifício, do sofrer e da desventura, não pode ser aquilatado. Confia na Misericórdia divina, inesgotável, e obterás o perdão que desejas e que te concedi. Se eu não merecesse a acerba prova por que passei... não ma teria infligido o magnânimo, íntegro e sumo Juiz! Foi a Justiça divina que se executou, para que meu Espírito enodoado se purificasse. Abençoemos os tormentos do passado tenebroso! Encaremos o futuro com serenidade. Pouco falta para que meu corpo baixe ao túmulo e minh'alma se libre ao infinito. Ficarás, como disseste, em desolação, mas não serás abandonado pelos amigos intangíveis, cuja dedicação é iludível. Assim como o compassivo Renê se tem desvelado por ti, também eu o farei, com o auxílio dos incomparáveis Protetores, que me têm amparado com os seus braços imperceptíveis, mais resistentes que o aço, pois me têm sustido à beira do sorvedouro da dúvida, do desalento e da desventura!

Uma tarde, segurando as mãos febris da esposa, Dusmenil interpelou-a:

– Escuta, querida, por que me ocultaste a verdade quando nos separamos naquela noite infortunada?

– Para evitar que te tornasses um homicida.

– Deus perdoaria esse crime, porque o *dele*, empeçonhando-te a reputação, sobrepujaria sempre o meu, pesados na balança divina.

– Tinhas um débito a resgatar com aquele homem, que te salvou das garras de um tigre.

– Menos feroz, no entanto, do que ele para conosco.

– Todavia, expiou tremenda e duramente esse delito, Gastão!

– Tens a sublime benevolência de Jesus, querida, perdoando aos que o crucificaram... Já esqueceste o teu inominável suplício, Heloísa?

– Não, mas considero aquele criminoso bem mais desventurado do que nós, porque a ignomínia que se pratica, enegrece e perturba a consciência, e *ele* – que era sensível e inteligente – viu ruírem para sempre todos os seus planos sinistros, ante a Justiça suprema. Não conseguiu esmagar a verdade, como Hércules à Hidra de Lerna, pois não se pode triturar em mó de argila um revérbero de sol!

"Imagina a tortura por que passou aquela alma tenebrosa, farpeada pelos espinhos do mais acerbo remorso!

"Esqueçamos suas crueldades e imploremos, à Majestade do universo, clemência para o desventurado delinquente!

"Se eu houvesse exalado o derradeiro alento, injustificado no teu conceito, talvez o não tivesse perdoado... mas, agora que me sinto feliz e reabilitada, de partida para onde se acha o Renê querido, eu o perdoo com sinceridade! Vai-se-me finar uma existência limitada para começar outra infinita; extingue-se uma noite que durou horas, para iniciar-se uma alvorada eterna, e vou partir com a alma acrisolada pelos prantos, purificada pelo martírio extremo das provas ásperas, mas redentoras! Se houvesse dado causa a que tingisses as mãos de sangue humano, teriam fracassado todos os nossos sacrifícios, seríamos separados por tempo longuíssimo, teríamos de recomeçar outras existências talvez mais penosas. Exultemos, pois, por havermos cumprido integralmente os nossos deveres, embora tivéssemos o coração lacerado pelos gládios da saudade e da amargura!

"A Justiça divina foi desafrontada cabalmente – os réus vão alcançar o alvará de soltura definitiva."

– Outras existências, repetes, Heloísa? Pois será crível que, após as refregas pungentes de uma vida planetária, tenhamos em perspectiva novas dores e outros infortúnios?

– Ouve, Gastão: há muito devia ter-te exposto o que se tem passado comigo... Supões, talvez, que deliro, mas, apesar de muito debilitada pela enfermidade, tenho as faculdades mentais inalteradas. O que te vou narrar está nos domínios do mundo subjetivo, do plano espiritual; mas é a expressão da mais pura realidade...

Heloísa o cientificou de todos os fenômenos psíquicos que observara, desde quando adolescente. Falava-lhe com doçura, parecendo reanimada e transfigurada.

Ele a ouvia embevecido e melancólico, compreendendo que aquele ser querido já pairava em plano superior, palpitante de espiritualidade, e não tardaria a alçar-se ao firmamento, deixando as misérias terrenas. Ficaria só, pranteando-lhe a ausência, relembrando, para seu suplício incessante, os sucessos do passado desditoso...

Ela, percebendo essa amargura, disse-lhe:

– Gastão, sinto-me influenciada por um poder extraterreno, que me vitaliza o organismo, já quase diáfano, para transmitir-te os meus derradeiros pensamentos...

"Percebo que, em breves dias, ou talvez instantes, remontarei às regiões serenas, de repouso e ventura, que existem no cosmos, e onde se encontram nosso pranteado filhinho e entidades puríssimas – rondas siderais – que descem das almenaras radiosas do firmamento ao tremedal deste planeta, norteando para o Criador aquelas a quem amam fraternalmente... Deixa-me, assim, expandir minhas ideias com lealdade, pois talvez amanhã já não possa fazê-lo com estes lábios! Compreendo que tudo quanto nos sucede se origina de transcorridas existências. O inferno de todas as religiões é apenas um símbolo. É esse lugar de tormentos, imaginado pelos teólogos, para punir perpetuamente os pecados irremissíveis, e que se aloja em nosso próprio imo, quando praticamos iniquidades. Existe, também, nos mundos inferiores como este em que vivemos, onde arrastamos os grilhões do infortúnio e da compunção; nossos corações são calcinados nas chamas dos mais flagelantes sofrimentos morais, ou físicos. Isto é uma das geenas, um símbolo, esse lugar de tormentos. Aqui voltaremos tantas vezes quantas forem precisas para depurarmos com lágrimas, abnegações, labores e virtudes, as nossas transgressões às Leis do Soberano universal...

"Tenho vagas mas persistentes reminiscências de ter vivido em países asiáticos, onde fui orgulhosa, opulenta, vaidosa, insensível aos padecimentos alheios.

"Tu, meu amigo, Renê, Marta, o Sr. de Bruzier, meus pais e... Ariel, fostes companheiros de encarnações terrenas do meu Espírito milenário, e Deus já nos ligou sob o mesmo teto para olvidarmos mútuos ressentimentos, para lucificarmos nossas almas torvas...

"Vincula-nos a força centrípeta e invencível do amor e do ódio... Este, porém, por influxo do Alto, se desvanecerá qual bulcão disperso nos ares; aquele é perene e indissolúvel como a luz solar. Por que te amei desde o momento em que surgiste neste solar, onde te aguardava, antes de conhecer-te? Por que temi aquele cruel hindu desde o primeiro instante em que o vi? Por que pressenti nele o déspota execrado de outrora? Quem me lançou no vórtice da traição? Por que não posso permanecer neste mundo, que me parece deserto e árido, desde a partida do nosso idolatrado Renê? São recordações do passado longínquo, encontros de almas, queridas ou abominadas, rumorejos do que presenciamos e fica em nosso âmago, como os conservam as volutas das conchas, longe do oceano em que se formaram... Devo maldizer, perenemente, a quem me fez delinquir e depois remir as iniquidades que pratiquei, impulsionada pelo anseio de ostentação e aplausos? Não. Os punhais com que esfacelamos o coração dos nossos comparsas de jornada são guardados em escrínios invulneráveis, por mãos de gendarmes divinos, e, depois, voltam-se contra nós e nos golpeiam também. É a justiça de talião sideral, que se executa cabalmente. Todos esses seres a quem magoamos ou felicitamos, gravitam-nos em torno, como planetas eternos ao redor de um astro, e mais tarde galgarão conosco as paragens etéreas, como nebulosas humanas que se aproximam do astro supremo – Deus!

"Se eu não estivesse reabilitada a teus olhos, talvez não pudesse agir com esta placidez espiritual que orvalha meu coração, refrigerando-o com a bênção do Pai inefável; nem poderia esquecer os tormentos que me infligiu aquele cujo nome execrando não pude pronunciar, durante alguns anos, porque me parecia que, se o fizesse, abrasaria os lábios.

"Voltaste, porém, com a convicção plena de que nunca transgredi os meus deveres e, por isso, procedendo de acordo com os alvitres de entidades imaculadas, sentindo-me venturosa, propensa ao perdão e à piedade, quero faças comigo uma prece pela alma sombria de Hamed!... Meu espírito desabrocha, à luz da comiseração, como do lírio desabrocha um novo cálice, para receber o rocio do céu...

"Abençôo, agora, os meus dissabores, as minhas angústias, que me fizeram remir muitas iniquidades. Não sofre o inocente, mas o que cumpre uma sentença reta e redentora, exarada pelo incomparável Magistrado que nos julga em tribunal incrustado de estrelas...

"Bendigo todas as minhas lágrimas, todas as minhas agonias, pois a dor é a asa de luz que nos alça da Terra às regiões siderais...

"Sinto-me diáfana e ditosa, esperando, exultante, a hora da partida. Perdoa-me, se me regozijo, apesar de deixar-te imerso em rude padecer!

"Ficarás alguns anos mais neste degredo, por concluir a pena dolorosa que te foi imposta pela alçada divina. Eu beijarei, dentro em pouco, o nosso adorado filhinho, e ambos, orando por ti, aguardaremos, com ânsia e júbilo, nossa perpétua união.

"Escuta, querido. Não julgues que deliro. Tens sido probo, nobre de sentimentos, mas não compreendeste ainda o objetivo da nossa permanência neste planeta, pois não tens amado a humanidade nem socorrido o próximo... Tens despendido a imensa fortuna em proveito exclusivo da tua personalidade. Não te lembraste, nunca, de que na Terra há seres sem teto, sem agasalho, sem alimento... Viveste andejando, qual errante aerólito, esbanjando a mancheias o que daria para socorrer incontáveis desventurados e desvalidos...

"Dizes que vais ficar só, no mundo, sem parentes, porque ainda te não lembraste dos que nos cercam, dos que nos estendem as mãos súplices, com olhos lacrimosos... Ama os desgraçados, meu amigo! Talvez ainda contraias novas núpcias, constituas outra família...".

– Eu, Heloísa? Não desdenhes o meu pesar inconsolável! Se fores primeiro que eu, não porei fim à existência, por temer a Justiça divina; mas, meu coração, até que baixe ao túmulo, não terá outro afeto senão o que te consagro e ao nosso amado filhinho! Meu luto jamais proscreverá.

– Obrigada, mas olha que te iludes. O coração tem amplitude para conter muitos afetos puros, sem que os transborde nunca. É uma gota divina, oculta em nosso seio, que poderá encerrar um oceano de afeições...

"Poderás ser fiel à minha memória, amando outras criaturas. Não te isoles dos nossos companheiros de trajetória terrena; antes, busca a sua convivência, coadjuva os desamparados, enxuga os prantos da miséria, acolhe as criancinhas infortunadas, rotas e famintas, nestes inúteis palácios que o destino nos confiou e que, servindo para acolher nossas almas desoladas, também poderão fazer ditosos outros seres.

"Sê compassivo e útil à humanidade.

"Não é acumulando tesouros que enriquecemos, mas disseminando-os pelos pardieiros, transformando-os em pão e em vestes para os desventurados; transformando as moedas metálicas nas rosas odorantes da caridade, como as da Rainha Santa! Ama as criancinhas como Jesus o fez. Eu procurei imitá-lo, lembrando-me de Renê... As fortunas mais estonteantes ficam circunscritas em cofres-fortes quando neles enfurnadas; valem tanto como calhaus a entupir um poço, não deixando se aproveite a linfa cristalina que nele borborinha; aumentam-se consideravelmente, esparsas nas mãos engelhadas de frio, pelas alfurjas dos desgraçados... São sementes de ouro que só germinam e produzem flores e frutos opimos de diamantes gratos ao divino pomicultor – que cultiva searas de estrelas! – quando atiradas no solo fértil dos corações desditosos, adubadas pelos prantos da miséria e da desventura...

"Paupérrimo é o miliardário que deixa aos herdeiros arcas abarrotadas de cédulas e moedas valiosas; riquíssimo o pária que reparte o seu bocado, umas migalhas de pão, piedosamente, com os famintos...

"Muitas vezes, os arquimilionários da Terra são mendigos do Espaço; e aqueles que, humilhados, não têm senão farrapos para cobrir-lhes o corpo enregelado, mas cuja alma está sem nódoas, conquistam, nas regiões etéreas, uma situação invejável de perene felicidade...

"Sê bom e serás venturoso no Além. Conquistarás, com o bem disseminado pelos desditosos, os tesouros divinos...

"Breve será, agora, a minha permanência na masmorra do sofrimento; verei, primeiro que tu, caro amigo, o nosso carinhoso filhinho. A ventura, porém, não nos fará egoístas. Ele te inspirará, como o tem feito a mim, nas horas de agonia. Coragem e resignação.

"Muitas vezes o vi em forma de arcanjo, a sorrir-me feliz, ao lado das criancinhas que eu protegia. Nós esperamos, com ternura e saudade, que termines a tua trajetória terrena. Ele virá, pressuroso, amparar-te, como fez à sua mãezinha, quando o peso da cruz me vergava os doridos ombros..."

CAPÍTULO III

Dusmenil, que ouvia emocionado os conselhos da enferma, tomando-lhe as mãos enfebrecidas, já quase imateriais, disse-lhe:
– Invejo-te a fé e a crença numa vida ideal após as procelas terrenas, e bem quisera permutar contigo minha improdutiva existência; mas Deus não poderá lesar-se trocando um diamante lúcido por um punhado de cinzas, que os vendavais dispersam e transformam em nada eterno... Prevejo meu isolamento e amargura inconsolável, se te fores...
– Recorda o que fiz, nestes últimos anos de desolação e bendita redenção: recalca no íntimo os teus pesares; esquece e abençoa a própria dor, consolando os aflitos, os desiludidos, os náufragos das borrascas da vida...
"Não te isoles egoisticamente da humanidade: procura-a, alivia-lhe as chagas, ausculta os corações angustiados, protege os orfãozinhos, e Deus, que nos espreita através das ogivas estreladas do firmamento, qual argos do Infinito, saberá recompensar-te regiamente, sutilizará teu espírito, a fim de que, finda a jornada, coberto das bênçãos radiosas dos infortunados, te possas reunir aos

que amas por todo o sempre... Além, seres ditosos te esperam em bonançosos mundos, nos quais não têm guarida a traição, o ciúme, a calúnia, porque seus habitantes não têm a muralha da carne e dos ossos a lhes embotar os mais nobres sentimentos, que lhes transparecem até através das vestes, qual raio de sol num relicário de cristal. Pressinto que estão consumadas, para mim, as vicissitudes deste planeta... Dizem-no os que me amparam nas horas sombrias e magnas da existência! Venturosa em mundos de repouso e harmonia, não me confinarei na egolatria. Virei, com Renê e os amigos intangíveis, a estas regiões inolvidáveis, consolar-te e reanimar-te, bem como aos nossos humildes servos, nossos dedicados companheiros dos dias tétricos ou floridos, aqui na Terra.

"Não destituas a desvelada Marta do cargo que lhe confiei, pois jamais esquecerei... que ela não me abandonou nos momentos mais acerbos.

"É uma alma fiel e compassiva, com a qual, certo, a minha amortizou um débito de honra e gratidão... Alcei-a do abismo do adultério, onde já se precipitava, às serenas regiões da virtude. Confia-lhe, e ao esposo, o solar de Argemont, para que cumpram, depois de minha partida, as determinações que já lhes transmiti.

"A verdadeira felicidade não consiste no alheamento de nossos semelhantes. Não devemos ser egoístas – insulados do universo, enclausurados nos claustros, ou nos palácios inúteis, pseudocriminosos que se tornam, realmente, porque, indiferentes à sociedade, à pátria, à família, mas esforcemo-nos por ampliar nossas afeições amando os nossos irmãos em Jesus, auxiliando-os a sair do vórtice das paixões ou dos antros do vício, onde se emboscam os celerados...

"Já dispus em meu testamento do que me faculta a lei, para premiar os fâmulos, os operários, os camponeses que me foram mais dedicados.

"Mas não chores, Gastão, a minha próxima libertação: aprestam-se as galeras siderais por colherem mais um argonauta que flutuou perdido nos mares da iniquidade e anseia retornar à pátria azul do Senhor das Esferas, onde aportam os que já não têm a consciência cancerada.

"Quero-te forte para que triunfes das provas ríspidas, mas remissoras, com as quais findarão, certamente, os teus avatares planetários. Ânimo, até que possas zarpar para os oceanos etéreos!"

– Não tenho ainda a tua coragem, nobreza e moral angélica, presumo que me faltará um apoio aqui na Terra, quando te fores, que tombarei qual cedro decepado, num sorvedouro de pesares infindos, agravados pela recordação do passado doloroso...

– É porque ainda não compreendeste o alvo sublime da vida terrena, caro amigo: cumprir, sem lamentos nem revoltas, os arestos do tribunal supremo, para saldar todos os crimes das eras presentes e passadas! É porque ainda não chamaste em teu auxílio o exército invencível das patrulhas siderais, dos soldados da Majestade universal, cujos braços intangíveis, mas resistentes de granito, nos amparam nos momentos das provas e não nos deixam rolar no resvaladouro das iniquidades, para depois elevar-nos, transformados em névoas veludosas, aos páramos constelados!

"Escuta-me, ainda; um pouco.

"Está quase finda a nossa última palestra nesta existência...

"Quando me levarem ao cemitério, não consintas que o façam com pompa, mas com discreta modéstia... Não desejo ser enterrada como *rainha* e sim como serva humilde de Deus... Quero os meus despojos encerrados no túmulo mais próximo do jazigo de meus pais. Meu derradeiro pesar é saber que o meu sepulcro vai ficar distante do de Renê, mas o essencial é que nossos espíritos, e não os corpos, fiquem eternamente reunidos...

"Em singela e nívea lápide mandarás colocar um anjo marmóreo, modelado pelo retrato do nosso querubim, sustendo um coração trespassado por um gládio – o gládio que me golpeou outrora, quando nos separamos, como o da Mãe do Redentor, da qual compreendi todo o suplício inominável e toda a resignação sublime, em horas de inaudita angústia!"

– Oh! adorada Heloísa, disseste um *coração* apenas; e o meu, então? Foi acaso menor que o teu, o meu martírio? Quantas vezes o senti varado pelo punhal da dor, em agonia indizível!... Se houver de cumprir tua vontade; se Deus te chamar aos seus paços luminosos antes de mim – talvez saudoso de um dos seus mais imaculados anjos – prometo que o teu túmulo, e meu também, há de ser junto ao do nosso inolvidável Renê!

"Sobre ele, o idolatrado filhinho esculpido em mármore, segurando dois corações trespassados pelo mesmo golpe, simbolizará a nossa perpétua aliança, a completar-se no Céu, abençoada pelo Altíssimo... Nossos corpos, encerrados na mesma campa, nossas almas reconciliadas, unidas pelo mesmo, puro e profundo amor, jamais se apartarão!"

....

Alguns dias depois desse diálogo no solar de Argemont, imerso em desolação, o estado de Heloísa agravava-se de hora a hora.

A afonia e a dispneia atormentavam-na sem tréguas.

Ao crepúsculo de um dos mais belos dias da primavera, de céu azul e ambiente morno e perfumado de magnólias em flor, a enferma despediu-se com estoicismo de todos os que lhe eram mais afeiçoados, dirigindo-lhes palavras de conforto e esperança.

Gastão, consternado, não cessava de a contemplar, lacrimoso, vendo-a como que aureolada de um fulgor estelar, como se lhe cingisse a fronte um diadema de diamantes líquidos.

Percebendo que já lhe faltava o alento vital, com os belos olhos já nevoados pelas brumas da morte, ela o fixou e disse-lhe, tentando sorrir:

– Começo a divisar as fronteiras da Eternidade... Adeus, Gastão... Vou esperar-te além...

※

Indefinível desolação pairou, por muito tempo, sobre o castelo de Argemont, com o passamento da virtuosa senhora.

Gastão não cessava de velar o cadáver querido, que fez embalsamar e encerrar em ataúde de cristal.

Providenciou para que o enterro fosse efetuado em Arras, junto ao jazigo do filhinho inesquecível, o qual seria também seu.

Compacta multidão acompanhou, compungida, o féretro, em grande extensão do trajeto.

Inúmeros cavaleiros e muitas carruagens seguiam-no até finalizar o percurso.

Amigos e servos aguardavam o fúnebre cortejo, percebendo a ideia de Dusmenil: alanceado de remorso, tendo expulsado a dedicada esposa do lar, que ela santificara pelos mais nobres exemplos, quis, como pública demonstração de arrependimento, prestar-lhe todas as homenagens, em sinal de reparação do seu erro imperdoável.

Mudo, com os cabelos repentinamente encanecidos, seguia ele o préstito fúnebre, sentindo no íntimo inenarrável agonia – páginas sublimes de dor e compunção, que a alma retraça em prantos e jamais são patenteadas à humanidade, como tesouros de um MonteCristo usurário, soterrados em rocha de granito indestrutível...

Às vezes, estremecia: na sombra da noite julgava divisar, dentro da móvel neblina que se tornava cintilante, uma multidão de entidades formosas, sobreposta à que se movimentava na longa estrada, como se houvesse duas sendas paralelas, uma nos ares, outra no solo...

Surpreendiam-no, por vezes, acordes de filarmônica invisível, que, às primeiras vibrações, silenciava num eterno *staccato*...[35]

Teve a impressão de haver vivido séculos, durante os dias que o afastaram de casa, até que a ela voltasse ao crepúsculo de merencória tarde.

---

[35] Termo musical. Sentido figurado: pausa, suspensão, expectativa.

O coche fúnebre, apenas ornado de cetim roxo e rendas prateadas – simbolizando a dor e a pureza da adorada extinta – entrou no pátio do solar de Dusmenil, seguido de incontáveis cavalheiros, damas e crianças, que depuseram sobre o féretro uma avalanche de flores.

Uma essa, artisticamente ornamentada de goivos e violetas, elevava-se no centro do mesmo salão donde se dera o rompimento do casal, e sobre ela colocaram o ataúde.

Pareceu a Gastão, ao penetrar naquele recinto familiar, que tudo – teto, móveis, paredes – ainda repetia as palavras cruéis que ali proferira contra a morta querida. Quis, então, perante os amigos e conhecidos, reabilitar por todo o sempre a memória de Heloísa. Olhos nublados de pranto, voz emocionada mas vibrante, depois que o sacerdote terminou o ofício fúnebre, disse que todas as homenagens prestadas à morta querida ele as tributava à virtude e à lealdade da criatura que sacrificara a ventura e a vida pela honra de esposa e mãe; que implorava ao Criador do universo perdão para a grave injustiça que lhe fizera, e para cujo resgate empenhava o resto dos seus dias aqui na Terra.

Acompanhou à necrópole o féretro, inumado no mesmo jazigo de Renê, ouvindo-se os soluços da extremosa Marta, que também acompanhou à derradeira morada terrena aquela que tanto prezava, tal como o fizera na dolorosa romaria do seu exílio doméstico.

Só então, Dusmenil regressou à senhoril morada e deixou-se cair num leito, onde esteve delirante alguns dias.

Quando se ergueu, julgava-se outro ser, diverso do que fora até então: não era mais o altivo castelão que fitava com sobranceria os humildes, intimidados à sua presença – agora, detinha-se para os interrogar sobre a sua sorte, para os aconselhar e confortar...

Aos poucos, o intenso pesar se foi lenindo, transformando-se em dúlcida saudade.

Contratou com afamado escultor o mausoléu da esposa, que seria também o dele. Fê-la o artista do mais puro carrara. Sobre rendilhada coluna bisantina, pousava um arcanjo, qual se descesse, no momento de ser plasmado, do Espaço imensurável, ainda em atitude de voo, asas espalmadas, feição merencória modelada pela do meigo Renê, e conchegando ao peito dois corações golpeados por um sabre de bronze dourado, que parecia ter sido brandido por impiedoso guerreiro.

Dir-se-ia que, vindo das paragens siderais, um formoso querubim ensaiava o surto supremo, conchegando ao seio dois infortunados corações dilacerados pelo punhal da desdita, e ainda palpitantes, para os arrebatar enlaçados, por todo o sempre, às mansões divinas.

A melancólica fisionomia do pequenino enfermo estava primorosamente modelada.

Gastão a contemplava diariamente, com os olhos nevoados pelo orvalho da saudade.

Uma roseira que ele próprio plantara, junto ao jazigo da esposa adorada, enastrara graciosamente a coluna, proporcionando sombra e vida à algidez e alvinitência do mármore, pois estremecia à mais branda aragem, como que bafejada por celestial anélito.

CAPÍTULO IV

Começou para Dusmenil a existência de abnegação, que lhe fora inspirada por Heloísa e pelo filhinho estremecidos.

Deixou de trajar-se com apuro para o fazer com extrema singeleza.

Peregrinava pelos arredores de Arras, seguido de Fabrício, em modesta sege, observando as pessoas e as moradas.

Quando se lhe deparavam entes de rosto pálido, desfigurados pela vigília, pelas enfermidades e privações, interpelava-os, reanimava-os e, piedoso, às ocultas depunha-lhes nas mãos descarnadas moedas que lhes servissem para atenuar as agruras da existência torva ou desprovida de conforto.

Muitas vezes, viúvas e proletários entregavam-lhe, chorando, os raquíticos filhinhos, que eram recolhidos com carinho na sua principesca residência, e aos quais criava como pai dedicado, proporcionando-lhes profissões úteis à coletividade.

Era, pois, o semeador do bem e do lenitivo em muitos corações desconsolados e desditosos.

À tarde, quando terminava o frugal repasto, dirigia-se ao mausoléu de Heloísa e Renê – iluminado à noite por um farol de cristal verde, em forma de calvário – e, fitando o formoso arcanjo que simbolizava o querido extinto, orava contrito. Proferia, às vezes, lamentos e confidências que os favônios dispersavam, mas eram ouvidos pelos seres intangíveis, a que eram dirigidos.

Outras vezes, detinha-se a contemplar a roseira que orlava a nívea coluna do túmulo da esposa, em plena florescência, parecendo-lhe os rubros e perfumosos botões, desabrochados, minúsculos corações coralinos a contrastarem com os dois de mármore, sustidos pelo merencório querubim.

Seus pensamentos, naqueles instantes, elevavam-se às mansões fúlgidas, cintilantes no zimbório infinito.

Fazia mudas interrogações que, apenas mentalmente formuladas, julgava respondidas suavemente, segredadas em surdina por dedicados seres imponderáveis.

O desalento e a compunção, que o flagelavam quando se desprendeu o espírito radioso de Heloísa, deixaram de atormentá-lo.

Parecia-lhe que as nobres ações que ia praticando aligeiravam-lhe, dia a dia, o peso eril das suas dores.

Fez-se proprietário de valiosa fábrica de tecidos, só para dar trabalho a inúmeros operários de ambos os sexos, tratados com bondade paternal.

Na estação hibernal, compadecido dos sofrimentos que ao pobre acarretam os frios rigorosos, ordenava que os labores começassem mais tarde do que nos dias de verão, e distribuía agasalho aos operários e suas famílias.

Jornadeava em liteira, muitas vezes fustigado pelas nevascas, visitando os tugúrios desprovidos de lenha ou de pão, para socorrer os míseros que os habitavam.

Às vezes, surpreendiam-no borrascas violentas, à noite, em paragens ermas e distantes.

Atônito observava, ao fulgor dos relâmpagos, a natureza revolta, como que eriçada de baionetas alvas, que flutuassem nos ares, aprestada para uma batalha de espectros velozes, seguidos de ursos e lobos fantásticos, enraivecidos e ululantes, que, em correria desenfreada pelas planícies e cerros, iam arrancando as derradeiras folhas às árvores desgrenhadas, como que apavoradas e desejosas de lhes fugir à sanha, ou iminente perigo. Mas, em vão, tentavam fazê-lo, porque se conservavam chumbados ao solo, como fiéis sentinelas de Pompeia,[36] amortalhadas em brancos sudários, bracejando ciciantes ou carpindo soturnamente, avisando os que passavam pelos caminhos alcatifados de neve – para que retrocedessem e buscassem esconderijos seguros que os ocultassem da *revanche* dos invisíveis adversários, que atiravam pedradas de diamantes às frontes humanas ou aos vegetais...

Fabrício, atemorizado, contraía-se dentro do veículo. Uma noite agitada por contínuos e ríspidos vendavais, em que a liteira impossibilitada de prosseguir o itinerário foi recolhida a uma choça abandonada, Fabrício, tiritando, disse a Gastão:

---

[36] Alusão à erupção do vulcão Vesúvio no ano 79, na antiga cidade de Pompeia; cinzas e lama sepultaram a cidade e moldaram os corpos das vítimas arrojados ao chão.

– Senhor, sinto-me como que ameaçado de uma catástrofe sempre que observo uma noite como esta... Suponho que regressei à Sibéria e temo que se me depare o espectro sanguinário de Ariel!

– Já te lembraste de orar por ele, Fabrício? – inquiriu Dusmenil estremecendo, pois também naquele instante se havia lembrado do mísero hindu.

– Que lhe valem as minhas orações, senhor? O santo sacerdote, que me criou, costumava dizer que não rogava pelos perversos, porque as preces são aves divinas que procuram o Céu e não podem ir ao inferno... E é lá que *ele* deve estar, por todo o sempre!

– És muito supersticioso – tornou-lhe Gastão com doçura. – O inferno está, não nas profundidades do globo terrestre ou de algum outro imaginário, mas em nossa própria alma, quando praticamos o mal. O céu existe em nossos corações, quando somos bons e fiéis cumpridores dos nossos deveres morais e sociais.

"Na noite em que Ariel se suicidou, Fabrício, eu senti o coração devorado pelas hienas do desespero, calcinado pelas chamas do remorso e por uma dor inominável.

"Julguei que as tenazes de Satã mo haviam arrancado e arrojado à fornalha ardente das geenas! Agora que, aconselhado pela querida Heloísa, despertei do orgulho e do egoísmo, a cada desditoso que socorro, a cada centavo que deponho em mãos mirradas, a cada criancinha que acolho, a cada lenitivo que proporciono a um infeliz, percebo que se vão aplacando as chamas do meu eu, que se vai amenizando o meu martírio e começo a entrever a paz e a serenidade dos justos ou justificados pelo sofrimento... O bem que pratico atenua meus dissabores, que eu supunha eternos! Grande e indefinível é, pois, o meu júbilo, quando amparo os desventurados, mormente os enfermos e os órfãos, pois estes são irmãozinhos de Renê, que o vêm substituir, enviados por Deus! Aliei-me a São Vicente de Paulo, Fabrício! Minha família, que eu julgava extinta, aumenta dia a dia! São os esfarrapadinhos, os filhos da desventura, que Deus me envia para suavizar as saudades do meu ídolo já nos páramos divinos...

"Quando os vejo folgando, sadios, contentes, suponho ver o meu Renê exultante, no paraíso...

"Há cinco anos que Heloísa alou-se ao Céu e só agora compreendo quanto a adorava. E quanto lhe agradeço o ter-me inspirado o bem e a proteção que me dispensa, em instantes de amargura e desalento! Abençôo a fortuna que herdei, pelo consolo que me faculta levar aos lares desditosos, aos corações aflitos...

"O ouro não é mau e sim o uso que os homens podem dar-lhe. Assim, pode transformar-se em flores ou espinhos – em flores, quando o empregamos utilmente, em empresas meritórias; em espinhos, quando despendido em gozos nefastos e iniquidades! Quem o possui é qual mordomo do Onipotente – se está apto para gerir os haveres do augusto amo, empregando-os licitamente, beneficiando os irmãos infortunados, esparsos pelo mundo. Deve, porém, sempre, lembrar-se de que esses haveres não lhe pertencem e que, no porvir, terá de prestar estritas contas do que lhe foi confiado pelo Soberano do universo.

"Além das moedas sonantes que pode disseminar pelas mansardas escuras, deve também imitar o fúlgido pegureiro das almas – que ofertava o pão radioso da esperança e do lenitivo aos famintos de ventura, enregelados pelos invernos do infortúnio – e amparar os pequeninos e humildes, levar-lhes ao coração desalentado o refrigério das consolações perenes, que mitigam as dores e estancam as lágrimas."

CAPÍTULO V

Uma tarde, depois de exaustivos labores, Dusmenil recolheu-se ao seu quarto e orou longa e fervorosamente.

A tarde caía e os últimos raios solares davam à natureza tonalidades de rubis lucificados, a desmaiarem lentamente, até transformar o ocaso em vasto cinzeiro – uma Pompeia divina – qual se por ela houvesse lavrado incêndio voraz, ateado por legiões napoleônicas, desejosas de galopar livremente pela Moscou do Infinito, ébrias de glória, sedentas de conquistas até as regiões siderais...

Gastão orava, mãos enlaçadas, olhos semicerrados, alma genuflexa. Parecia petrificado, imóvel, tal o seu desprendimento espiritual.

Súbito, percebeu o ruflar de asas etéreas perto da fronte, que ficou impregnada de um éter refrigerante. Estremeceu involuntariamente, como que abalado por magnética corrente.

Descerrou as pálpebras e, por instantes, lobrigou no ambiente penumbroso o vulto vestalino e lucilante de Heloísa, envolta em nívea túnica, que parecia feita de um fragmento do crepúsculo, mal ocultando no peito um coração de rubi incendiado...

Sentiu uns dedos diáfanos roçarem-lhe levemente os ombros e ouviu, extasiado, palavras que eram um cicio de auras galernas.

– Estou exultante, caro amigo, porque estás cumprindo austeramente a sentença divina! Dispõe, futuramente, do que possuis, de modo a assegurar o pão e o teto aos que são nossos filhos espirituais, aqui trazidos pela mãozinha do nosso Renê, débil na aparência, mas na verdade vigorosa, e que aí beijamos tantas vezes, nos momentos de ternura e de efêmera felicidade! Quando conosco transpuseres as barreiras do mundo, compreenderás o mérito que vais alcançando no desempenho de tua missão reparadora.

– Leva-me contigo, hoje, Heloísa! – murmurou Gastão emocionado e febrilento.

– Não, meu amigo, pois ainda não está preenchida a tarefa e, mesmo que eu quisesse fazê-lo, não o poderia. Falta, agora, à tua atual existência o desfecho que eleva as almas submetidas ao crisol da dor, aos páramos constelados – o sacrifício, a abnegação, a piedade por todos os seres humanos, mesmo os que nos parecem repulsivos. Já te sentes capaz de acolher e perdoar o desventurado Ariel, se o *Senhor to enviar*?

– Mas, como, se ignoro o seu paradeiro e o seu destino?

– Verás como os desígnios supremos são admiráveis... O futuro é que te vai responder. O porvir é o sigilo de Deus. Ele nos concede, deste infólio infinito – o futuro – uma página em cada dia. Contenta-te com o presente, migalha da Eternidade! Adeus. Espero-te, radiante, porque segues meus alvitres, aliás inspirados por entidades superiores.

– Mais um instante de ventura, Heloísa. Por que não trouxeste o nosso amado Renê?

– Ele segue, invisível, todos os teus passos, todos os trâmites da tua existência, mas só o verás, à plena luz, na mansão dos redimidos. Agora é mister que me vá... Adeus!

– Não me abandones nunca e perdoa, querida, o que te fiz padecer!

– Esquece o passado, já remido com lágrimas e tribulações. Ânimo! Não te abandonarei jamais, nossa aliança doravante será perpétua, indissolúvel!

Fora sonho ou visão? Dusmenil, aturdido, não se convencia de que o episódio estivesse nos domínios da realidade.

Só então se lembrou de que, não tendo ainda mandado acender as lâmpadas da sala, esta se iluminara enquanto Heloísa falava.

Nos dias subsequentes ao da formosa aparição, Dusmenil ordenou todos os seus negócios, fez disposições testamentárias, dotou todos os orfãozinhos que estava criando, destinou o rendimento de suas propriedades a obras pias, assegurou o futuro dos servos mais dedicados, estipulou cotas para aquisição de modestos enxovais para as operárias que contraíssem matrimônio, reservou somas consideráveis para socorrer os enfermos e proletários, nas invernias rigorosas.

Depois de assim proceder como se premeditasse um suicídio, aguardou espartanamente a hora da libertação.

Terminara o outono.

Começava um inverno ríspido e inclemente, que levava a penúria a muitos lares. Gastão, acompanhado de Fabrício e outro dedicado servo, saiu em modesta liteira, em visita aos tugúrios e choupanas, para levar socorros aos desditosos que nelas se abrigavam.

A neve incessante, qual se a natureza se houvesse transformado em açucenas de cristal, obstruía os caminhos coalhados de alfombras alvinitentes, como se fossem ornamentados de rendas ou filigranas radiosas, para dar passagem a um séquito maravilhoso de alabardeiros trajados de pelúcia branca – o uniforme de gala para núpcias reais...

Os corcéis, fustigados pelo açoite frígido dos vendavais, a custo venciam as distâncias, em marcha lenta.

– Senhor – disse Fabrício tiritando ruidosamente –, devemos compadecer-nos dos semelhantes... Mas, não é justo sejamos impiedosos para nós mesmos! Esta viagem pode ser fatal a algum de nós. Ninguém se aventura por estas estradas hostis, que me fazem recordar com pavor a mortuária Sibéria.

– Bem-aventurados os que se esquecem de si próprios para só se lembrarem dos seus irmãos que padecem fome ou frio, Fabrício! Se tombar algum de nós – soldados impávidos no cumprimento das ordens do General supremo, certo será por Ele galardoado com uma insígnia de luz, ou com a ventura inigualável que desfrutam os libertos do pecado em mansões floridas e ditosas, onde não há neve, mas suavíssimo Sol, confortante, balsâmico! Nunca leste o Evangelho, Fabrício?

– Sim, meu senhor, pois fui sacristão e o sacerdote que me criou e educou (julgo que era meu próprio pai, pois nunca me disseram quem me dera o nome...) era muito versado nas Sagradas Escrituras. Obrigou-me a estudá-las, mas eu o fazia sem interesse, maquinalmente, como se fossem um romance banal, sem atrativos...

"Quando ele morreu, deixando-me sem real, fiz-me servo e jamais li os Evangelhos, que, aliás, nunca soube interpretar..."

– Pois bem, eu te aconselho a fazê-lo agora, pois já tens as faculdades intelectuais sazonadas e mais aptas a apreenderem os ensinamentos do sublime Rabi da Galileia. Por mim, também só o fiz depois que Heloísa nos deixou. As crianças só os podem ler como contos maravilhosos de fadas. Só as almas afeitas às refregas do pensamento, agigantadas pelos séculos transcorridos, pelos conhecimentos acumulados, pelas virtudes conquistadas, sabem interpretá-los...

"Jesus, Fabrício, raramente se lembrava de si; esquecia-se da sua individualidade luminosa para interessar-se, unicamente, pelas ovelhas desgarradas do aprisco da Majestade universal e, pegureiro divino, as levava nos ombros até ao redil da redenção... Imitemo-lo. Vamos..."

O diálogo foi de súbito interrompido por um silvo estridente, que vibrou nos ares sinistramente:

– Que será? – perguntou Fabrício atemorizado. – Receio que Ariel nos siga e nos arme alguma cilada!

– A alma desse infeliz está sob o látego da suprema Justiça... Não o temamos jamais! vamos ver o que há.

A liteira parou por ordem de Dusmenil, que, acompanhado dos fâmulos munidos de lanternas, sondou os arredores. Súbito, dentro da gaze de neve, destacaram negra mancha não distante do veículo. O fidalgo aproximou-se e, penalizado, confuso, encontrou um recém-nascido envolto em sórdidos farrapos. Quase inanimado, era hediondo, de lábios fendidos, sem braços, que se diriam decepados de um só golpe pelo alfange do destino.

Dusmenil piedosamente aconchegou-o ao seio e ministrou-lhe, a custo, algumas gotas de falerno com água açucarada. Atado ao pescocinho do mísero, este bilhete escrito em caracteres desiguais e cheio de incorreções léxicas:

"Não procureis descobrir quem abandonou este desgraçadinho ao acaso da sorte...

É filho de boêmios errantes, sem pátria, sem teto, sem Deus, sem vintém! Sua mãe, formosa ledora da buena-dicha, lendo a sina de quantos o desejem, não pôde decifrar a deste monstro, pois nasceu sem mãos! Parece que, tendo sido crucificado como os bandidos cruéis da Galileia, seu corpo caiu ao solo mutilado pela acerada adaga de algum insensível soldado romano... Onde lhe ficaram os braços? Em alguma cruz, por certo; mas... do céu ou do inferno? Eis o mistério que não tentamos desvendar...

Horrível burla nos pregou o destino! Este monstrozinho nos causa terror... Seria um vexame para seus pais a sua presença, pois todos o julgariam o produto de satânico sortilégio... Se já estivesse criado, podia ser exibido em público, como rebutalho de algum prostíbulo e talvez nos auxiliasse a ganhar o pão; agora, porém, é impossível ocultar sua procedência...

Vendo-o alguém, unido ao seio materno, fugiria apavorado, sua genitora não acharia mais serviço e morreríamos de fome...

Vós que sois bom e opulento, acolhei-o ou matai-o. Nossa gratidão será a mesma".

Lágrimas pungentes deslizaram pelo rosto de Dusmenil. Por momentos, comparou a desigualdade de sentimentos e atitudes dos seres humanos: há pais extremosos que se amofinam, se torturam e sucumbem de saudades vendo os filhinhos partirem para o Além, para as mansões serenas, para o lar do Criador; há monstros que lhes dão o ser e logo após os atiram aos rigores das invernias, sem uma expressão de piedade! E suas mãos não tremem ao escrever uma invocação de morte para uma frágil, indefesa e desventurada criancinha.

Ele que se expunha às intempéries e borrascas de neve por amor ao filhinho que já não podia beijar, encontrou, quase inanimado e gélido, arrojado à estrada deserta, forrada de gelo, um pequenino ser enjeitado pelos próprios pais...

Há celerados que, gerando entes misérrimos, não deveriam receber a excelsa denominação de pais, mas de reprodutores, como os brutos.

Pai é o protetor da candura, da inocência, da fragilidade infantil e pode sê-lo espiritualmente, como Jesus, que não ligou sua existência a de outro ser pelo consórcio civil, mas vinculou-se a todos os seres deste orbe de acerbas provações, pelos elos da paternidade psíquica; é o representante do Onipotente na Terra. O arrimo das almas que, ainda turbadas com a queda do Espaço, como andorinhas ébrias de luz, buscam o ninho tépido e veludoso do seu amor, dos seus beijos, uma paragem hospitaleira onde possam acolher-se temporariamente sob as asas níveas da ternura dos que as atraíram, como magnetes, das alturas consteladas aos pauis do sofrimento...

Negar-lhes o apoio, o carinho, a afeição; recusar-lhes ósculos e afagos e dar-lhes bofetadas e doestos; não deter os inexperientes jovens no resvaladouro dos vícios e das paixões; atirá-los às enxovias ou aos prostíbulos – é ser monstro e não pai. Para esses infortunados, deveria existir no vocabulário humano, tão fértil em sinônimos, uma outra expressão.

Renegar um filho é suprema ofensa às leis da Criação; é tornar-se inferior a alguns felinos sedentos de sangue, que devoram a prole ao nascer. Quem assim procede, ofende o Altíssimo e a humanidade: ao Altíssimo porque cerra a porta do lar ao peregrino que Ele lhe enviou para proteger, educar, amar; à humanidade porque, em vez de ser útil à coletividade, com a sua desídia, com o abandono de criancinhas à mercê da sorte, atira-lhe meretrizes ou bandidos – que são feras bímanas, que só têm olhos de milhafre para sondar as trevas em que se acobertam para arrancar o ouro alheio; só têm mãos para brandir punhais, navalhas ou bacamartes; boca para proferir obscenidades e blasfêmias!

Se é crime revoltante o que pratica o homem expulsando um filho do lar, imperdoável se torna quando perpetrado pela mulher.

Ser mãe é ser Níobe[37] – petrificada de dor e colada ao cadáver do filho assassinado.

Dizer-se *mãe* é dizer ternura, carinho, sacrifício, perdão, amparo, amor santificado. Para a verdadeira mãe não há filhos monstruosos, mas desventurados; todos são belos porque vistos através do telescópio encantado do coração, do cristal dos olhos lucificados de lágrimas!

Mãe que repudia o fruto de suas entranhas faz-se mais ínfima que os irracionais: deixa que o pelicano a supere em carícia, sacrifício, afeto, quando arranca as próprias penas para aveludar o ninho dos filhotinhos!

Para ser mãe não basta ser fêmea – sim, sobretudo, anjo tutelar dos berços e da candura infantil; fanal das consciências ainda embrionárias, ósculo para enxugar as primeiras lágrimas; mãos para afagar e cerrar os olhos antes de adormecer ou de o levarem ao túmulo; boca para elevar preces ao Criador e hinos para acalentar o gentil romeiro que lhe envia o Céu... ou lhe vem dos báratros das paixões tenebrosas, para que lhe aponte os páramos azuis, e galgue, com ele, a escada da redenção.

Os entezinhos que o Sempiterno confia à mulher são satélites do espírito materno, que ela deve enfeudar na Terra e no Espaço, qual o faz Ele às estrelas – prantos divinos, cristalizações de luz, filhas rutilantes que espalhou no empíreo, para acolher os filhos das trevas, redimidos nos calabouços que são os planetas inferiores!

---

[37] Na mitologia grega, personagem que teve 14 filhos. Foi transformada em pedra e todos os seus filhos foram mortos por ela zombar de Latona, que só tinha dois filhos. Níobe personifica a dor materna.

Ser mãe é ser arcanjo, cujas plumas alvinitentes – ocultas no estojo da carne – se expandem sempre junto ao berço dos seus encantos – redutos de todas as felicidades mundanas e divinas, ou à beira dos pequeninos sepulcros – onde soterram todas as venturas, ilusões, esperanças terrenas!

Ser mãe é refletir a projeção luminosa e protetora do vulto açucenal de Maria de Nazaré – síntese de todas as excelsitudes, amarguras, glórias e martírios do coração materno, acompanhando o celestial Bambino, da gruta de Belém aos cimos do Gólgota, o qual, por isso, das alturas etéreas onde se acha, sorri às mães devotadas, estende-lhes os braços infinitos no amor e na piedade, enxuga-lhes o pranto, muitas vezes, nas dobras resplandecentes do seu manto de névoas douradas, constelado de todas as virtudes!

Livro V

Na via crucis

CAPÍTULO I

Dusmenil, na noite em que se lhe deparou o mísero enjeitado sobre a neve, houve de retroceder para o castelo, ali chegando muito tarde, pois o recém-nascido necessitava de alimento e cuidados médicos.

Fabrício, desde que o viu, sentiu-se atemorizado. O aspecto sinistro daquela malfadada criança era-lhe intolerável! Achou-a horripilante e repulsiva, parecia-lhe um desenterrado em começo de putrefação, já sem os braços devorados pelos vermes, ou pelos cães famintos... O rosto do pequenino mutilado apresentava equimoses e tumefações, certo produzidas por alguma queda em arestas de gelo.

Os lábios eram fendidos como por uma adaga acerada. Dir-se-ia grotesco boneco, moldado por escultor embriagado.

Não se podia averiguar se era claro ou trigueiro, pois estava violáceo e contundido.

Quando, alta noite, o entregou tiritante aos desvelos de Marta, esta, apavorada, disse-lhe:

– Parece que o arrancastes de algum sepulcro senhor! É hediondo e aleijado... Para que há de viver?

– Quem o fez assim horrível, Marta? Quem o enviou ao *Vale de Lágrimas* com este aspecto, não foi o Criador de todas as maravilhas? Será Ele falível em qualquer de suas obras? Por que somente o belo há de merecer carinho e amor?

"Quando amarmos todos os seres, Marta, formosos e hediondos, justos e pecadores, a humanidade estará próxima do *Reino do Senhor*! Olha: se Renê fosse como este desgraçadinho, tê-lo-ia amado ainda mais, se possível, por vê-lo desventurado!... Eu o amei tanto, não por ser belo e meigo, mas doentinho e frágil. Julgo que é ele quem traz ao meu teto, onde há pão e luz, esses pequeninos desventurados para, protegendo-os, merecer o seu perdão e o seu carinho...

"Muitas vezes supondo vê-lo – vulto de névoas e estrelas – conduzindo os desventurados a meus braços; e, quando penso poder estreitá-lo em meu seio... ele retorna ao firmamento..."

Correram os anos.

O menino recolhido por Gastão manifestou, com intensidade, os arrebóis de uma inteligência invulgar.

Era trigueiro, de cabelos de ébano veludosos, olhos negros, grandes e expressivos. Se não fossem os lábios partidos e os dentes mal alinhados em maxilas defeituosas, seria belo.

Dusmenil, nos primeiros meses, experimentava por ele – embora não o manifestasse – instintiva aversão, mas porfiava em desvanecê-la. Depois, habituara-se, e uma piedade infinita substituíra o primeiro sentimento de enfado.

Às vezes, lembrando-se do pequenino desditoso, em horas de recolhimento, conjeturava:

– Teremos, realmente, como afirmou a querida Heloísa, diversas existências terrenas encadeadas como os elos sucessivos de férrea corrente, sendo nossos desvios e delitos reparados lentamente no transcurso dos séculos? Não deve ser a solução plausível das semelhanças físicas e morais de todos os indivíduos?

"Serão os grandes pecadores, ou transviados das Leis divinas, assinalados por defeitos orgânicos, qual se o foram pelo ferrete do destino?

"Por que nascem belos e venturosos uns, e, outros, imperfeitos e mutilados, que, párias misérrimos, necessitam do socorro alheio para viver, como este Núbio que encontrei, qual pedra inútil na estrada, exposto à voracidade dos lobos, com se fosse gerado das ervas daninhas ou do lodo das charnecas?

"Não será isso, porém, uma prova a mais da Misericórdia daquele que rege os mundos em sólio de estrelas, antes que da crueldade do destino – o executivo dos decretos divinos? Quem nos dirá que esse infeliz enjeitado não perpetrou, em priscas eras, crimes nefandos e, por isso, foi estigmatizado como os sicários de outrora, a ferro candente? Quem sabe se os braços decepados, que jazem alhures, seccionados pelo alfanje da Justiça suprema – já teriam infelicitado a humanidade, ferido inocentes, destruído vidas preciosas?

"Quem sabe se os lábios golpeados por invisível punhal não são os do falsário, blasfemo ou caluniador, como os de Ariel?".

Suas ideias, sem que as pudesse sofrear, evocavam o passado, e, subitamente apavorando-se, lembrava-se de Hamed:

– Onde andaria ele? Em que masmorra do universo estaria cumprindo severa sentença? Não mereceria pena igual à de Núbio? Quem brandiu uma arma contra indefesa e virtuosa dama; contra um amigo e contra o próprio coração; quem destruiu um lar venturoso e a vida de dois entes nobilíssimos? Quem manchou os lábios com o vírus da calúnia?

"Quem sabe se Ariel e Núbio – dois corpos diversos e um só espírito sinistro não foi arrojado aos meus braços a fim de, pela compaixão, perdoá-lo e encaminhá-lo à luz redentora?

"Não será essa a ressurreição da carne, de que falam as Sagradas Escrituras?".

❧

A presença daquele infortunado trouxe-lhe dissabores.

As outras crianças temiam-no e não o queriam por companheiro de folguedos.

Os fâmulos, pela menor diabrura, ameaçavam espancá-lo na ausência de Dusmenil, que, inteirado, procurava punir os culpados.

Somente o seu benfeitor e Marta o tratavam com bondade e solicitude.

Sempre que o via chorar, Gastão comovia-se e perguntava:

– Que tens, Núbio?

– Bateram-me – confidenciava soluçando.

– Por quê?

– Porque o Cláudio disse que me encontrastes numa furna de lobos, que não tenho pai nem mãe, que sou filho de Satanás! Zanguei-me e dei-lhe ponta pés e ele me espancou.

– Meu filho – disse Gastão acarinhando-o –, ouve lá: é verdade que te encontrei, não num covil de lobos, mas à beira de um caminho ermo... Teus pais, desalmados boêmios, abandonaram-te criminosamente, porque és aleijado.

"Esta a realidade e precisas conformar-te. Não te revoltes mais quando a ouvires. Aqueles que, devendo amar-te, enjeitaram-te em noite hibernal são delinquentes perante o Criador – o Pai de misericórdia, que não repudia um filho por mais desditoso que seja! Sê bom e serás bonito e feliz. Responde ao insulto com o silêncio, ou com a lágrima. Adquirirás, assim, amigos e não desafetos. Não podes ser filho de Satã, porque Satã não existe, é apenas o símbolo do mal; e se existisse... seria nosso irmão, filho da Majestade suprema! Deus, unicamente, é o Pai extremoso de todas as criaturas..."

– Não posso crer no que me dizeis, senhor...

– Por que duvidas das minhas palavras, Núbio?

– Porque... se Deus fosse meu Pai, e bom como dizeis, não me teria feito assim aleijado, para alvo de escárnio. E no mínimo, se o fizesse, dar-me-ia braços vigorosos para punir os que me injuriam e me machucam!

– Justamente na privação dos braços é que se manifesta a sabedoria divina, pois com o teu gênio impulsivo, se os possuísses serias vingativo, acabarias talvez num calabouço, ou na guilhotina...

"Deus quer que sejas humilde e tolerante; que abrandes a fereza do teu gênio; que não mais pratiques o mal.

A humildade e a paciência são as derradeiras virtudes que o espírito precisa adquirir, para poder forrar-se às provas terrenas e ascender às mansões luminosas! Já foste cruel e orgulhoso."

— Como cruel e orgulhoso, se sou espezinhado por todos, menos pelo senhor e Marta, quando apenas conto nove anos de idade?

— Noutras existências, Núbio, cujas deploráveis consequencias resgatamos com prantos e martírios... Não há um corpo para cada alma, porém diversos corpos para uma só alma, assim como um só fio para um colar composto, às vezes, de centenas de contas...

"É mister assim seja, para que haja tempo de remirmos todos os nossos crimes e conquistar todas as virtudes!"

Ainda por momentos explanou as ideias que, a flux, lhe brotavam na mente iluminada, como os lírios em orvalhado vargedo, dando-lhe a conhecer a causa das desigualdades da sorte, a origem das deformidades físicas e intelectuais, por meio da transmigração dos Espíritos, ou das vidas sucessivas.

A criança ouvia atentamente e, daí por diante, salutar mudança lhe foi notada: não mais agredia os que se referiam à sua desdita; tornou-se refratário aos folguedos e entregou-se aos estudos que lhe ministravam hábeis professores, revelando inteligência invulgar na sua idade.

Tornou-se humilde e reservado.

Quando o insultavam, sem que desse causa a provocações dos companheiros, deixava apenas lágrimas ardentes lhe umedecerem as faces.

Muitas vezes Marta o surpreendia fitando o horizonte, de olhos nevoados de pranto.
– Que procuras além? – indagava.
– Deus... Queria vê-lo...
– Para quê?
– Para pedir-lhe... a morte e que me concedesse outro corpo, perfeito, a fim de poder trabalhar e proteger as criancinhas abandonadas pelos caminhos, como pedras resvaladas das montanhas ao impulso das enxurradas.

Tinha surpreendente percepção e dir-se-ia que o seu olhar luminoso devassava as consciências e os mais secretos sentimentos.

Os professores elogiavam-no.

Gastão mostrava-se satisfeito e o acarinhava, dizendo--lhe, quando já adolescente:

– Vês, Núbio, como te tornaste querido desde que ficaste humilde e dedicado?

Ele baixou a cabeça enternecido e respondeu:

– Tendes sido de uma bondade ilimitada. Substituístes, com vantagem, os pais desalmados que me negaram carinho e pão. Bem vedes que não tenho mãos para trabalhar... nem para pedir esmola! Quero, agora, estudar o canto. Não quero ser parasita inútil à sociedade, nem ganhar o pão amargurado dos mendigos. Que será de mim no futuro, sem vosso apoio e afeição?

"Somente vós me estimais, realmente. Eu *leio* o pensamento dos que me cercam. Sei que inspiro aversão aos que me veem!".

– Núbio, muito louvo as tuas nobres aspirações. É dignificador o desejo de trabalhares para a tua própria manutenção, mas não te atormentes quanto ao porvir, pois não ficarás órfão do meu afeto, nem ao desamparo: quando me for ao Além, continuarei a velar por ti, embora não me possas ver, e terás um pequeno pecúlio com que vivas modestamente, sem precisar de alheia esmola. Mas, por que queres cultivar a voz?

– Porque sonhei que a possuía bela, com modulações de rouxinol.

– Pois fica tranquilo. Logo virá o Sr. Mozzi para dar parecer sobre o assunto.

– Antes, porém, senhor, permiti vos beije as mãos generosas.

À tarde, compareceu perante Dusmenil o mais exímio maestro de Arras, sobraçando magnífico violino.

Quando encarou o adolescente pálido de emoção, voltou-se para Dusmenil e disse, sorrindo:

– Não vedes que aqueles lábios partidos, forçosamente hão de alterar-lhe a voz? Como flauta rachada, eles só poderão emitir um som imperfeito, ou sem melodia...

Antes que o castelão lhe respondesse, Núbio, ofendido e humilhado, disse:

– Meus lábios são bífidos, sim, mas não a garganta, e esta, e não aqueles, é a flauta de que falais!

– Veremos, meu rapaz... Acompanha a escala que vou tirar neste instrumento.

Afinando o violino, o maestro começou a timbrar uma gama sonora, acompanhada com precisão surpreendente, qual gorjeio de pássaro encantado, pela voz maviosa de Núbio.

O professor Mozzi ficou maravilhado e falou com entusiasmo:

– Há muito cultivo essa sublime arte e somente hoje me foi dado encontrar um violino humano, pois nunca ouvi uma voz mais pura e mais melodiosa que a deste jovem!

Em pouco tempo, Núbio estava senhor dos arcanos de Euterpe,[38] vencendo com galhardia todas as suas dificuldades.

A voz – misto de contralto e barítono – possuía sonoridades dulcíssimas, aveludadas, como se houvesse oculta, naquela garganta, uma harpa maravilhosa.

Num festival católico, pela Páscoa, o Sr. Mozzi reservou-lhe um solo surpreendente de sentimento, de arte e beleza, e que, cantado por Núbio, emocionou até às lágrimas a numerosa assistência, num dos templos de Arras.

Dir-se-ia que aquela voz, ligeiramente trêmula em algumas modulações, era um conjunto de cítaras, flautas e violinos, um trinado de rouxinóis montenegrinos, um garganteio de sereias sedutoras, vibrado em alto e sereno mar, sob o céu constelado dos trópicos...

Para que não lhe notassem os lábios deformados, cantou com o rosto velado, das têmporas ao mento, por um loupe de veludo negro. Desde então, por todos que o ouviram e aplaudiram, foi cognominado o *rouxinol mascarado*.

Dusmenil, comovido e lacrimoso, estreitou-o nos braços e, quando recolhido aos aposentos, considerou:

---

[38] Musa da música.

– Deus meu! como reconheço em tudo o vosso poder e clemência! Como vos lembrais de todos os vossos filhos e a todos concedeis dons incomparáveis, que só podem ser outorgados por vossos decretos infalíveis! Esse mísero aleijado, filho do anonimato, renegado pelos perversos que o conceberam, está apto para manter-se do próprio esforço e trabalho, com o metal da sua voz plena de magia! Como se iludiram os que o atiraram a uma estrada deserta, qual seixo inútil! A Providência divina lhes mandou nele, e com ele, um tesouro, e eles, loucamente, o arrojaram num abismo!

"Queriam um vulgar mendicante e Deus lhes havia concedido uma cotovia admirável, cuja garganta valia diamantes! Os que leem o destino na palma das mãos alheias... esqueceram-se de observar os traços misteriosos das suas próprias, e cegos atiraram à lama um tesouro inestimável".

CAPÍTULO II

O dia primaveril amanheceu belíssimo. Dir-se-ia que o firmamento fora retocado por magistral artista, um Murillo divino, com pinceladas de turquesa diluída em ouro líquido...

O arrebol, contemplado pelos campônios de Arras, tinha algo de fantástico, de apoteose celeste: parecia haver uma fenda no solar do Soberano do universo, o evento de suntuoso festival, e de lá jorrado ondas de púrpura lúcida, quebrando lâmpadas de rubis e topázios, cujos reflexos se projetassem no levante, incendiando-o silenciosamente, sem consumi-lo...

Em casa de Dusmenil, porém, a tristeza dos semblantes contrastava com o radiante esplendor da natureza – reinava desolação em vez, de júbilo, porque o fidalgo estava enfermo desde a véspera.

Núbio, o dedicado pupilo, alarmado, não o abandonava, mal contendo as lágrimas que lhe brotavam da alma compungida.

Gastão, reclinado em amplas almofadas, confundia o alabastro da face com a cor do linho que a circundava.

Na tarde antecedente, como de hábito, o castelão tinha ido orar junto ao túmulo de Heloísa e Renê.

Nunca lhe parecera tão expressivo o rosto marmóreo do adorado filhinho. Pareceu-lhe animado, translúcido, a revelar doçura infinita, iluminado por um revérbero interior.

Orou longamente, fitando-o embevecido. Súbito, ouviu o ruflar de asas que lhe adejassem junto à fronte, qual se houvesse por ali um beija-flor invisível.

De repente, ocorreram-lhe estas palavras:

– Teus olhos materiais o contemplam pela última vez...

Sentiu-se um tanto aturdido, mas murmurou com humildade, como se o fizesse a alguma Entidade presente, em sonho indelével:

– Pai, cumpram-se os vossos sacrossantos desígnios! O servo se encontra à vossa mercê!

Quis, depois, retirar-se, mas não pôde, tinha as pernas amortecidas e uma súbita algidez a invadir-lhe todo o corpo.

Núbio, que o vira sair em direção à necrópole, fora-lhe no encalço, cantando em surdina, como costumava fazer, para adverti-lo da sua presença. Entoava uma canção de indefinível suavidade e melancolia.

Dusmenil nunca se emocionara tanto, ouvindo-o e recordando os entes queridos pelos quais orava, com os olhos marejados de lágrimas.

– Onde me esperam *eles*? – considerou.

Novo e estranho rumor despertou-lhe atenção. Julgou que pássaros já aninhados, e subitamente despertos, adejassem ao redor do túmulo, onde havia rosas; mas não podia distingui-los, como se fossem intangíveis ou encantados.

Sem poder dominar a algidez que o repletava, rolou por terra qual estátua tombada do pedestal.

Assim o encontrou, inanimado, o adolescente cantor.

Uma padiola o conduziu ainda desfalecido para o castelo.

Os médicos declararam gravíssimo o seu estado, pois tratava-se de um colapso cardíaco.

Ele mal compreendeu o que se passava consigo, pois apenas teve alguns lampejos de lucidez, quais bruxuleios de lâmpada estalada, prestes a consumir a última gota de óleo.

Tudo estava aprestado para a partida, que de há muito pressagiava.

Ao dealbar de um formoso dia, rodeado de amigos e protegidos, exalou o derradeiro alento em amplo aposento, cujas janelas abertas deixavam entrever, como painel divino, o levante esmaltado de rosas de ouro e rubi, semelhante a um vencedor dos jogos florais de outrora, na decantada Hélade[39] ou na legendária Roma.

Por algumas horas esteve em completa inconsciência, aniquilado. Apenas lhe vagava no íntimo a sensação de algo muito grave. Deixou de ver os entes queridos que o fitavam consternados; de sentir na destra os ósculos de Núbio – houve como que o descer de espesso reposteiro dentro de si mesmo, que tudo lhe ocultava e entenebrecia a mente. As pálpebras tornaram-se de bronze, premidas por uma força incoercível.

Pressentiu, porém, que por todos os poros se lhe volatizara a alma, um momento dispersa, mas logo congregada,

---

[39] Nome primitivo da Grécia.

e começou a cindir um éter refrigerante, como gôndola de nuvens em pleno Espaço. Supôs estar profundamente adormecido, com o cérebro em eclipse total.

O universo como que desaparecera. O pensamento deixou de fluir do cérebro, esgotado bruscamente por uma sucção potente de vampiro mágico. Esqueceu a própria personalidade e as reminiscências, os secretos pesares e anseios de toda a sua dolorosa odisseia...

Ao cabo de algum tempo – de que não pôde precisar a duração – percebeu que se rompera o velário de trevas interiores e deu-se a eclosão de todas as lembranças da sua acidentada existência; e como se a memória – iluminada por um Sol divino – penetrasse e recuasse através das eras transcorridas, começou a assistir ao desenrolar de cenas que presenciara e lhe pareciam esquecidas, mas que foram focalizadas na objetiva de sua alma milenária, onde se estratificara a personalidade.

Os episódios mais secretos e emocionantes movimentaram-se no palco maravilhoso da própria mente, onde se arquivam e acumulam tesouros inesgotáveis.

Abismara-se nas eras pré-históricas: viu-se ignorante e selvagem, habitando cavernas, os instintos animais sobrepujando os sentimentos afetivos; viu-se cruel e vingativo, empunhando armas primitivas, chacinando seres humanos em contínuas campanhas bélicas; viu-se em frágeis bergantins, sulcando mares e lagos revoltos, lutando com as vagas embravecidas, sucumbindo num naufrágio... Transportou-se, depois, a um país que lhe pareceu a Pérsia – de grandes edifícios circulares e quadrangulares encimados, alguns, por gradis onde se debruçavam seus moradores para assistir ao desfile das tropas reais e das multidões.

Era ele, então, alto dignitário de uma nação europeia, representante de poderoso soberano. Trajava, à feição dos antigos romanos, vestes de custosa seda e tinha ingresso no paço imperial, curvando-se perante um monarca de altura descomunal, trigueiro, de olhos negros e fuzilantes, revelando na fisionomia astúcia e ferocidade.

Ouvindo-lhe a voz, experimentara invulgar vibração. Aquela voz ressoava-lhe no âmago do espírito, causando-lhe um mal-estar indefinível.

– Mandei chamar-vos – disse o monarca com energia – para saber o que resolveu *vossa irmã* sobre a minha pretensão. Que resposta me trouxestes?

– Que reluta em aceitar-vos para esposo...

– Que dizeis? – replicou, erguendo-se com impetuosidade. – Ousa repelir tão honrosa proposta? Elucidai a questão. Vossa vida e a dela dependem da resposta.

Ele se acovardou. A antevisão de uma morte infamante fê-lo ainda estremecer.

– Perdoai, majestade, eu vos direi o que há... *Flávia* é noiva de um compatrício nosso...

– Quem é *ele*? – revidou com violência.

– Um guerreiro romano...

– Dizei-me o nome e onde se encontra. Se não for encontrado, morrereis em seu lugar. Estais sob a vigilância dos meus guardas.

Foi pronunciado um nome – o de Marcos Belegrandi. Gastão foi abalado por um frêmito de pavor.

Descortinou um ponto longínquo, um céu de safira translúcida. *Viu* aproximar-se um guerreiro louro, esbelto, formoso, tipo de nobreza principesca.

Onde teria visto aquela fisionomia inconfundível? Não seria a de Renê, se chegasse a adolescente?

Quis correr para ampará-lo, mas viu-o cambalear, levando a destra ao peito ferido por acerado punhal, brandido por um indivíduo de rosto bronzeado, trajado à otomana.

Dusmenil tentou gritar. Quis erguer-se, mas estava ancilosado num chão de bronze, ou perdido no Espaço, no vácuo incomensurável das regiões interplanetárias... Ao menor movimento, seria arrojado a um precipício insondável.

Dir-se-ia que a punhalada que se cravara no belo mancebo fora vibrada no seu próprio coração, perfurando-lhe também a consciência... Indizível desespero o empolgou totalmente. Tentou gritar, mas a voz se lhe extinguira na garganta, que pareceu estrangulada por mão de ferro.

Foi arrastado ao palácio real, onde assistiu aos festejos nupciais da irmã com o cruel potentado, que o dominava profundamente.

Viu-os, então, à plena luz.

Fisionomias inolvidáveis – estavam pirogravadas no seu próprio espírito! Ela, deslumbrante de formosura, nívea de alabastro, de cabelos negros e ondeados, olhar luminoso, trajava escumilha branca, mas sobre a cabeça lhe pairava como que um coração golpeado, gotejando sangue sobre a sua fronte, como a de Jesus ao lhe cingirem a coroa de espinhos: ele, alto e robusto, aparatosamente vestido, tinha olhos de ofídio, coruscantes de alegria.

Horror! Horror! Acabava de reconhecer nos régios esponsais Heloísa e Ariel! Seria crível permitisse Deus semelhante consórcio?

Fez inauditos esforços por separá-los de um só impulso, mas que podia ele fazer? Estava inerte, chumbado ao solo, empedernido! Só a alma vivia, movia-se, sofria, soluçava!

Viu seguindo-os, em pranto, o jovem militar com o tórax atravessado por pontiagudo punhal, dizendo à noiva dolorosamente:

– *Traidora! Traidora!*

Essa voz que atroava nos ares, angustiava-o. Só ele a ouvia. Quis ajoelhar-se e pedir-lhe perdão, apertá-lo nos braços com ternura, pois suas lindas feições não lhe eram desconhecidas e recordavam-lhe as do seu Renê bem-amado...

Súbito, uma pincelada de trevas lhe passou pela mente. Eclipsaram-se as cenas. Assistiu, depois, com a projeção de nova luz, à vitória de uma sedição popular contra o despótico monarca que infortunava aquele país. Fora ele assassinado quando tentava evadir-se, e tombara de bruços nas escadas do palácio imperial, já alagadas de sangue...

Viu-se, depois, audaz flibusteiro. Errou de terra em terra, semeando terrores, enriquecendo-se dos tesouros alheios que, em noite tétrica de borrasca, desapareceram nas profundezas do Índico, bem como o seu cadáver estraçalhado por peixes vorazes.

Todas as reminiscências pungentes lhe dilaceravam o íntimo: tivera longas existências de opróbrio, de cativeiro, de humilhação, de sacrifícios, de remissão...

Enrijara-se-lhe o caráter na forja do dever e da virtude.

Foi, então, transportado ao solar de Argemont e comoveu-se revendo lugares familiares e queridos.

Gozou, no íntimo, um rosicler maravilhoso. Nenhum ponto negro n'alma, que não fosse inundado de luz rósea e argentina.

Julgou, porém, fosse adormecer novamente, e, sentindo uma serenidade indizível, ouviu alguém dirigir-lhe a palavra, doce e carinhosamente:

– Reconheceste, amigo bem-amado, nas tragédias de tuas transcorridas existências, os comparsas do ato que se consumou há pouco em Arras? Sabes, agora, quem foi a *pérfida rainha, o sanguinário déspota e o belo guerreiro*?

"Compreendes o elo indissolúvel que liga as vossas almas, na engrenagem incoercível do destino? Percebes, agora, por que Ariel se enamorou da pobre Heloísa, que passou por aspérrima prova para se remir de um dos seus mais execrandos delitos – o da traição?

"Compreendes a repulsa que Renê sentia por seu verdugo de outrora, e que o foi novamente na última existência terrena?

"Jaz no abismo de todas as almas um oceano de recordações. A eclosão dos sentimentos que dormitam nas crateras psíquicas dá-se quando se reencontram os seres queridos ou odiados.

"O bárbaro monarca, decaído de um trono ensanguentado e, depois de expiações cruciantes, humilhado como servo, não olvidou a esposa que idolatrara, mas que sempre por ele sentira instintivo enfado.

"Ela jamais o amou. Desposou-o para satisfazer indômita vaidade. Foi punida pelo remorso, com merecidas desventuras.

"O destino, ao fluxo dos séculos, transformou-lhe a posição social, mas não os sentimentos. Assim os opulentos e tiranos rolam do poderio ao pélago da penúria e das espezinhações redentoras!

"Guardam, porém, latentes no espírito, os germes às vezes milenários da soberania e do despotismo, e, se lhes fossem concedidas novamente a realeza e a opulência, perpetrariam outros crimes e vinditas execráveis...

"Não é mister que te avive a tragédia angustiosa da tua última encarnação, da qual começas a despertar: Tu a tens patente, indelével na retentiva...

"Compreendes a paixão violenta de Hamed pela casta Heloísa e como esta apagou, dignamente, a mancha do passado, imolando sua ventura, sua vida e a do filhinho adorado, à fidelidade que te consagrava! Marcos, o formoso militar romano, o ludibriado que perdera a vida e a felicidade por denúncia tua, foi o meigo e frágil Renê, a quem amas, sacrificado duas vezes pelos mesmos algozes...

"Ele, porém, Espírito redimido e radioso, escolheu essa breve e dolorosa missão para vincular, por todo o sempre, as almas dos que foram seus progenitores, separados por mútuos ressentimentos. Ao próprio Ariel, reconhecendo a sublimidade dos desígnios supremos, já perdoou e há de auxiliá-lo a nortear-se para o Eterno...

"Vê-los-ás, dentro em pouco, radiante de felicidade e beleza psíquica, por cumprir, embora com sacrifício inaudito, a sua curta missão terrena".

CAPÍTULO III

— Recordemos ainda o desditoso Ariel... que já deves ter reconhecido no inspirado e mavioso *rouxinol mascarado*, mísero descendente de boêmios, abandonado sobre a neve num caminho deserto...
"Aquele que esfacelara corações de mães extremosas, em diversos avatares, roubando-lhes os tesouros inestimáveis que o Senhor lhes confiara, aniquilando vidas preciosíssimas para saciar vinditas e desejos, impuros, sem um ósculo dos que lhe deram o ser...
"Por que veio ao mundo, mutilado nos lábios e sem braços? Para jamais macular esses lábios com a calúnia, a blasfêmia, o perjúrio, o homicídio, o suicídio... A mão que empunhara armas ultrizes; que assinara sentenças iníquas; que destruíra venturas, foi decepada pelos executores das sentenças emanadas do egrégio tribunal divino, para que não reproduzisse os mesmos delitos das nocivas existências transcorridas em lodaçais de crimes nefandos...
"O remate desta atual encarnação será pungentíssimo, pois seu Espírito, já propenso ao bem e à virtude, vai ser despojado de muitas nódoas que o denigrem e

fá-lo-á remir, quase definitivamente, muitas iniquidades. Terminará os dias encarcerado, em noite sem alvorada... como os rouxinóis do Montenegro! Não contemplará os primores da natureza, que ele deixou de ver, voluntariamente, cortando o fio da própria existência.

"Os cegos são os galés divinos, calcetas punidos pelos decretos supremos; os que muito ofenderam o Criador e atormentaram a humanidade; os que se despenharam das culminâncias sociais, e rolaram dos tronos ensanguentados...

"Não há inferno em determinada região, mas na alma dos réprobos; ou antes, dos transgressores das leis sublimes do amor, do dever, da fraternidade e da moral...

"Não é impunemente que as criaturas contraem débitos com o boníssimo soberano e pai – Deus – que as cumula de benefícios e desvelos; que lhes dá um organismo portentoso, um mundo em miniatura, em sensações, em percepções, com faculdades admiráveis e maravilhosas; que lhes concede a imortalidade, que os faz herdeiros de todas as maravilhas do universo e, por isso, é superlativa rebeldia o se insurgirem contra as redentoras expiações que lhes aplica para se corrigirem de crimes condenáveis, para se despojarem de defeitos e torpezas inqualificáveis...

"Geralmente, o ambicioso aspira a atingir o ápice das regalias mundanas – ser monarca, dirigir povos, possuir erários, dominar, ter realce nas coletividades; no entanto, é nesse estado social que mais facilmente esquece os encargos humanos e celestes, deixa-se punçoar pela áspide do orgulho, da jactância, da arbitrariedade, do desforço, e tanto mais fragorosa é a queda quanto maior a altura atingida.

"É justamente nas posições medíocres e humildes, em luta com a sorte adversa, com a escassez de conforto e de tranquilidade, espezinhado, infamado às vezes, vítima de injustiças e prepotências, que o ser humano retira da alma o lodo pútrido das paixões malsãs, a retempera como em forja ardente qual o aço, que depois se torna tenaz e inquebrável!

"Viste, irmão querido, o desditoso Núbio que acolheste em teu lar e a quem proporcionaste o carinho que todos lhe negam, e nele não reconheceste o impiedoso e bárbaro tirano do Oriente, sob as ordens do qual as hostes aguerridas se entrechocavam como tigres insaciáveis, tombando ao solo miríades de paladinos, tornando desertos muitos lares profanados, de onde eram arrebatadas as mais belas esposas e donzelas, atiradas aos prostíbulos...

"Ele tem tido diversas existências terrenas; tem sofrido dolorosas expiações, imprescindíveis ao cinzelamento do seu espírito, todas culminadas em tragédia.

"Não é a sua deformação física que inspira desagrado aos que o veem e sim a alma, que, polo magnético negativo, repele as outras criaturas a quem já infelicitou e que pressentem o monstro de outrora...

"Quando, na Sibéria, terminou dramaticamente aquela tempestuosa existência na qual o conheceste com o nome de Ariel e te salvou a vida, para, depois, arremessar-te a um báratro de tormentos inenarráveis, seu espírito foi proficuamente supliciado por mais de um lustro. Não pôde ele, nesse lapso de tempo, desprender-se do local sinistro onde pôs termo à vida material; experimentou, imerso em trevas, a decomposição do próprio corpo, ao qual se achava imantado por um elo fluídico, torturando-se qual se não fora um cadáver, com o esfacelar dos membros triturados por vorazes animais aquáticos, sentindo-se sempre penetrado de algidez polar... Enquanto o corpo não ficou reduzido ao arcabouço ósseo, não lhe foi permitido emergir do Lena, e, por uma força invencível, ficou acorrentado às suas margens, cego, sentindo a gelidez das avalanches a trespassarem-lhe o Espírito, como adagas intoxicadas.

"Seu sofrimento e desespero, por vezes, eram atrozes e indescritíveis!

"Blasfemava, carpia, e, como se houvesse paralisado, o eco das eras pré-históricas respondia-lhe aos brados de revolta... Gargalhadas, gemidos confusos, uivos de alcateias famulentas, convulsões de vendavais infrenes que o apavoravam e induziam a lutar com seres intangíveis, ou a vibrar punhaladas no próprio coração esfacelado, como se fosse possível aniquilar o que é imortal! Mas sentia os braços carcomidos, inúteis, desarticulados!

"Um dia, porém, rememorando todas as ignomínias, reconsiderou todas as iniquidades e foi assaltado de profunda compunção."

– Tudo o que padeço, um inferno de suplícios morais não passa da repercussão do que hei infligido aos meus desgraçados vassalos de outrora! – murmurou apavorado. – É o ricochete das desventuras que semeei na Terra o que ora me atinge a alma! É a vibração das perversidades que fiz meus irmãos padecerem, o que agora me flagela.

Com a impetuosidade de um ciclone africano, repassou na memória, a pinceladas de fogo, todo o passado hediondo, e, quando as silhuetas angélicas de Renê e Heloísa nela se projetaram, estranha emoção lhe abalou todo o ser, como se lhe desencadeasse no íntimo um simum violento, e ondas de pranto – fragmentos d'alma – fluíram-lhe do âmago qual regato ininterrupto, por muitas horas.

– Renê, perdoa-me! – bradou genuflexo. – Compadece-te do desgraçado Ariel, que muito tem padecido! Reconheço, agora, a Justiça divina que me martiriza proficuamente, para que me compenetre do sofrimento das minhas vítimas de outrora... qual o foste por duas vezes!

"És, porém, do Céu, Renê! Sê compassivo e clemente para com o teu verdugo – aniquilado, vencido, esmagado pela clava do destino! Aqui já não está o autocrata que fazia tremer milhares de corações feridos por sua crueldade – mas, um farrapo humano, um fragmento de trevas, um *nada* imortal que chora, sofre, soluça, flagelado pela vida eterna!

"Tenho pavor do que hei sido, do mal derramado pelo mundo, que cobri de cadáveres e lágrimas, lembrando-me de todos os meus crimes e torpezas! Parabram é justo e íntegro: um algoz do meu quilate deve sofrer os suplícios com que atormentou seus súditos e indefesos prisioneiros, quando se considerava soberano invencível! Tu, porém, Renê, que és do empíreo, vem em meu socorro, quero implorar, a ti e a tua mãe adorada, piedade e perdão!

"Compadecei-vos, ela e tu, do monstro ignorado, perdido nas geleiras da Sibéria... num desvão das geenas!"

Súbito e suavíssimo clarão penetrou-lhe os abismos da alma.

Desde que se suicidara, via-se sempre ofuscado por um eclipse espiritual, em cerrada penumbra; dos sentidos, apenas lhe ficaram os da sensação apurada e da audição, que se quintessenciaram para perceber os menores ruídos, o rumorejo do Lena, um ruflar de asas, um adejo de inseto, o próprio silêncio... Tinha, porém, ânsia de escutar uma voz humana, de sentir um aperto de mão, mas, se tentasse afastar-se daquele sítio, seria arrojado ao solo, manietado, vergastado por látegos de gelo, e devorado novamente por moreias famulentas...

Naquele instante em que vislumbrou róseo clarão, sentiu pela primeira vez amena serenidade invadir-lhe o espírito, afigurando-se-lhe que uma alvorada de nácar se projetara naquele recanto sombrio, como se do firmamento houvessem cortado um fragmento e essa fita de crepúsculo tropical, estirada do Céu à Terra, parecia-lhe maravilhosa estrada por onde desceria formosa estrela cor de eloendros...

Prosternou-se, impelido por uma força imperiosa. Pôde descerrar as pálpebras, que lhe pareciam eternamente vendadas por atilhos de trevas, e, então, distinguiu à sua frente duas entidades de beleza peregrina, de túnicas de prata eterizada, com o alvor e a pureza de açucenas radiosas.

Suas pulcras fisionomias revelavam tanta excelsa nobreza, tanta majestosa austeridade, que ele, aturdido, levou as mãos aos olhos, sentindo-se indigno de as fixar, temendo enodoá-las com a vista torva de precito execrado...

– Ariel – disse uma delas, aparentando um jovem gentilíssimo, abraçado à fúlgida companheira – chamaste-me... aqui me tens!

"Não me temas, porém. Sou um humilde servo do Soberano do universo.

"Conheço o teu passado e todos os teus delitos. Já te perdoei o que me fizeste padecer... Com isso abreviaste minha partida para as regiões ditosas do Além, acelerou-se o meu progresso espiritual.

"Bendigo, pois, as dores acerbas que me causaste. Eu mesmo escolhi a breve e penosa existência em que me conheceste débil e enfermo... Ao aproximar-me de ti, porém, minh'alma sofreu intensamente, pressentindo o seu cruel carrasco de outrora. Tu me inspiravas aversão e asco!... Mas, quanto maior sacrifício se faz no cumprimento de um dever, ou de uma missão terrena, maior é o mérito adquirido. Triunfei nessa dolorosa prova, embora imolasse a própria vida planetária!

"Já não te odeio Hamed. Vejo-te, agora, arrependido dos teus inomináveis delitos.

"Eu e aquela a quem tanto já supliciaste moralmente vimos estender-te mão fraterna, ajudar-te a elevares tua alma para o Ser supremo, ao qual tantas vezes tens ofendido com as tuas iniquidades..."

– Que ouço, ó Parabram? – exclamou arquejante, erguendo-se e recuando com as mãos velando a fronte. É bem verdade o que escuto? *Estais presente senhora?*

"Volveste, enfim, o vosso olhar angélico para a víbora asquerosa que tantas vezes vos pungiu o coração, em vez de a esmagardes com os pés? Já não me execrais, senhora?"

– Não, desventurado Ariel – disse-lhe Heloísa comovida. – Podes fitar-me sem receio. Hoje compreendo a trama do destino, que urdiu todas as amarguras que me crucificaram... mas foram transmudadas em júbilos eternos!

"Deus permitiu que, após tantas amarguras repassadas, meu querido Gastão velasse por mim no leito de agonia. Morri serenamente, reabilitada, feliz, rodeada pelos que amparei e que me pareceram flores orvalhadas engrinaldando-me o leito mortuário... Todos os tormentos do passado se esvaeceram, quais brumas de alvorada tropical.

"Esperavam-me, no plano espiritual, entes idolatrados, companheiros dos prélios de dor, nas batalhas remissoras de diversos avatares...

"Há muito sabes que a criatura não desce à arena planetária *uma só vez*, mas incontável número de vezes – tantas quantas sejam necessárias ao aprimoramento psíquico.

"Injusta seria a criação do averno – um antro de perversidades para torturar inútil e incessantemente os réprobos, isto é, os transgressores das Leis divinas e sociais, os supliciados pelas chamas ardentes que se tornam incombustíveis, sem jamais alcançarem remissão!

"Iludem-se os que assim pensam.

"Aqui pecamos, aqui resgatamos os nossos delitos. Aqueles que infelicitamos estão sempre conjugados às nossas existências, para que os façamos ditosos, possamos suavizar-lhes as torturas morais e físicas; outras vezes, para os arrancarmos ao sorvedouro do crime e das paixões nefandas, que, outrora, lhes suscitamos.

"Eis por que, com a alma iluminada pelas sublimes verdades siderais, vimos estender-te as nossas mãos fraternas.

Nossos algozes de outrora tornam-se, às vezes, nossos protegidos, nossos amigos no porvir.

"Lembra-te, Ariel, do teu passado milenário: vê como tuas mãos ainda se acham enluvadas de sombras negras... ou tintas do sangue humano – vestígio patente das iniquidades que praticaste no apogeu da falsa glória real, no cimo de um trono conspurcado... Foste, como sabes, cruel soberano. Pudeste saciar todas as tuas fantasias. Tuas ordens eram executadas com a rapidez do relâmpago, para que as cabeças tombassem no solo ensanguentado!

"Arrojaste aos lupanares donzelas e esposas fiéis; traíste, assassinaste, infortunaste inúmeras criaturas... Foste carrasco impiedoso, em diversas encarnações. Eis por que, Hamed, tua presença inspirava repulsa às tuas vítimas do passado!

"Viveste só, sem afeições, temido, execrado, até a tua última existência. Por quê?

"As almas, como as falenas de ouro e rosa, pressentem a podridão dos Espíritos reencarnados, dos quais fogem apavoradas e só buscam o néctar e o aroma dos vergéis floridos!

"Um dia, porém, o supremo Juiz fita os carrascos da humanidade e murmura: *'Basta!'*. E não consente prossigam mais na trajetória tenebrosa. São, desde então, escoltados pelos gendarmes celestes. Eis por que, doravante, *vais ser inutilizado para o crime.*

"Seguem-te patrulhas divinas.

"Estás sob o direito supremo. Não prosseguirás na rota fatal, já foste humilhado e sê-lo-ás ainda mais.

"A humildade é a lixívia dos seres orgulhosos e prepotentes.

"Baqueaste do sólio nos tremedais do mundo, ao qual te achas acorrentado pelos grilhões da Justiça de excelsa Majestade.

"Deixaste as culminâncias sociais para rastejar pelas alfurjas e tugúrios misérrimos.

"Nunca inspiraste uma afeição sincera – teu aspecto... não, a putrefação de tua alma causava invencível aversão!

"Nessa última existência, podias ter progredido com as faculdades psíquicas que já possuis, se pusesses em prática o ensino dos iogues, se tivesses domínio sobre os próprios sentimentos; mas não o fizeste e foste novamente arrastado ao vórtice do crime e da vindita...

"No obscuro iniciado dos templos hindus dormitava a alma rebelde do tirano de Persépolis!

"A todos os teus delitos sobrepuja, por sua hediondez, o que perpetraste contra um amigo leal, sua esposa e filho...

"Recordá-lo, em tua situação dolorosa, seria crueldade... Apenas te direi que ainda sofro, ao relembrar os trágicos episódios de nossas existências, pirogravados no meu Espírito indelevelmente, secularmente, eternamente! Quantas vezes teus desvelados mentores bradavam para que ouvisses suas salutares advertências? Mas, na voragem das paixões malsãs, ficavas surdo, obcecadamente surdo..."

CAPÍTULO IV

— Não mais te maldigo, pois, infeliz Ariel, porque triunfou a Justiça do Alto – fui reabilitada perante Gastão, e tu mesmo, em te acusando a consciência, qual Lázaro de luz ressuscitaste do teu túmulo. Abençoei, então, todas as agonias que passei, as noites de vigília que vi transcorrer soluçando, apunhalada de saudades do meu idolatrado Renê, sentindo-me aviltada no conceito do austero Dusmenil, nosso comparsa de abominações do passado!

"Cheguei à conclusão de que não temos adversários, de que somos nós próprios que nos infelicitamos, que criamos uma situação de dores e tormentos, quando nos deixamos dominar por sentimentos malsãos... O mal engendra a dor; o bem, a ventura.

"Nossas encarnações, como regatos que se juntam e se apartam, acabam confundidas para sempre no estuário do Infinito – nossas vidas terrenas se amalgamaram muitas vezes...

"Os padecimentos da última encarnação é que acabaram de expurgar minh'alma, imunizando-a dos miasmas do mal. Purificaram-na, redimiram-na e, doravante, só voltarei à Terra em missão de caridade.

"Eis por que teus rugidos de angústia ressoaram clangorosamente em meu íntimo e desejei ser útil a quem também já ensejei fundos pesares, mormente a quem, quando a vaidade me avassalava, me ofertou um trono e muitos tesouros que, nas paragens siderais, não passam de lama dourada! É mister que nos perdoemos reciprocamente, Ariel.

"Aliam-se assim, cristãmente, os adversários de várias existências, os coniventes de muitas torpezas para, olhos fitos no Além, onde abrolham os pomos de luz do Cultor de todos os portentos da Criação, seguirem impávidos o rude mas bendito roteiro da redenção.

"Vimos para dizer-te que, dentro em pouco, vais encetar nova peregrinação terrena. Mas quão dolorosa vai ser, infortunado Hamed!

"Vais ser privado das carícias maternas... qual o fizeste ao querido Renê! Serás marcado pela Justiça suprema e impossibilitado de transgredir os decretos divinos, com um aspecto inolvidável... Estremeço de comiseração, por teus sofrimentos vindouros!

"Mas não esmoreças. Nunca te faltará o auxílio dos dedicados Invisíveis, que te sustentarão à beira do sorvedouro do desalento e do ceticismo..."

Por momentos, calou-se Heloísa e Ariel conservou-se silencioso.

Bruscamente, porém, estendendo os braços na direção daquela que lhe falara nimbada em fulgores de arrebol, murmurou:

— Se me falásseis eternamente, eternamente vos escutaria. Vossas palavras, mesmo as de repreensão, valem como legado do Céu!

— Esquece essa paixão nefasta, que te há impelido a crimes e torpezas condenáveis! — exclamou Heloísa com energia.

— Esquecê-la? Nunca, senhora! Só ela me alçará ao paraíso. Ela tem sido, há séculos, o meu tormento, o meu martírio, mas fará com que meu Espírito se redima de todos os seus crimes. Desde que me aparecestes... esqueci todos os tormentos, julgando-me acorrentado de milênios, nesta masmorra de trevas!

— Há apenas um lustro que aqui estás prisioneiro...

— Um lustro só! Iludi-vos! Impossível! Meus olhos já se diluíram de tantas lágrimas vertidas durante séculos e séculos, nesta região de suplícios inimaginados por Alighieri! Certo, este rio caudaloso, cujo murmúrio ouço incessante dentro da própria alma, formou-se do pranto que por ele tem rolado de toda uma eternidade.

— Tu te revoltaste contra o destino, contra a sentença lavrada pelo supremo Juiz. O suicídio é a maior ofensa da criatura ao Criador! É a rebelião dos galés que, antes de cumprirem a pena, que os libertaria de muitas dores, agravam suas faltas, fazem jus a novas e duras punições... Quem sabe se esse rio que rumoreja em tua alma e julgas formado das tuas próprias lágrimas, não o foi com as de tuas vítimas, Ariel?

"Quem sabe se esse ruído incessante que atroa em teu íntimo não provém dos soluços e gemidos dos teus antigos súditos, supliciados por teus cegos asseclas, e que se acham impregnados no teu espírito – quando insensível ao sofrimento alheio?"

– Ai! que penosa se me tornou a recordação do passado! Que cruel e infame tenho sido, senhora! Horrorizo-me de mim mesmo. Se os fantasmas pudessem ser apunhalados... aniquilando a sua aflitiva imortalidade, eu já teria vibrado novo golpe no peito, livrando assim o próprio deserto do monstro que tenho sido! Por que não fui sempre um pária, um cão faminto, impossibilitado de saciar os instintos de fera?

– Hoje é que assim pensas – bem diversamente do que pensavas outrora, quando ansiavas pelos sólios e glórias funestas dos monarcas crudelíssimos! Mas, como não é possível inverter o curso de um rio caudaloso, não te preocupes mais com o limitado tempo que passou e sim com a eternidade que te aguarda!

– Como terei serenidade para enfrentar o futuro – abandonado, banido, azorragado de remorsos, nesta região de torturas infindas, e sabendo que, dentro de poucos momentos, ides voar às mansões luminosas e talvez – tão indigno sou! – o Criador não mais consinta vos aproximeis de mim?

"Ai! senhora, antes de partirdes, talvez para sempre, permiti vos exponha meus pensamentos... De todos os martírios sofridos, o que agora mais me atormenta é não poder contemplar-vos, para gravar n'alma vossas feições angelizadas, por todo o sempre, como guardo as da Terra, que já pareciam do céu! – no relicário da minha adoração!

"Antes que partais, talvez por toda a consumação dos séculos, consenti vos patenteie todos os suplícios de que sois a causa involuntária!"

– Infeliz, cala-te! Essa adoração só a deves consagrar ao Autor do universo e não a uma de suas criaturas!

"Essa ânsia de carinho nunca mitigada, em que tens vivido, é talvez a tua redenção. Não te entregues mais a essa paixão funesta e implora ao Incriado a sua clemência e os meios de remir teus crimes, para que possas encetar abençoadas mortificações terrenas..."

– Não consigo pôr em prática o que me aconselhais, por mais que me esforce... Essa afeição que vos tributo é maior que o infinito de que se forma o universo: no dia em que ma extirparem da alma, suponho perderei a imortalidade, meu ser se aniquilará; deixarei de ter vida eterna, ficarei metamorfoseado em mineral inerte. Essa paixão é que me faz vibrar o espírito, é o meu suplício e o meu gozo incessantes!

"Não ouso implorar o perdão que me lembrais, porque o pressinto. Há no meu íntimo um vácuo tão vasto como o Pacífico... Que digo? – Como o próprio Espaço imensurável, estabelecendo um abismo entre os meus e os pensamentos de Parabram, quando tento dirigir-lhos e se perdem no éter, absorvidos num sorvedouro que nos distancia perpetuamente. Por isto é que meus bramidos e soluços se perdem no vácuo, e ninguém os ouve!"

– Enganas-te, Hamed... Ele os ouviu. Eu e Renê, ouvindo-os, nos apressamos em vir socorrer-te. Bem vês quanto o Pai celestial é compassivo e bom. O que sentes é o vácuo produzido pelo mal cometido; é a ausência do bem que já podias ter realizado, se o quisesses. A prática das nobres ações é o que nos aproxima do Criador, o viaduto dourado, o cabo luminoso que liga o ser humano ao Onipotente!...

"A prática do mal é o que dele nos afasta, criando um caos intransponível ao próprio pensamento... Humilha-te, arrepende-te e te sentirás em comunhão com o Eterno, nela se espargirá o refrigério da comiseração divina!"

– Orai por mim, senhora, para que eu possa adorá-lo mais do que a quem me fala neste momento. Sois um anjo benfazejo ao serviço de Parabram!

"Se compreendêsseis o quanto tenho padecido por vossa causa, já vos teríeis compadecido de mim... Bem sei que também vos tenho causado pesares acerbos. Vossa dor foi intensa, enorme, reconheço-o, quando vistes maculado o arminho da vossa virtude, quando vos arranquei dos braços o adorado filhinho; mas, senhora, a dor inconsolável é a que todos ignoram, é a que se origina do remorso, após a prática de um ato vil, de vingança ou de ódio; é a de haver conspurcado a alma; é, enfim, a tortura do próprio mal, comparável a um carcinoma que irrompe no coração, a corroer todas as alegrias ou prazeres que poderia ter desfrutado, conquistando uma afeição leal, organizando um lar humilde, mas ditoso...

"Os padecimentos que se suportam, enviados do Alto, são acerbos, mas, na consciência impoluta e serena há sempre conforto para todos os martírios. Há um como luar balsâmico de almas imaculadas, que suaviza todos os tormentos da vida... Quando, porém, o sofrimento abrolha nas consciências poluídas, maculadas pelas concepções torpes, as recordações penosas não lhes dão tréguas, parece feri-las como cardos envenenados pelos Bórgias[40] ultores; há momentos que dir-se-ia serem devastadas por infernal incêndio, que as calcina por muitos séculos...

"Esse padecer estava estagnado, entorpecido na minha última encarnação, até o instante em que vos conheci! Desde então, fascinado por vossa formosura incomparável, atraído pelo ímã de vossa alma luminosa, que já me havia pertencido como serva e soberana, começou o inenarrável suplício ao reconhecer a vossa superioridade social e moral, sem esperança de ser correspondido um segundo sequer e devorado por uma paixão vibrante e insaciada, pungido de ciúmes do vosso esposo, até então considerado o melhor e único amigo. Padeci muito, em silêncio, recalcando os próprios sentimentos, desprezado, humilhado, misérrimo; mas, desde que destruí vosso lar, que urdi uma vil calúnia, principiou o inaudito tormento: julgava a própria alma jungida a incandescente pelourinho, açoitada por verdugos invisíveis, mas... inquisitoriais...

"Parecia-me viver, desde então, com a mente enegrecida, carbonizada pelos pensamentos de fogo que nela irrompiam, e, quando me atirei ao Lena, um eclipse total e permanente a obscureceu completamente: a natureza e a amplidão sideral deixavam de existir para mim!

"Vivo, há muito, apenas subjetivamente... Sou um *nada* que sofre e pensa, um átomo humano martirizado por um infinito de dor!

---

[40] A família Bórgia representou na história a política maquiavélica e a corrupção sexual.

"Bem sabeis que apunhalei o próprio coração, que, de tempos imemoriais, vinha apunhalando pelo sofrer mais acerbo, pelo ciúme e pelo remorso; justicei-me, pois, dando termo às minhas iniquidades...

"Meu suicídio – quem sabe? – deve ser mais uma dirimente para meus crimes, pois já feri miríades de corações, mormente o vosso e o de Renê, em diversos avatares!

"Só então pude aquilatar a dor alheia. Tive a sensação, ao tombar ensanguentado do alpendre – o que relembro com pavor –, de ser sacudido por mãos de titã e arrojado a uma voragem de trevas, de águas pútridas e geladas, cuja profundidade fora também ilimitada, e descendo, descendo vertiginosamente, sentindo o coração fora do peito rasgado, torturado, esfacelado por mandíbulas de monstros famulentos, de muitos séculos...

"Percebi a decomposição dos tecidos, acerbamente vinculado o Espírito a um arcabouço sensível, cujos ossos iam aos poucos estalando nas maxilas dos peixes voraginosos a disputarem-se as menores migalhas... Sentia as águas do Lena, ora em chamas que me crestavam a alma, ora transformadas em avalanches de gelo que me esmagavam, carbonizavam os derradeiros ossos, asfixiavam-me, paralisavam-me, tornando-me um fóssil imortal, de sensibilidade quintessenciada... Ouvia, no sussurro das águas quando movimentadas, impropérios, soluços, gemidos de criaturas supliciadas, a ecoarem-me no íntimo em clangores tonitroantes...

"Compreendi, pois, o murmúrio das torrentes, o rolar dos seixos em suas mais sutis vibrações...

"O que, todavia, mais me tem torturado, superando todos os tormentos passados – é estar segregado de todo o convívio humano, chumbado nestas paragens de treva, lodo, labaredas, gelo... Quantos milênios tenho assim vivido, senhora? Um lustro – dissestes? Impossível! Penso que o mundo de outrora já se desmoronou, já desapareceu no vórtice do incomensurável; que somente existe o caos e sou o único sobrevivente encerrado numa das masmorras do universo, esquecido de Deus e de toda a humanidade sideral, chicoteado de remorsos e maldições!

"Compreendeis, enfim, quanto tenho sido supliciado... E dizeis haver clemência nas sentenças do Ente supremo?! Ilusão! Eu é que não mais posso iludir-me."

– Não blasfemes, desventurado Ariel! considera que as torturas a ti aplicadas representam salutar corretivo às tuas crueldades! Recebes, de ricochete, as desventuras que semeaste na Terra. Resgatas, penosamente, dívidas tremendas... A redenção é a conquista da felicidade, por meio do sofrimento.

"Teu sofrer não será perpétuo. Eis como se patenteia a clemência de Deus. Pune para corrigir; não fere por toda a eternidade, mas somente enquanto o delinquente cumpre a pena divina; finda esta, todos os padecimentos se transmudam em plácidas venturas: o *bombyx mori*[41] do infortúnio se metamorfoseia na falena fulgurante da felicidade. E o Pai abre os braços compassivos para receber, exultante, *ab aeternum*,[42] o filho pródigo contrito, que

---

[41] Espécie de mariposa.
[42] De toda a eternidade; sempre.

todos somos! Esgotadas as tuas provas remissoras, aguardam-te consolações perenes, mas é mister que sorvas, até à derradeira gota, a taça das agonias extremas e redentoras!

"Esquecerás, então, as furnas do universo para lhe conheceres os paraísos; a luz em todos os cambiantes; as harmonias em toda a sua plenitude; e teus tormentos serão lembrados com a gratidão do enfermo que, após as torturas de uma intervenção cirúrgica, recobra plenamente a almejada saúde..."

— Se aqui viésseis sempre, senhora, eu seria ditoso... mesmo que se me agravassem os suplícios! Não desejo outra ventura que a de vos ouvir...

— Aqui tenho vindo inúmeras vezes, mas não pressentias minha aproximação porque tua alma tem estado imersa em treva absoluta! Orava por ti e retirava-me, compadecida dos teus padecimentos...

— Ai! senhora, como sois piedosa e boa! Sempre reconheci a vossa superioridade moral e foi ela que me fascinou, ao medir a distância que nos separa ainda por muitos séculos.

"Eu, a hulha negra, alma caliginosa, sempre amei o diamante luminoso da vossa virtude! E, no entanto, adorando-vos, quanto vos tenho feito sofrer! Mas, como me pagastes as angústias que vos inflgi com o lenitivo da compaixão! Bendita sejais, pois, e dizei-me: como proceder para minorar meus martírios?"

— Humilhando-te, arrependendo-te dos teus crimes hediondos, resignando-te à expiação que te foi imposta pelo tribunal divino. Prepara-te, enfim, para recomeçar uma romagem planetária cheia de escolhos e dores, mas fértil em triunfos psíquicos, se a realizares de acordo com a vontade suprema.

– Obrigado pelo bálsamo com que refrigerais minh'alma ulcerada, vulcanizada e comburente de sofrimentos indescritíveis! Vossas palavras – mesmo quando acusam – são orvalhos divinos que me suavizam os ardores...

– Ouve, Ariel, o que vou revelar-te: dentro em breve iniciarás outra peregrinação penosa e farta de amarguras, mas, quando a consumares, bendirás todos os reveses...

– Tirai-me desta região tumular, em que o frio requeima como labaredas e suportarei todos os martírios sem um queixume! Quero, como outrora, vislumbrar um raio de Sol ou de luar, uma nesga de céu azul, uma ave, uma flor!

– Infeliz! O que imploras não te pode ser concedido: lavraste contra ti mesmo a sentença atroz, pois a infligiste a teus míseros vassalos, que atulhavam masmorras úmidas, asfixiantes, tenebrosas!

"Já te não lembras dos seus gemidos num infecto calabouço, entanguidos de frio e debalde clamando compaixão?

"Não foste tu, quem, com a própria mão extinguiste a luz da vida física, arrojando-te ao báratro de uma voragem?"

– Sim, mas, que havia de fazer da minha inaudita desventura, quando a vida se me deparava intolerável? Impossível suportar o tormento moral em que estava mergulhado!... Ouvi-me, agora, eu vos imploro. Quero extravasar o cálice das torturas... Não vades sem deixar que esgote o fel que amargurou toda a minha finda encarnação, confessando-vos tudo o que sofri por vossa causa... Jazia, senhora, gravada em minh'alma, a escopro ardente, a vossa imagem incomparável, de muitos séculos. Ela foi avivada desde que vos encontrei na principesca habitação, pelo farol das reminiscências indeléveis...

"Reconheci-vos imediatamente e, desde então, começou o suplício inenarrável! Para conquistar vossa afeição é que tenho cometido incalculáveis desatinos...

"Quando soberano de Persépolis, mandei matar vosso noivo..."

– Sim, este mesmo Renê que aqui está a meu lado e ao qual feriste pela segunda vez, mortalmente, em Arras...

– Que dizeis, senhora? É bem verdade que Marcos Belegrandi e Renê Dusmenil são a mesma criatura? E atendeste ao meu apelo, *Marcos*? Não vos repugna a minha presença? Não? Quanto és magnânimo! Deixa rojar-me a teus pés...

"Perdão! Perdão, Marcos! Eu não te matei nunca, porque só matei a própria ventura, a paz da minha consciência! Quão mais afortunado és, com o seres vítima e não algoz!"

– Tranquiliza-te, Hamed – disse-lhe Renê comovido e apiedado –, estão extintos os pesares do passado, que foram o Jordão bendito que me purificou as máculas da alma. Já te perdoei o que me fizeste padecer. Não a mim, mas à Majestade suprema, deves implorar perdão... Prometo auxiliar-te para que ascendas ao Céu...

༄

Hamed, soluçante, tateava as sombras, buscando aproximar-se de Renê e sentindo avolumar-se-lhe no íntimo um oceano de reminiscências dolorosas.

Renê, compadecido, estendeu-lhe a destra radiosa. Tanto fulgor se desprendia da sua fronte estelar, que Ariel conseguiu ver-lhe as nobres feições, aureoladas de um claror divino...

– Oh! formoso quão generoso Renê Dusmenil! Quero digas novamente que me perdoaste o haver-te imolado de saudades, privando-te das carícias de tua santa mãezinha! Oh! a recordação desse crime hediondo é qual víbora de fogo que me punge incessantemente a alma!

– Não revolvas mais o passado com o estilete das recordações, Ariel!

– Como esquecê-lo, *Marcos*, se não há para mim mais que o mundo subjetivo? Se o presente e o porvir estão murados de espessas trevas? Que sou eu no universo, Marcos, senão o mais miserável de todos os seres, um abismo de culpas, um oceano de remorsos, um infinito de dores sem esperança de lenitivo?

"Cerca-me esta penumbra que já se infiltrou no meu espírito até ao mais profundo recesso... Quero fugir a este martírio e não posso. Quero correr velozmente, libertar-me destas paragens execradas e vejo-me chumbado ao solo; quero rugir trovejante para que me escutem e a voz se me esvai na garganta, como líquido em frasco estilhaçado; os sentidos estão amortecidos, restando-me apenas a sensibilidade de tudo o que me toca e faz vibrar, estremecer as fibras da alma e a audição apuradíssima, para só ouvir os gritos e soluços de minhas vítimas, como que impregnadas no meu próprio eu.

"Inexprimível, também, o meu tato, que se sutiliza dia a dia para sentir, ora o gelo polar que me cerca, ora as chamas comburentes que me devoram... o quê?

"A alma, o amianto divino, deixando-a sempre intacta e mais viva, mais apurada para o sofrimento..."

— Mas, tudo isso que te suplicia existe no teu íntimo unicamente, Ariel! É a sequencia, a repercussão do passado culposo.

— Então não há mérito no meu padecer, Marcos? Não há atenuantes para meus crimes?

— Não, enquanto não te humilhares, não reconheceres a integridade da Lei suprema, não elevares o pensamento às regiões siderais, em busca do Juiz universal...

— Mas como dominar os impulsos rebeldes do meu espírito — jazida inesgotável de sentimentos indômitos e violentos, que defluem dela sem que a vontade os possa paralisar?

— Implora do Alto a força psíquica para os domar, e o conseguirás, Ariel!

— Ouve-me, Renê, para que compreendas o meu já milenário martírio... A loucura apoderou-se de mim desde que deparei com essa criatura que aí está a teu lado! Como dormitava em minha mente a reminiscência indelével das suas feições angélicas! Como recordei sua voz, seus gestos, sua altivez! Como desejei, novamente, um trono para depor a seus pés, súditos e reinos, como outrora! Mas, ai de mim — ela era outra, intangível pela virtude! Vi-a venturosa, junto do seu bem-amado, o meu benfeitor! Muitas vezes, segui-os louco de ciúme, rastejando qual ofídio mal machucado, pelas aléias do parque, quando os via enlaçados, ditosos, fruindo as delícias da tarde ou os encantos do luar... Queria aproximar-me, já de braço alçado para os apunhalar de um só golpe, mas uma força sobre-humana me tolhia e obrigava a retroceder, vergando-me o busto, como vergam os furacões as palmeiras do Saara!

"Ah! como se me lacerava o coração ao ver a ventura límpida e profunda daquele vosso bendito lar!

"Quanto desejava ser amado na Terra, por uma esposa e um entezinho belo, cheio de candura, para beijar-lhes as frontes imaculadas!

"Esta ventura inebriante de possuir um lar próprio, um pedacinho do céu no mundo vil, foi-me interdita neste orbe, do qual só conheço as amarguras e os dissabores... Sentia-me execrado e repelido onde quer que fosse..."

– Era a Justiça divina que se exercia com austeridade, para punir quem manchava lares honestos, repudiava esposas e filhos espúrios, não cria no amor senão como gozo carnal – disse Heloísa com tristeza!

– Tudo, porém, suportaria com heroísmo, se não vos houvesse reconhecido, senhora!

"Vossa presença, a harmonia e ventura do vosso *ménage*,[43] fascinavam-me e vós, senhora, fazendo recrudescer meu sofrimento, manifestáveis asco por mim, evitáveis-me como se eu fora um crocodilo..."

– Eram as reminiscências do que já me tinhas feito sofrer e o pressentimento do que ainda me reservavas, o passado e o porvir que levantavam entre nós impenetrável muralha de ódio.

---

[43] Lar; vida doméstica.

– Poderíeis ter evitado aquela grande desventura... e a minha perdição, se me houvésseis atendido naquela tarde inolvidável em que ameacei tirar-vos a vida, num momento de loucura e desespero supremos! Fostes impiedosa! Por que recusastes o que vos implorei com humildade? Um ósculo, apenas, e teríeis feito a minha felicidade sem sacrifício da vossa. Ter-me-ia suicidado em seguida, deixando-vos livre... Repelindo-me ofensivamente, causastes a minha e a vossa ruína! Vivi insaciado, desprezado, desditoso... Um ósculo, para mim, era a ventura suprema! Se vos tivésseis compadecido, eu teria morrido abençoando-vos, ao passo que o vosso desprezo fez de mim um celerado...

– Não me arrependo de haver assim procedido, Ariel! – disse Heloísa com austeridade. – No código da honra e da virtude não há artigos nem parágrafos para serem transgredidos! São preceitos de bronze, não há camartelo que os destrua. A mulher honesta não faz concessões aos que a investem, sem cometer um erro grave. Quando ama e preza o companheiro ao qual jurou lealdade absoluta diante de um altar, em nome de Deus, não deve vacilar entre a infelicidade e o sacrifício.

"Entre a desonra e o martírio, preferi o martírio. Achei conforto em meio às minhas agonias, em minha consciência impoluta, alva como as camélias. Passei pela prova da lealdade, como afirmaram meus Protetores siderais, e, de joelhos, já agradeci ao Pai magnânimo o me haver concedido ensejo de reabilitar-me das perfídias do passado, vencendo a aspérrima expiação que me foi imposta pela alçada divina..."

– Como pressinto que ainda me desprezais, senhora! – bradou Ariel exasperado.

– Não, pobre Hamed! Acalma-te. Isso é apenas a recordação do sofrimento passado, que irrompe como um Etna, da alma, incendiando-a e fazendo-a trepidar em seus mais íntimos refolhos! És um desditoso, bem sei, e causam-me pena os teus padecimentos. Perdoa-me o que te hei feito sofrer. Esqueçamos o passado tenebroso. Para mim não és mais um adversário, mas um enfermo psíquico, digno da minha piedade, e que desejo ver curado e liberto das paixões nefastas, para ser librado às mansões de paz. Por que relembrar-me o que já está consumado? Falemos do porvir que te aguarda...

"Ouve, Ariel: longa e dolorosa vai ser a tua próxima encarnação. O vácuo, o desalento, o desespero que guardas em teu íntimo, só se dissiparão no desempenho de árdua prova e na conquista de acrisoladas virtudes.

"Esquece o passado hediondo. É mister que te humilhes, que sejas compassivo com os desditosos, que adores a Deus mais que às suas criaturas... Se executares até ao fim a severa mas profícua sentença que te foi imposta pelo tribunal divino, adquirirás méritos que te darão jus a muitas venturas, em vão sonhadas até agora.

"Acompanhar-te-emos daqui por diante, onde quer que estejas. Perceberás inúmeras vezes o nosso benéfico influxo. Teus dedicados mentores espirituais há muito porfiam em te arrancar do báratro das ignomínias. Seremos, eu e Renê, desvelados auxiliares desses compassivos protetores.

"Quando, pelas lágrimas, pela contrição, pela prática do bem e do dever resgatares todos os teus delitos, eu te concederei o ósculo que me imploraste com a alma empeçonhada de paixão e sentimentos ultores, porque fá-lo-ei então ao convertido da virtude, ao irmão redimido, purificado pelo martírio e apto a ingressar nos mundos radiosos que desconheces..."

– Que ouço, senhora? Acaso não enlouqueci por excesso de inauditos padecimentos? Vós, a imácula, nobre, formosa *rainha do céu*, prometerdes ao precito, ao misérrimo farrapo humano, ao maldito, ao encarcerado das trevas eternas um ósculo de luz? Deliro certamente!

– Jesus, o pulcro nazareno, permutou o asqueroso beijo da perfídia do Iscariote, quando ele se redimiu, por um ósculo sublime de amor e perdão.

"Quero imitar o excelso Redentor. Saberei cumprir o prometido.

"Quero comprar a tua redenção com esse beijo pelo qual anseias há muitos séculos... E Deus permitirá que o consiga!

"Ainda ficarás envolto em sombras por algum tempo, até retomares um invólucro carnal!"

– Horror! horror! Como hei de ver-vos, então?

– Com a visão psíquica. Pressentir-me-ás e ouvirás minha voz nos momentos mais angustiosos.

– Resigno-me agora com o destino, por mais acerbo que seja!

"*Nunca mais* serei cego. Sois, para mim, o sol, a luz, a alvorada! Cego serei, unicamente – mesmo que

Parabram me conceda aos olhos o lume das estrelas – se me abandonardes, senhora!

– Insânia! Não digas blasfêmias. O Sol que lucifica a alma é o astro-rei do universo – DEUS! Ama-o a Ele, unicamente, com esse sentimento profundo e vibrante. Humilha-te, Ariel. Prosterna-te. Quero ensinar-te a orar, a seres grato ao Criador, a elevar o Espírito às regiões serenas da Criação. Vamos, repete as minhas palavras:

"Senhor, perdoai-me! Permiti conquiste a luz espiritual – lâmpada divina que ora me falta – a fim de que seja honesto, justo, humilde, submisso aos vossos desígnios!

Pai magnânimo, compadecei-vos de quem deseja ser vosso servo, vosso filho, herdeiro das maravilhas do universo, adquiridas com as moedas luminosas do bem, das lágrimas, do dever e da virtude! Dai-me resistência contra o mal, resignação nos dias de ásperos reveses, ânimo sereno, caráter íntegro!".

Ariel docilmente repetiu-lhe as palavras com emoção e veemência, genuflexo, mãos enclavinhadas, fronte erguida para o Céu, que lhe pareceu fendido por um sulco de rútilas esmeraldas.

– Ainda voltarei algumas vezes a esta lúgubre região – falou-lhe Heloísa compadecida – antes que retornes à gleba terrestre, encerrado no estojo carnal!

– Mais cruel vai-me parecer este desterro depois que tive a ventura de ouvir as vossas piedosas exortações.

– Este isolamento em que te encontras é imprescindível ao teu burilamento espiritual. Deves aproveitá-lo utilmente, elaborando planos futuros de altruísmo e remissão.

Abençoa estes magnos instantes de expiação salutar, firmando em teu íntimo o voto veemente de jamais transgredires as leis excelsas, e de venerar e amar, sobre tudo e todos, o Ente supremo, alheando-te das paixões mundanas! Adeus! Não te olvidaremos em nossas preces...

CAPÍTULO V

Por momentos, no íntimo de Dusmenil reinou um silêncio polar. Dir-se-ia que os ruídos da Criação, perceptíveis à audição quintessenciada dos desmaterializados, cessaram inopinadamente.

Calou-se a voz melíflua da Entidade que com ele confabulava e lhe repetiu, em surdina, todo o diálogo de Heloísa, Renê e Ariel.

Um inefável bem-estar o empolgou suavemente.

Depois, repentino clarão fê-lo descerrar as pálpebras imateriais, que, até então, lhe pareciam unidas, coladas por um poder invencível e desconhecido.

Tenuíssimo fulgor, de matizes róseo-esmeraldinos, incidiu sobre ele, abrindo-se no firmamento um viaduto inclinado até ao local em que se achava estirado.

Quebrou-se o silêncio, abruptamente, e ele percebeu vibrações de flautas, violinos, harpas e clarins argentinos, que desciam em Niágaras sonoros, do Espaço à Terra, consorciadas a vozes que deveriam ser emitidas por mágicas toutinegras, cujas gargantas tivessem a contextura do veludo ou da pelúcia divinos.

Salmodiaram um cântico em homenagem ao Soberano universal. Nunca ouvira tão maravilhoso recital.

Ergueu-se ágil, ereto, fitando a amplidão sidérea, inebriado das estranhas e mágicas modulações dos instrumentos e dos artistas etéreos. Sentia-se asserenado, leve.

Cessara o mundo subjetivo.

Despertado para a vida psíquica, percebeu apuradas, quintessenciadas, todas as faculdades anímicas.

– Onde estou? – interrogou perscrutando todos os detalhes do local em que se achava. – Que região será esta? Em qual dos continentes me encontro? Eu, que percorri quase todos, desconheço este. Onde encontrarei Heloísa e Renê?

Estava na crista de gigantesca cordilheira nimbada de nuvens nevi-rosadas, semelhando os ninhos de todos os beija-flores terrenos, desfeitos para a construção de um único, de dimensões infinitas, por abrigar todos os pássaros do empíreo.

Alvorecia. Julgou que os artistas celestes, com os pincéis molhados em ouro e rubis liquefeitos, desenhassem na orla do horizonte paisagens ideais, painéis rafaélicos[44] para um certame de numes.

Havia, à sua frente, um revérbero azul, como que projetado por farol de safira, embasado nalguma estrela coruscante, e anunciando a aproximação de luminosa galera.

Fascinado, ajoelhou-se por instantes, juntou as vibrações do próprio pensamento às dos rapsodos do Infinito.

---
[44] Referente a Raffaello Sanzio (1483-1520), pintor italiano.

Um súbito contato de mão diáfana, no ombro esquerdo, fê-lo voltar-se e revelou, a seu lado, imaterial entidade de formosura e majestade impressionantes.

Trajava à romana, do tempo dos Césares, com um peplo de neve irradiando reflexos prismáticos.

– Gastão Dusmenil – disse-lhe ela, osculando-lhe a fronte maternalmente –, eis-te de novo desencarnado!... Eu te saúdo, irmão querido, e felicito-te, pois adquiriste méritos valiosos em tua jornada terrena. Conquistaste a mais bela e preciosa das promoções – a de entidade sideral. À Terra só voltarás em missões elevadas. Já recordaste, no ádito da alma, tudo que fizeste e padeceste nos séculos transatos e desnecessário é reiterar o que não ignoras. Enquanto estiveste entorpecido, percorreste mentalmente toda a gama dos teus avatares, desde o início.

"És um Espírito adestrado nos prélios da dor, do dever, da honra. A prova real, tirada por Deus, o matemático incomparável, compulsando o mérito e demérito de cada ser, ao consumar cada etapa planetária, acusa o resgate de todos os teus débitos!

"Foste eficazmente punido para que pudesses remir o delito da traição, do egoísmo, da insensibilidade ao sofrimento alheio, mas, graças ao influxo do Alto e da nobre Heloísa de Argemont, amortizaste o derradeiro ceitil de tuas dívidas tenebrosas... Já compreendeste o que ocorreu no castelo em que vivias ultimamente e por diversas vezes cogitaste do desditoso infante que acolheste, repudiado por pais desnaturados – Núbio, que é a reencarnação de Ariel... Já o tinhas suspeitado e soubeste ser cristão tratando-o como filho, acarinhando-o, protegendo-o...

"Perdoaste-lhe, assim, o crime execrável que praticou contra a casta Heloísa e que te destruiu toda a ventura terrena, sempre efêmera.

"Aliados que fostes, outrora, em sucessivas existências, para consecução de muitas iniquidades, feridos de ricochete os vossos corações pelas dores que semeastes, pelas venturas que esfacelastes, pudestes galgar posição de realce, conhecestes a prosperidade e o conforto material, porém, tu, mais cedo que ele, entraste na senda reta do dever; mas, ai de ti! – tinhas a alma vinculada à dele em liames forjados pelo passado tenebroso...

"O receio de seres traído, que te torturava em solteiro; o juízo pessimista que fazias da lealdade feminina, fundavam-se na intuição da sentença que contra ti fora exarada pelo supremo Tribunal divino, para resgate dos perjúrios e falsidades que cometeste, infelicitando lares honestos, noutros tempos. Há seres evoluídos que pressentem o futuro – tal como o marujo encanecido nas lides oceânicas prevê a aproximação das procelas...

"Todos os crimes, perpetrados ou imaginados, ficam nos arcanos do Espírito, pirogravados indelevelmente, e, muitas vezes, a criatura tem conhecimento prévio do que lhe vai suceder em novo avatar, da sentença dolorosa que lhe foi imposta para ressarcir suas faltas, e, por isso, pressente o porvir em horas de calma, ou de exteriorização psíquica.

"Eis por que os seres já aprimorados espiritualmente profetizam acontecimentos futuros, desde crianças, e, geralmente, são melancólicos, não entram no plano material despreocupados, mas entristecidos e antevendo a execução da pena que vieram cumprir, a fim de se redimirem.

"Os últimos embates das existências planetárias são sempre os mais dolorosos, a fim de que seja aferida a perfeição da alma já prestes a desferir o voo definitivo.

"Foste injusto com tua esposa Heloísa, mas reparaste essa falta penosamente; sofreste com denodo as suas consequencias, padeceste talvez mais do que o emparedado de um presídio insular, isolado, faminto, a recordar incessantemente todas as venturas desvanecidas além, num recanto de encantado continente, pressagiando um futuro de sombras, desilusões, dores inconcebíveis. Influenciado por teus mentores e por Heloísa – Espírito fúlgido baixado à Terra apenas para resgatar o último ceitil e tendo já nítidos na mente todos os deveres da mulher cristã –, terminaste a tua trajetória terrena praticando o bem, enxugando lágrimas, vencendo o condenável egoísmo em que vivias. Abriste o coração e a bolsa aos desvalidos, aliando-te, como disseste, ao Espírito luminoso de Vicente de Paulo, um dos nautas divinos, embaixador da paz e da bondade, enviado à Terra pela Majestade suprema...

"Não estão consumados, porém, os teus labores terrenos – hás de ainda, por tempo indeterminado, velar pelo teu velho comparsa de outrora, insuflando-lhe no coração esperança, generosidade, resignação; amparando-o quando esmorecido nos lances acerbos, levantando-o de alguma queda, de algum desvio do dever, porque os resgates impostos ao caluniador e suicida são sempre tremendos...

"Recordando as eras transcorridas, tu te comoves até às lágrimas, meu irmão; e mais ainda, ao te lembrares do mutilado Núbio... Bem compreendo a emoção da tua alma já despertada para os mais sutis e nobres atos afetivos. Cuidas que o Pai clementíssimo não sofre ao ter de exarar uma severa sentença contra um filho querido?

"O cirurgião também se compadece do operando, mas, não é forçado a torturá-lo para restituir-lhe a saúde?

"Deus é o cirurgião das almas cancerosas, para saneá-las e aformoseá-las.

"Há, em todos os seres, o vestígio da sua ciência e da sua bondade.

"Cada ser é um mundo em miniatura, microscópico na aparência, mas ciclópico no seu porvir grandioso, onde se elaboram sentimentos, ideias abomináveis e sublimes; todo ser humano é um herdeiro do Monarca mirífico, pois, para quem fez Ele os portentos do cosmos? Para deleite de sua visão radiosa? Para satisfazer indômita vaidade?

"Não. Para recompensar os heróis, os vencedores dos prélios planetários!

"Filhos diletos de tão adorável Genitor, devemos cumprir sem tergiversações os seus indiscutíveis desígnios. Por qualquer desvio, qualquer infração às suas Leis íntegras e harmoniosas, é mister que, pelo acicate da dor, sejam pungidos os degenerados, os transviados da virtude, como filhos pródigos de um pai tão reto e amoroso...

"Quando, neste umbroso planeta, ninguém mais delinquir, não mais haverá sofrimentos nem prantos... Mas, ai! quando raiará essa era de radiosidades e venturas? No transcurso dos milênios... A humanidade é fraca e vacilante, propensa ao mal, à fatuidade, à incursão dos defeitos morais, e não será sem tremenda refrega que ficará imunizada do contágio das iniquidades...

"Estás, agora, em período de repouso.

"Deixemos, por alguns dias, esta masmorra de trevas passageiras.

"Aqui viremos, porém, inúmeras vezes, no desempenho de missões sacrossantas. Não cessaremos de laborar, aqui ou alhures.

"O trabalho é o fator do acendramento psíquico. A inércia, como um pântano, é estéril e prejudicial à saúde – é a estagnação do progresso. A beatitude não existe no universo, senão nas almas ignaras, que se acocoram à sombra da ociosidade improdutiva. Os seres úteis não são os que fogem às lutas da existência, os frívolos, os foliões, os ociosos – mas os que mourejam de sol a sol, os que prestam concurso ao semelhante construindo abrigos, monumentos, obras de arte, disseminando a instrução, aprimorando os espíritos, aliviando as dores, sulcando os ares e os mares, agindo, enfim, para que a condição do próximo seja, dia a dia, aquinhoada de imensos benefícios!

"Só assim ascenderemos às venturosas estâncias onde se acham os evoluídos, os impolutos, os imunizados do erro e do mal!

"Em muitas dessas estâncias encontrarás entre familiares, já intensamente amados em diversos avatares, e que te aguardam ansiosos.

"São os eternos satélites de tua alma, ou constelações espirituais em volta das quais gravitas há muitos séculos...

"Leio teus pensamentos – que se tornam radiosos na fronte dos vencedores das provas terrenas, qual farol através de cristalino vitral – interrogando-me sobre os seres que idolatras – Heloísa e Renê...

"Hás de revê-los a breve trecho.

"Ouvirás, deles próprios, o que percebeste com a audição psíquica, enquanto estavas esmorecido. Estiveram a teu lado até despertares.

"Prolonga-se o momento do vosso encontro, porque, esperando mais longamente uma ventura, ela se torna mais vívida e integral.

"Renê e Heloísa são duas almas em marcha ascensional para o fator de todos os portentos e já possuem nobreza seráfica.

"Felicito-te, Gastão Dusmenil, pela execução austera de todos os teus deveres individuais e coletivos, no último quartel da tua recém-finda encarnação, sem o que não serias digno de te associares àqueles seres pulcros.

"Venceste galhardamente as provas ríspidas, como os antigos templários a elas submetidos, a fim de serem julgados dignos de pertencer a uma nobre associação que tinha por escopo a moral, o auxílio mútuo, o bem secreto.

"Antes, porém, que te afastes do orbe onde permaneceste tantos séculos, façamos subir nossos pensamentos às paragens etéreas, unindo, as nossas, às vibrações harmoniosas dos menestréis ou bardos siderais..."

CAPÍTULO VI

Com as formosas e diáfanas mãos entrelaçadas, pensamentos uníssonos, aqueles dois entes enobrecidos nos campeonatos da dor e do dever, nivelados pelos mais puros sentimentos, aliaram às sonoridades luminosas do Infinito as suas súplicas e agradecimentos ao Criador do universo, assim formando uma réstea de luz, do Espaço à Terra sombrosa.

Subitamente, ao influxo da volição, Dusmenil e seu fúlgido companheiro tornaram-se alados, desprenderam-se da cordilheira como flocos de bruma levados pela aragem, sentindo que lhes faltava a força centrípeta e começaram a cindir verticalmente o Espaço.

Quando Gastão percebeu atingida a região interplanetária, experimentou uma sensação desconhecida, inebriante, dulcíssima, inefável!

Rápido envolveu-se na luminosidade que vinculava o orbe terráqueo à amplidão sidérea e logo o penetrou indescritível sonoridade – a mesma que ouvira do alto cerro onde estivera pouco antes.

— É a prece — disse-lhe o formoso companheiro — que põe em comunicação as almas de todo o universo com o seu Criador e Pai, formando um viaduto radioso que transpõe todos os abismos e extensões cósmicas.

— Parece-me — retrucou Dusmenil atemorizado — que, se me faltar vosso apoio, perderei o equilíbrio e serei precipitado num báratro sem fundo!

— Todos assim pensam, irmão querido, quando pela primeira vez, ao termo das tribulações planetárias, ascendem aos páramos etéreos!

"Prisioneira da carne por muitos séculos, a alma perde a faculdade de flutuar na amplidão sideral. As faltas praticadas são lastros de bronze que a prendem ao solo terreno; depois de intensas refregas, da prática do bem e da honra, ela se torna imponderável, sutil, alígera, nada mais a detém no planeta, que lhe foge aos pés, mas fica-lhe no íntimo vívida, prolongada, a impressão dos grilhões que a chumbaram à Terra!

"A volição é potencial divino desconhecido dos perversos e delinquentes, mas não desampara os redimidos, que só a perderiam se concebessem projetos malsãos, de resto impossíveis, pois que já estão imunizados do mal.

"Contempla, irmão dileto, sem pavor, por alguns momentos o painel sublime da Criação!"

Por instantes, o surto vertiginoso que os impelia no Espaço foi detido e, então, qual colibri humano, Dusmenil pôde contemplar a Terra, semidividida em trevas e radiosidades, como que bailando duplamente ao redor do Sol.

Deste, desprendia-se um jato dourado — como vaga que se destacasse de um oceano aeroluminoso — aclarando de um só lado diversas esferas em movimento, em coreografia fantástica de libélulas ápteras, ou mariposas maravilhosas, atraídas por lâmpadas de ouro, ao ritmo de invisível filarmônica.

Uma delas, Saturno, parecendo-lhe envolta em grinaldas de luz – fronte real cingida por diversas coroas de topázios cintilantes!

A Terra pareceu-lhe um dos mais sombrios planetas, mas emocionou-o ao vê-la tão longe, diminuída pela distância imensurável. Só então compreendeu quanto a amava, estuando-lhe n'alma um turbilhão de reminiscências... Ao contemplar todos os planetas do sistema solar em movimento, supôs estivesse assistindo, dependurado no éter, a um gracioso bailado de elegantes dançarinos, alguns com mantilhas de crepe, outros de escumilha dourada, todos rodopiando airosamente – Salomés[45] divinas – ao redor de um combustor maravilhoso, ou farol celeste, que lhes projetava áureo fulgor, tornando-os mais ou menos radiosos.

Deslumbravam-no as cintilações de Febo[46] em pleno Espaço e murmurou atônito:

– Ei-lo em toda plenitude do seu fulgor, como jamais o sonhara! Apolo é a generosidade indescritível, só comparável à do Soberano universal – distribui óbolos de luz a oito[47]

---

[45] Sobrinha de Herodes Antipas; quando dançou divinamente na presença do tio, pediu-lhe a cabeça de João Batista.
[46] Deus romano, equivalente ao deus grego Apolo, personificação da luz.
[47] Plutão era considerado o 9º planeta do sistema solar até agosto de 2006, quando a União Astronômica Internacional alterou a definição oficial do termo "planeta".

mendigos em trevas, sem receber outra recompensa, a não ser a do preito de admiração que as criaturas lhe consagram...

– Sim – respondeu-lhe o instrutor – o Sol, arquimilionário do Infinito, é consócio da Majestade suprema, e o Senhor do erário, das áreas divinas – empresta aos vassalos moedas de luz a 0%!

– Além dos planetas classificados pelos astrônomos terrestres – que têm por limite Netuno, visto serem deficientes os telescópios planetários – observou Gastão – há outros formando o apolíneo cortejo.

Os satélites, ao influxo dos astros centrais, pareciam falenas coruscantes, volteando corolas semiluminosas, que se destacavam das trevas que as enlutavam do lado oposto do Sol, como se fossem telas móveis, delineadas por um Correggio[48] sideral.

– Repara nos portentos da Criação com crescente entusiasmo! – continuou o mentor de Dusmenil. – Nenhum rumor dissonante, quer provindo da Terra, quer de suas companheiras perpétuas, porque o Eviterno, o mecânico inimitável, produz os mais formidáveis motores silenciosos para a humanidade planetária, mas, todavia, plenos de sonoridade para os seres etéreos – ao passo que o homem se esforça em vão para o conseguir, só engendrando maquinismos ruidosos, ensurdecedores às vezes!

"Ei-los como trabalham serenamente sob o domínio de Deus, sem se abalroarem; não necessitam de repouso nem

---

[48] Como era conhecido Antonio Allegri (1489-1534), pintor italiano.

reparos; sem serem lubrificados durante milênios, como se cada qual fosse dotado de uma alma imortal como a nossa, de inteligência e raciocínio, desprendendo, não ruídos, mas sonoridades melodiosas, que só os Espíritos purificados podem apreciar!

"Escuta, irmão dileto, essa sinfonia que julgas provir das alturas consteladas, de um recital celeste – cada estrela, cada planeta, cada nebulosa, são cordas de uma harpa maravilhosa, tangidas pelo Davi[49] supremo, ou como teclas de um órgão portentoso, sobre as quais perpassassem mãos intangíveis – mas que devem ser de neblina radiosa a desprenderem modulações mágicas, dulcíssimas, sublimadas...

"Mas, que digo? Dedos deíficos que as fazem vibrar! Não! É apenas o pensamento do Altíssimo, disseminado pelo universo, que executa incessantemente as mais estupendas e magistrais partituras, pois o seu pensamento é luz, aroma, melodia!..."

Por instantes, equilibrando-se na amplidão, tolheram o surto maravilhoso, contemplando o assombroso espetáculo sideral, ouvindo as melodias que, a princípio em surdina, depois com o vigor de um *crescendo* sensacional, evolam-se dos mundos – pomos de rubis, esmeraldas, topázios, que giram graciosamente pelo Infinito.

Indefinível emoção apoderou-se de Dusmenil, que disse ao preclaro Guia:

---

[49] Apareceu na *Bíblia* inicialmente como tocador de harpa da corte de Saul, viveu por volta do século X a.C.

– Mestre, que são as nossas dores, as nossas amarguras de confronto com as venturas que o Criador reserva em seus édens luminosos?

– Um nada, irmão querido; no entanto, nos momentos de borrascas morais, elas nos parecem intoleráveis e superiores às nossas energias psíquicas... A *ignorância* do futuro que nos aguarda *post-mortem* é o que prejudica a humanidade terrena.

"Os ensinos errôneos que recebeu, tiram-lhe a esperança de conquistar a felicidade, que, entretanto, é realidade encantadora para todos os seres, indistintamente... Todos, por meio de provas retas, do labor, da virtude, do bem, podem atingir a ventura que na Terra debalde procuram e lhes foge como a própria sombra, quando se aceleram os passos..."

– Limitados que são os conhecimentos terrenos, Mestre! Como ficariam assombrados os astrônomos se vissem o espetáculo grandioso que ora se nos depara: mossas que parecem flores – semi-abertos crisântemos de luz suspensos por cordéis invisíveis, bailando numa *soirée*[50] celeste – e quantos, mais belos, há pelo Espaço, de todos os cambiantes, de todas as nuanças ainda desconhecidas na Terra!

"São as mansões dos Espíritos mais evolvidos, dos que já se aproximaram do Altíssimo. A cor é, para os seres astrais, de suma importância, pois representa a diversidade de categoria de cada mundo, ou de cada ser.

As promoções ou acessos por grande mérito são feitos com solenidades indescritíveis na dialética humana.

---

[50] Noite; festa, reunião social.

– Dizei-me, caro Mestre, do que há muito me preocupa a mente: É Jesus o mais elevado embaixador divino baixado à Terra? Acha-se Ele selecionado num desses orbes fúlgidos que observamos com admiração crescente?

– Certamente, irmão querido; apenas te iludiste num ponto: – Jesus não está selecionado do imenso rebanho que o clementíssimo Pai lhe confiou – seu pensamento fúlgido é que movimenta esse rebanho e o dirige no planeta obscuro que ora deixaste. Há, porém, inúmeras Entidades da mesma hierarquia de Jesus. Cada qual é responsável pelo domínio que lhe foi outorgado e esforça-se pelo cinzelamento das almas sob sua guarda e proteção.

– Como pois, eu, mísero terrícola, posso, sem a sua permissão, ascender a outro mundo, ao qual me levais? Não deixo, doravante, de pertencer à alçada do Nazareno?

– Não. Vais para um mundo-academia, dos muitos existentes no universo. És um Espírito promovido a outro planeta mais adiantado, mas ainda estás sob a égide do Cristo, pois não só a Terra lhe foi entregue, mas outros orbes com Ele solidários, sob a sua jurisdição.

"As almas, depois de purificadas, não têm mais pátria determinada – são camândulas[51] ou pérolas celestes que ficam sob o influxo do Eterno e tornam-se auxiliares eficazes de todas as Entidades da hierarquia de Jesus..."

– Sabeis em qual dessas mansões se encontra o imaculado pegureiro dos peregrinos terrenos?

---

[51] Contas grossas de rosário.

– Sim. Vês aquela constelação surpreendente, que se destaca por sua rutilância à nossa direita, com aparente contextura de rubis incandescentes? É lá que se congregam as Entidades seráficas, da categoria de Jesus.

"De suas almas radiosas é que partem essas irradiações incomparáveis; seus pensamentos lúcidos devassam os orbes mais longínquos, como se presentes neles fossem.

– Poderei afagar a esperança de poder vê-los um dia?

– Por que não? O aprimoramento psíquico faz que todos os seres humanos culminem na perfeição, e, possuindo-a, fiquem aptos a se aproximarem do Soberano universal e dos seus mais excelsos arautos... Temos por futuro a Eternidade e nada há que não possamos alcançar no curso dos milênios.

– Apenas os rebeldes, os iníquos, os precitos ficam chumbados à Terra. Indefinidamente?

– Não; até que a contrição lhes reponte nos arcanos da consciência... Depois, sob o látego da dor, com os prélios do dever, eles se depuram, tornam-se leves quais aeróstatos, perdem a força centrípeta e ascendem ao Infinito!

Dusmenil contemplou detidamente, maravilhado, o solar, observando a rotação e translação de todas as esferas e seus satélites, como equilibrados por malabarista encantado...

Novamente se comoveu fitando a Terra, lembrando o que ali padecera, e mais do desditoso Núbio, que, num abismo de sombras, carpia o seu passamento a regiões tão formosas...

Bruscamente, porém, estremeceu e sentiu invadi-la estranha sensação de felicidade: – a esperança de rever os entes adorados, pelos quais derramara tantas lágrimas.

CAPÍTULO VII

Onde encontrar Renê e Heloísa? – inquiriu Dusmenil, que, até então, parecia absorvido na contemplação das maravilhas cósmicas para ele desconhecidas. – De que me serviria tudo o que me deslumbra, sem a certeza ou a esperança de os rever, para transmitir-lhes toda a saudade que me borbulha n'alma? Como é falho e egoístico o paraíso católico, inculcando a ventura e a beatitude eternas do pecador redimido, mas separado, às vezes perpetuamente, dos seres amados, e encerrado *per omnia secula*[52] nas geenas?

"Considera, agora, a magnanimidade paternal do Criador, que não pune eternamente, mas abre os braços ao pecador contrito, aos filhos pródigos que abandonaram o teto hospitaleiro e, quando regressam ao lar de amor que Ele edifica em todos os corações, fá-las partícipes de suas estâncias luminosas, disseminadas na amplidão sidérea! O bem vence o mal, e este e não aquele é perecível. Não há punição ilimitada, há, sim, ventura eterna!

---

[52] Por todo o sempre.

"Se não fora a coadjuvação inestimável dos mensageiros divinos (vós e todos os amados mentores da humanidade), como poderia alguém descobrir o paradeiro dos seres caros, neste oceano infinito de éter e de mundos?"

– Pela telepatia, irmão querido. Assim como pensas incessantemente nos entes satélites da tua alma, também eles o fazem e o pensamento é o ímã que aproxima os que se amam com fervor, mesmo através de quatrilhões de milhas...

"Uma inefável harmonia, um elo invisível cinge os Espíritos-amantes, regenerados pela dor e pelo sacrifício. Uma perfeita solidariedade reina em todo o universo, unindo todos os seres que pertenceram à mesma família – ao mesmo grupo de membros afins... detetives divinos policiam e perscrutam toda a Criação e nenhum ente, e nenhum pensamento lhes é desconhecido..."

Abeiravam-se agora de um astro de fascinante beleza, como que lavorado em turquesa luminosa, volteando no Espaço, nimbado de uma fotosfera azul, de suavidade veludosa.

Destacavam-se nele os perfis dourados das serranias, recortes de minaretes, que se salientavam na luminosidade que o circundava, como se fossem filigranas de ouro e turmalinas mágicas...

Uma sinfonia, executada por maestros celestes, evolava-se do ambiente fosforescente, acompanhada em surdina por verdadeiros menestréis encantados, em volatas dulcíssimas de rouxinóis divinizados.

– Eis uma das estâncias de repouso destinadas aos vencedores das refregas planetárias, dos convertidos ao bem, dos libertos do mal! – murmurou o guia espiritual de

Dusmenil. – Penetremos nesse ambiente onde nos aguardam com júbilo.

– Como sabem da nossa vinda, amado Mestre?

– Pois já não to disse, irmão querido? Por meio da radiofonia universal do pensamento. Nos mundos inferiores as ideias e as notícias, para serem ventiladas, são gravadas no papel, constituem livros, jornais, revistas; nos superiores são transmitidas através das maiores distâncias. Formam como que um vínculo radioso, onde se veem fotografias lúcidas – ligando incessantemente os seres evoluídos, e, onde quer que estejam, esse liame não se rompe e os põe em contato uns com os outros: basta um pensamento emitido por eles, solicitando a presença de algum, para que os seus irmãos de igual categoria, dispersos pelo cosmos, logo os compreendam e atendam ao fraternal apelo.

Baixaram docemente sobre a formosa região, indescritível na linguagem humana.

O solo se constituía de extensas planícies e serranias imponentes, como em algumas paragens do orbe terráqueo, mas a sua contextura não se lhes podia comparar: dir-se-ia de turmalinas azuis, impregnadas de fagulhas douradas! Surgiam solares encantadores, separados apenas por pequenos intervalos, aformoseados por ondulações azuis e jalne, como enfeitados de safiras e topázios, de cintilações incessantes. Essas graciosas vivendas, esguias e fulgurantes, são arquitetadas com preciosos minérios, dos quais há na Terra apenas migalhas, e, lá, se encontram em blocos descomunais, onde se talham as mansões das Entidades triunfantes nas campanhas do bem!

Separavam-nas muralhas – que não servem para as desligar, mas para as embelezar – em que predominavam as linhas curvas, parecendo que do solo se erguiam vagalhões azuis, franjados de áurea espuma, como que petrificados em filigranas maravilhosas.

Inefável bem-estar empolgou o Espírito de Dusmenil, emocionado pela esperança de, em poucos instantes, rever os entes pelos quais tanto sofrera.

De relance recordou todas as cenas de ventura e desdita de que se compunham suas existências indelevelmente vinculadas entre si...

Revê-los, poder transmitir-lhes seus pensamentos, traduzir a ternura e a saudade que lhe iam n'alma, seria a ventura suprema, a recompensa a todas as dores, agonias e tormentos pregressos.

Detiveram-se no solo em que deslizavam multidões de criaturas esbeltas, de vestes multicores, semelhantes às dos antigos augustais romanos, de plumas de gaze luminosa, escumilhas de suavíssimos tons, com fragmentos de arco-íris transformados em túnicas vaporosas.

Todos formavam alas, braços erguidos empunhando flores etéreas, que pareciam tecidas em névoas, com todos os matizes dos crepúsculos e arrebóis tropicais, deliciosamente perfumadas, a embalsamar o ambiente.

Movimentavam-se airosamente, com graciosos ademanes, ao som de formosa melodia arrancada de instrumentos esguios, liras como asas de falenas de ouro, lembrando cotovias que sonhassem idílios venturosos.

Todas as moradas resplandeciam em faiscações policrômicas, como que moldadas em gemas rútilas, por arquitetos divinos.

Um palácio de forma circular, encimado por zimbório de translúcidos topázios, destacava-se dos outros edifícios por sua primorosa escultura.

– É aqui – disse o cireneu de Gastão – que se congregam as mais puras e formosas Entidades, a fim de festejarem a recepção dos recém-libertados das encarnações planetárias, antes de lhes serem designadas excelsas missões espirituais.

Depois, abraçando-o fraternalmente, disse:

– Vamos tomar parte no emocionante festival que, hoje, aqui celebram em homenagem ao exilado que chega da Terra sombria, depois de longa e vitoriosa cruzada. – Não me julgo digno de assistir a ele – respondeu Gastão comovido, como se estivesse prestes a desmaiar, fitando as vestes imáculas dos convivas.

Esbelto mancebo (como aliás o são todos os habitantes siderais, pois a infância e a senectude são fases transitórias do gênero humano, inexistentes nas mansões superiores, onde predomina a juventude eterna, aspiração de todos os que se acham nos mundos de trevas e não se resignam a perdê-la em poucos anos!) dirige-se ao recém-chegado e, osculando-o na fronte, falou:

– Irmão bem-amado, eu te saúdo como vitorioso do mal!

– Não mereço vossas felicitações, formoso mancebo, pois arrependo-me de não haver mais bem cumprido meus deveres terrenos!

– Venceste nobremente as campanhas morais, algumas intensamente dolorosas; bem mereces o acolhimento fraterno que os teus amigos te preparam!

– Vexo-me de comparecer a tão seleta reunião com estes trajes incolores, que me parecem rotos e sujos, em confronto com os vossos...

– Podes ter outros, desde que o queiras e não estejam em desacordo com a tua hierarquia espiritual. Concentra-te e idealiza a indumentária que desejas, pois o pensamento dos redimidos é força realizadora, desconhecida na Terra, porque aos grilhetas da dor não é permitido possuí-la, para não ser utilizada na vingança e no mal, e prontamente a obterás.

Dusmenil obedeceu. Sua túnica singela e desbotada se desfez qual bruma, e outra, regiamente embelecida ao influxo da vontade, substituiu-a, parecendo talhada em crepúsculo de inverno, com tonalidades de ametistas.

Todas aquelas Entidades, airosas e jovens, de fisionomias graves e nobres, entraram a fazer evoluções encantadoras, e suas roupagens multicores semelhavam flores que bailassem e formassem guirlandas maravilhosas e frases simbólicas, fragmentos de preces ao Criador...

Pela mão do desvelado mentor, Dusmenil penetrou no majestoso delubro onde se recebiam os conversos ao bem.

Festões de flores luminosas ornavam colunas de cristal, de todas as nuanças, que circulavam vastíssimo salão.

Uma tribuna lavorada em jaspe rendilhado, parecendo de espuma petrificada, elevava-se ao centro do anfiteatro, onde se congregavam para os soleníssimos festivais. Um belo orador já se achava na tribuna e a todos os assistentes sobrepujava, em formosura e radiosidade. Dir-se-ia que, da sua fronte e tórax, jorrava uma luminosidade de luar opalino, a confundir-se com a do recinto florido e suave.

Quando ele, alongando o olhar e erguendo os braços em prece, evocou a bênção divina, rompeu-se um velário de escumilha dourada e patenteou-se uma orquestra de inúmeros executantes, de vestes níveas, preludiando em surdina uma *protofonia* tão emocionante e inefável, que Dusmenil inebriado e sensibilizado caiu de joelhos soluçante, recordando naqueles momentos de magnitude um recanto da Terra, um templo de Arras, onde ouvira o gorjeio do *rouxinol mascarado*.

Alçou-o nos braços o mancebo que o recebera e convidou-o a orar com os circunstantes.

De todas as frontes em profunda concentração, desprendiam-se eflúvios argentinos, que formavam sonoridades melodiosas, às quais se conjugavam os instrumentos musicais que resplandeciam na ribalta.

Vocalizações de rouxinóis divinos entoavam um salmo comovente, que vibrou estranhamente na alma sensibilíssima de Dusmenil.

Quando ressoaram, docemente, os últimos acordes da prece surpreendente, osculou-lhe a fronte o lindo jovem que o saudara, seguido de uma entidade feminina, que o imitou.

Ladearam-no ambos, com os braços elevados à sua fronte, empunhando uma grinalda de lilases com reflexos dourados.

Gastão, que parecia prestes a desfalecer de emoção, percebeu lucidamente naquelas duas entidades maravilhosas de nobreza e formosura, por uma sensação de ternura infinita, Renê e Heloísa espiritualizados, belos, quintessenciados...

CAPÍTULO VIII

Para Dusmenil soara o instante das venturas e compensações, sempre inatingidas no orbe terráqueo...
Todas as suas amarguras, todos os desalentos, desesperos, prantos, sonhos desfeitos, esvaeceram-se como por magia e, num relance, transformaram-se em suaves prazeres, em ternura imensa e amor infinito por aqueles dois seres dignos, acrisolados.

Considerou mesquinhas todas as ríspidas provas por que passara, em confronto com a inefável felicidade que então o inebriava.

Arrependeu-se de não as ter suportado com maior denodo e resignação. Abençoou-as, sentindo que lágrimas se lhe desprendiam da alma, transubstanciadas em gotas de luz.

Enlaçou-os de um só impulso e, formando os três gracioso grupo, foram atingidos por uma catadupa de flores delicadíssimas, que se desfaziam no ambiente, como bruma cambiante, mal lhes roçavam as frontes puras, rescendendo aromas sutilíssimos.

Depois dos aplausos e ósculos fraternos, todos salmodiaram um hino de inexprimível suavidade, consagrado ao Absoluto.

– Ainda não mereço tão grande ventura, meus queridos! – murmurava Gastão, comovidíssimo. – Tenho a impressão de haver ainda, no meu Espírito, fáculas indeléveis.

– Todos o sentem, prezado amigo – disse-lhe Heloísa comovida –, porque a alma recém-liberta da matéria, depois das ásperas refregas para a conquista da redenção, conserva a reminiscência dos crimes perpetrados durante séculos, que deixam vestígios nos seus mais profundos refolhos, até que, sob loção de preces veementes, de todo se dissipem...

Mas, olvidemos os episódios dolorosos do passado, para só nos lembrarmos do Incriado, que nos reuniu doravante, por todo o sempre. Unamos às vozes celestes as vibrações de nosso Espírito redimido... Sejamos reconhecidos a quem nos concede infinitas graças e estende a mão augusta, de Majestade suprema, para salvar os náufragos da dor, os que emergem no infinito oceano das dores inomináveis, nos prélios terrenos!

Os três, ainda de mãos dadas, achavam-se em frente à tribuna do parlamentário divino, cuja hierarquia espiritual sobrepujava a dos assistentes pelo esplendor das vestes como que incendidas de um plenilúnio interior.

Uma campânula de sons argentinos vibrou no ambiente, e imperou o silêncio no recinto maravilhoso.

Com voz grave, mais parecendo modulação de instrumento melodioso, o fulgurante tribuno iniciou a sua oração, que, traduzida em linguagem planetária, tornar-se-ia inexpressiva e sem vigor, à falta de ressonância, qual se fosse uma partitura de Rossini[53] executada em instrumento sem fibras sonoras...

– Irmãos diletos: ouve-nos o Altíssimo neste momento... Anda sua alma radiosa esparsa neste ambiente, metamorfoseada em aroma suave, em maviosidades excelsas, que nos penetram docemente o íntimo, causando-nos uma sensação de paz e ventura inefáveis, jamais percebidas enquanto nossos Espíritos se rojavam pelos tremedais do vício, que nos afastava dele a distâncias imensuráveis!

"A felicidade a que todos os seres no caos de angústias e provas acerbas aspiram, não é um mito – é plena realidade nas paragens siderais! Dela não gozam os que ainda estão avergados ao peso das tribulações inelutáveis e remissoras; não a desfrutam os que não cumprem austeramente os seus deveres, transgredindo-os, maculando a alma com a vasa dos sentimentos malsãos... Fruem-na somente os libertos do mal, como águias reais que estivessem enjauladas durante séculos, mas, ao dealbar de mirífico arrebol, livres do cárcere sombrio, se librassem em plena amplidão! Sentem-na os que cumpriram, com lágrimas, sacrifícios, desvelos, os mais penosos encargos; os que se crucificaram no madeiro das penas mais pungentes, se lucificaram nas campanhas do bem e da virtude, tornaram-se paladinos celestes, defensores das Leis divinas, arautos das verdades transcendentes, soldados fiéis do Marechal supremo...

---

[53] Compositor italiano do Romantismo, célebre autor de óperas (1792-1868).

"Sabeis, todos vós, do objetivo da nossa magna reunião: associarmo-nos a uma das mais comovedoras solenidades do universo – a da redenção espiritual de um irmão que ainda se debatia nas sombras planetárias, companheiro de outrora, comparsa das nossas quedas, adversário, algumas vezes, amigo desvelado, outras. Consumou ele um dos mais acérrimos prélios de suas encarnações terrenas, aureolado de imortal triunfo. Para ele cessaram as pugnas terrenas, começou a Eternidade sem limites, sem o entrave dos avatares, como um rosicler perpétuo.

"Deus na sua onisciência absoluta houve por bem criar os seres humanos com todas as faculdades anímicas, que eu denomino negativas e positivas – estas simbolizando o bem, aquelas o mal.

"Podia fazê-los puros, inteligentes, infalíveis; mas, se assim fosse, como conquistariam o mérito para serem galardoados? Que general promoveria um guerreiro inativo, que nunca houvesse pelejado nem praticado um ato de bravura?

"Como adquirir conhecimentos antagônicos ao mal, senão realizando feitos de benemerência, em luta com as iniquidades?

"Como se enrijam as potências morais senão na forja da adversidade?

"Como se reafirmariam as personalidades, se todos vivessem em beatitude, sem ásperos labores, desfrutando uma ventura gratuita, sem méritos apreciáveis?

"Todos seriam iguais, uniformes, como gotas de orvalho na mesma flor, como pérolas do mesmo colar divino...

"Como se apreciaria a luz, sem o conhecimento da caligem?

"Como se deleitariam eles com o repouso, sem as fadigas do labor? Como estimariam a ventura se não houvesse a desdita? Como desejariam a união, se não houvesse a pungitiva saudade, as agruras da separação?

"Ele, a Inteligência suprema, de tudo cogitou: é mister a peleja com os vícios, as paixões funestas; com o rigor do inverno, a canícula do verão senegalesco; com a dor, a perversidade, para que a têmpera da alma, como a do aço submetido a temperaturas extremas, se torne tenaz e adquira, penosamente, os tesouros da virtude, apurando os sentimentos, engenhando agasalhos, fabricando pão, saneando cidades, aniquilando instintos dissolutos, se nobilite, torne-se inquebrantável, se quintessencie, se angelize, para merecer a dita de desfrutar a paz da consciência, a bonança espiritual nas mansões sidéreas, junto dos entes idolatrados que, no transcurso dos evos, se tornam dela inseparáveis; se aproxime, enfim, do Soberano universal – a suprema conquista!

"Como o conseguem, porém? Em uma só existência, uma só campanha? Seria possível, num segundo de provas, conquistar uma eternidade de venturas? Ilusão...

"O ser humano é criado com a imortalidade – herança divina do Elaborador de todos os portentos do cosmos...

"Podia Ele fazê-lo puro e impecável, mas, assim não procedeu porque, desse modo, nunca seria valorizado o esforço; não haveria seleção entre os que cumprem, ou não, austeramente, os seus encargos planetários; nunca seria galardoado o mérito.

"É mister haja luta, abnegação, sacrifício, aquisição penosa da virtude, para que as almas se adestrem, se aligeirem, se imunizem contra o mal, se eterizem e façam jus às missões redentoras!

"Nos momentos de refregas tenazes, nas batalhas da adversidade, todos maldizem o infortúnio, mas, quando lhe reconhecem o valor, não podem deixar de tributar-lhe um culto sincero.

"Nós, os comparsas dos tiranos, os perversos, os conspurcados, os injustos, os traidores, os perjuros dos milênios passados, somos os aasveros dos pântanos, que ascendemos às regiões luminosas do dever.

"Libertos do mal, não ficamos inativos, mergulhados no Lete[54] da beatitude; continuamos a luta, laborando sempre, tornando-nos úteis aos desventurados, sustendo-os pelas vestes rotas à beira dos sorvedouros do crime, do pessimismo, do ateísmo!

"Sublime e árdua, a missão dos convertidos do bem: dia a dia aumentam as responsabilidades, à proporção que eles progridem... Não desanimam, porém. Recebem reforços de todos os quadrantes do universo. Novos paladinos reúnem-se aos veteranos da virtude.

"Doravante contamos em nosso núcleo mais um combatente nas fileiras do exército do bem e da fraternidade.

---

[54] Na mitologia, um dos rios dos infernos, cujo nome significa esquecimento. As sombras dos mortos bebiam de suas águas para esquecerem os males e os prazeres da vida terrena.

"Ei-lo, ainda tímido: no espírito, os gilvazes da dor, do látego do sofrimento; mas fortalecido para as campanhas mais sublimadas.

"E há de reconhecer, entre os que nos rodeiam, amigos, parentes, adversários de outrora, que já alcançaram o mesmo grau de desenvolvimento psíquico. Suas existências planetárias, refertas de lutas e dissabores profícuos, acabam de consumar-se vitoriosamente, pois o recém-vindo tornou-se abnegado apóstolo da caridade, êmulo de Vicente de Paulo,[55] que deixou um sulco estelar na história da humanidade.

"Como divergem das da Antiguidade as fraternas homenagens que lhe são tributadas, pois ele habitou palácios régios, onde se realizavam esplendorosos festins orgíacos, porque sua alma se achava empedernida, tisnada pelas paixões inferiores.

"Agora, depois de vertidos Urais[56] de prantos, de amargura, saneou-se o Espírito enegrecido pelas iniquidades, encontra-se adestrado para os prélios gloriosos do dever e da moral.

"Tê-lo-emos conosco por algum tempo, pois doravante está isento da prova acerba da separação dos entes que mais tem amado – talvez de todas a mais pungente e aflitiva!

"Irmão que vens de encerrar o ciclo terreno, não és um estranho para os que aqui se congregam, antes um desvelado companheiro que, na Terra, nos auxiliou a cumprir as determinações do Árbitro supremo.

---

[55] Sacerdote francês (1581-1660).
[56] Ural, rio que passa pela Rússia e Cazaquistão.

"Os que além, nas arenas planetárias, se empenham nas campanhas luminosas da caridade, são aliados dos irmãos siderais. Os benfeitores da humanidade, os que amparam enfermos, desvalidos, órfãos, ignorantes; os que enxugam lágrimas e iluminam corações, culminam nas provas mais dolorosas, concluem o seu tirocínio de dores, de conquistas penosas. A caridade máxima, porém, não deve consistir em saciar a fome e a sede aos que a têm, mas no exercer o bem com piedade, secretamente, arrancando almas aos bordéis, aos cárceres, e encaminhando-as ao aprisco de Jesus.

"O que fornece alimento ao pária, com dureza, não pratica um ato de altruísmo, pois anula-o com a humilhação infligida a um infortunado; quem estanca uma lágrima com piedade e faz germinar a esperança num coração desalentado e aflito, esse, sim, é um emissário do Altíssimo.

"Este nosso irmão que aqui ingressa, que se incorpora às legiões divinas, soube ser digno apóstolo de Jesus, fechou o ciclo de suas reencarnações com a chave diamantina da abnegação e da compaixão pelos desventurados.

"Não desdenhava os desditosos, os mutilados, acolhia-os sob o seu teto, que se tornava em abrigo dos infelizes, sempre inspirado pela nobilíssima esposa, eterna companheira de suas mais nobres conquistas, e que soube incutir-lhe na alma dúctil os mais belos e generosos ideais e hoje exulta com o triunfo alcançado por ele e por seus dirigentes espirituais.

"Para essas duas almas redimidas, está esgotada a taça das angústias terrenas; tornaram-se perpétuas aliadas para as missões sublimes do bem e da virtude.

"Realiza-se hoje o seu consórcio espiritual – conúbio de dois entes acendrados nos prélios planetários, aliança perene abençoada pelo supremo Sacerdote do universo.

"Na Terra – abismo de trevas e sentimentos malsãos – ainda se celebram esponsais que afrontam a harmonia das leis siderais: são conchavos de interesses em que imperam, às vezes, a concupiscência e a cobiça. Elegem consortes atendendo quase exclusivamente à plástica, aos haveres, à posição social, colimando o desfrute de gozos materiais.

"Raros os que buscam um consórcio de labores domésticos, um desvelado consorte que compartilhe dos seus júbilos e das suas desilusões, um ser amigo que lhe conforte o coração nos dias tormentosos, que sorva na mesma taça o absinto das provas aspérrimas.

"Os enlaces em que não predominam afinidade de sentimentos puros, concórdia, honestidade, fidelidade mútua, desfazem-se ao primeiro embate das paixões, ao primeiro sopro da adversidade; esfacelam-se como elos de cristal arremessados à rocha.

"Os lares, quase sempre, são conspurcados pelo perjúrio e pela perfídia, quando não têm, para os defender, a falange invicta da lealdade, comandada pelo amor e pela virtude – generais supremos dos corações amantes e nobres, invulneráveis à traição!

"Dois entes, unidos unicamente por interesses condenáveis, ligam apenas os corpos, mas suas almas se repelem como pólos isônomos. As convenções sociais os acorrentam em ergástulos de bronze escaldante; os obrigam a representar a farsa ou a tragédia do amor conjugal, mas, no íntimo de ambos, há um caudal inextinguível de repulsa, hipocrisia, desgosto...

"Separam-se, às vezes, odiando-se mutuamente. Têm recíprocas recordações que os pungem como víboras ígneas, e, muitas vezes, se trucidam na própria mente que as gerou, quando não o fazem ao próprio corpo com armas homicidas...

"Seus lares, quase sempre, são derrocados e seus descendentes – se os há – desditosos que se lançam à senda do crime ou do prostíbulo.

"Raro o consórcio em que os nubentes são levados por sentimentos afetivos, espiritualizados; consórcio esse que liga as almas eternamente, unidas ombro a ombro, levando ao Gólgota da redenção o madeiro esmagador das provas cruciais.

"Constituir um lar, um fragmento de céu na Terra, um farrapo de luz nas sombras planetárias, um paraíso em miniatura, um pequenino reino para dois elementos soberanos – seja modesto ou confortável, impulsionados os nubentes por pensamentos dignificadores e onde sejam acolhidos com ternura os que pairam nos planos espirituais, atraídos pelo ímã dos corações amantes, por se tornarem filhos estremecidos – ovelhinhas que devem ser norteadas ao redil de Jesus, mediante ensinamentos profícuos, lapidando-lhes o diamante dos sentimentos, educando-os e tornando-os úteis à coletividade – é conceber e realizar um dos mais sublimes escopos humanos!

"Conjugam-se, assim, Espíritos afins, que, no transcurso dos evos se vinculam indissoluvelmente, e realizam feitos inolvidáveis, de amor e devotamento. Para esses não há maior tormento que o da separação e, para conquistar a sua união perpétua, suportam serenamente os mais tremendos martírios, porque para eles nada mais desolador que a ausência material dos entes idolatrados! O lídimo amor é amálgama de duas almas, que, dir-se-ia, se permutam nos corpos que as encerram, ligam-se por laços luminosos que as põem em contato onde quer que estejam, mesclam seus pensamentos, vibram pelo mesmo diapasão de ouro os sentimentos, percebem o pulsar uníssono de seus corações, mesmo distantes, vivem uma só vida, aspiram a uma só ventura – a sua indestrutível aliança!

"São esses os Espíritos gêmeos, que, no defluir da Eternidade, cumprem as mesmas missões dignificadoras, caminham, par a par, no carreiro das existências planetárias, sofrem os mesmos infortúnios, vertem os mesmos prantos, forjando assim, com o perpassar dos decênios, os elos sacrossantos das afeições que os angelizam e arrojam aos páramos estrelados, num só impulso, num surto veloz de condor divino, achando estreito o cárcere terreno para expandir o seu amor infinito!

"Estes irmãos diletos, que hoje celebram o seu eterno consórcio, almas recém-chegadas das regiões planetárias, andorinhas redivivas que deixaram as ríspidas invernias terrenas buscando a intérmina primavera celeste, concluíram seu estágio doloroso, diplomaram-se no areópago do sofrimento e da virtude, e agora se ligam perpetuamente para, juntos, realizarem tarefas superiores. Seu consórcio terreno não se realizou colimando abastança nem gozos efêmeros, foram impelidos por mútua e plena afeição.

"Constituíram um lar tranquilo onde sempre imperaram os deveres conjugais. Ai deles, porém, que tinham a resgatar tenebroso débito, contraído em época em que pareciam estar fora dos códigos divinos, ocupando situação preponderante na sociedade, invejados, arquipotentes, temidos, execrados!...

"Cegava-os, então, a cobiça das posições culminantes, e, para saciar desejos imoderados, não trepidaram no imolar um afeto ilibado, no destruir e esfacelar corações amantes.

"Para que, porém, sondar o oceano cavo do passado com o escafandro das recordações acerbas? Perdoem-me fazê-la neste momento... Já se redimiram estoicamente desses delitos tremendos e hoje, graças a saneadoras e eficazes explicações, estes três seres nobilíssimos se encontram imantados entre si pelos sentimentos mais profundos e imaculados, que são os outorgados aos herdeiros da divindade.

"Heloísa, nossa intrépida irmã, passou por uma das mais árduas provas, dessas que só as vencem almas já enrijadas no bronze invulnerável da virtude – a fidelidade.

"Bela e versátil, no início de suas existências planetárias, tendo sido inúmeras vezes perjura e pérfida, soou para ela o momento de patentear ao Criador que não mais existia em seu íntimo um átomo sequer de infidelidade...

"Como venceu essa prova amaríssima? Que o digam os que a ampararam nos dias de embates enlouquecedores!

"Coração terníssimo de mãe e de esposa impoluta, teve-o trespassado pelo dardo envenenado e ardente da calúnia e da desonra...

"Viu, alma dilacerada, derruídos o lar honestíssimo e todos os seus anelos, mas não transgrediu nenhum dos deveres conjugais, sorveu até à derradeira gota a taça das amarguras...

"Não menos digno o nosso desvelado irmão Marcos, ou Renê, que, com abnegação extrema, foi o hífen de ouro que agrilhoou eternamente os corações de dois esposos fiéis, de duas almas redimidas pelo amor santificante...

"O passado, pois, como um báratro infinito, tombou no sorvedouro da Eternidade.

"As desconfianças, ressentimentos, odiosidades, fundiram-se na forja divina das provas remissoras, onde se refundem as almas polutas, e, agora, como ouro radioso acima dos detritos impuros dos sentimentos malsãos, sobreleva-se a mais veemente e imaculada das afeições – dessas que prendem, por todo o sempre, os seres enobrecidos!

"Jamais seus Espíritos se desligarão, magnetizados pelo mais cândido e profundo amor. Juntos ascenderão ao foco radiante que alumbra o universo – Deus, nosso clementíssimo soberano, que não cria cavernas de tormentos eternos, nem cárceres perenes para delinquentes, mas coloca em cada destra o buril da dor e do mérito individual, para cinzelar a própria alma, e cinge em cada espádua as asas açucenais da virtude, para os erguer do caos das iniquidades aos páramos da redenção e da ventura! É a esse libertador de almas torvas, a esse Magistrado íntegro e magnânimo, a esse infinito manancial de consolação e de esperanças, a esse fecundo e inexaurível Jordão purificador de todos os delitos, que, neste momento, faremos chegar os nossos hosanas, num preito de admiração, de júbilo, de reconhecimento!"

CAPÍTULO IX

Por instantes o fúlgido elocutor emudeceu e, com um gesto majestoso, fez que osculassem a fronte de Dusmenil as duas graciosas entidades que o ladeavam, e, então, diante deles desfilaram centenas de airosos seres com as destras alçadas, a lembrarem os romanos, saudando os heróis ou vencedores dos jogos florais – simbolizando a paz que desfrutariam por todo o sempre, o regozijo pela vitória definitiva de mais um irmão abnegado.

Comovido, extasiado de tamanha felicidade, tendo reconhecido nos que o beijaram os entes idolatrados pelos quais tanto sofrera e amargara torturas inauditas de saudade e compunção, Dusmenil pensou que sua vida ia solver-se e confundir-se neles, como incenso inebriante, que jamais se extinguiria.

Mudo de espanto e de alegria, sentiu naqueles ósculos inefáveis a recompensa e o conforto pelos quais, havia tanto, andara sôfrego e insaciado.

Retribuiu-lhes as demonstrações de afeto e, depois, cingindo-lhes as mãos, caiu genuflexo, elevando o pensamento a Deus.

Renê e Heloísa imitaram-no, enquanto os circunstantes, de pé, aureolados de belíssimas flores intangíveis, de todos os matizes, como se fossem trabalhadas em gemas rútilas, imateriais, prorromperam num hino indescritível, de melodia sem par, acompanhado pelo harpejo de instrumentos alongados, evocando asas em remígio pela amplidão cerúlea, de sonoridade blandiciosa e inimitável no planeta sublunar, inclassificável no vocabulário de seus filhos...

– Irmãos bem-amados! – falou o esbelto e insigne parlamentário – parece que nos ouve o Fator de todos os portentos mundiais, o incomparável forjador de astros e de almas! Unamo-nos a Ele em férvida rogativa...

Um vocábulo mágico – o mais sublime do universo – soou no ambiente aromatizado e fulgurante, aumentando a maviosidade da orquestra, eletrizando todos os Espíritos, estancando os pensamentos, as reminiscências, fundindo-os num só bloco maravilhoso; repetiram-no todos e houve como que um cascatear de luzes, uma estranha vibração pelo Infinito, pois não existe em todo o cosmos vocábulo outro que se lhe compare, que lhe sobrepuje em majestade e poder intraduzíveis – DEUS!

Braços alçados, formando guirlandas de açucenas esguias – oraram os que se achavam conjugados naquele encantador areópago sideral, como soem fazer as almas no crisol das ríspidas expiações.

Vocalizações cristalinas elevaram-se de todos aqueles seres purificados pelo cumprimento austero de todos os deveres planetários, um como rumorejo suave de polifonia entoada por menestréis alados.

Concluindo a homenagem ao recém-liberto das provações terrenas, um dos desvelados guias ou palinuros espirituais de Dusmenil disse-lhe fraternalmente:

– Por algum tempo, amado irmão, deixo-te entregue ao teu livre-arbítrio, em comunhão afetiva com os entes estremecidos que acabas de rever, e dos quais jamais te apartarás. É natural que tenhas um oceano de confidências a permutar. Aproveita o repouso necessário ao teu espírito contundido pelas pugnas terrenas, tendo sempre o farol da crença a norteá-lo para o pólo magnético do universo – DEUS!

"Voltarei, dentro em breve, para, em conjunto com os que constituem as cadeias de tua alma, baixarmos às trevas de onde viemos e reencetar a missão nobilíssima de amparar e reanimar os ainda acorrentados às lúgubres geenas das provas remissoras..."

Gastão, reconhecido ao desvelado amigo, abraçou-o afetuosamente e rogou ao Senhor recompensar-lhe generosamente o auxílio, nos dias de maior angústia, incutindo-lhe coragem e esperança no espírito amargurado e combalido.

Depois que o mentor se afastou momentaneamente, a fim de prosseguir elevados e belos estudos psíquicos, instalou-se no solar ocupado por Heloísa, Renê e outros entes queridos, a ele vinculados em sucessivos avatares.

Era um maravilhoso solar, translúcido e rendilhado, onde conviviam na mais íntima comunhão de sentimentos.

Dusmenil e os dois airosos seres que o seguiam, em desafogo que os deliciava, transmitiram reciprocamente seus mais recônditos pensamentos, todas as reminiscências de suas encarnações vividas em comum. Certa vez, Gastão disse ao formoso Renê que, então, já possuía outra designação nominal, intraduzível na dialética terrena:

– Meu querido, folgo em ver-te tão belo como um astro, sem o temor supliciante de perder-te, com a saúde perenemente integralizada, mas, por que não confessar a realidade? Desejaria ver-te – uma fração de segundo que fosse – pequenino e frágil como outrora, quando, na minha adoração e no receio de perder-te para sempre, queria ocultar-te em meu coração, para morrer quando morresses!

"Ah! como guardo ainda, no imo d'alma, tuas feições seráficas! Como sofri, por não haver acreditado na cândida revelação que me fizeste naquela noite lúgubre em que partiste, deixando-me nos braços um cadaverzinho de beijar-flor... que eu quisera sepultar no abismo do meu ser enlutado, em desespero inaudito! Quisera, pela derradeira vez, fitar-te, como naqueles dias de infortúnio – em que eras o meu único tesouro na Terra! Abraçando-te com infinito amor, como ansiava fazê-lo nas horas intérminas de amargura, desalento, saudade, desespero... sem o que, nossa ventura atual será incompleta!"

Ouvindo-o, sensibilizado, Renê satisfez-lhe o amoroso desejo.

Brusca metamorfose operou-se no seu organismo fluídico e radioso; constringiu-o, qual se o encerrasse fuliginoso escrínio, todas as moléculas em coesão deram-lhe a aparência do pequenino enfermo de Arras... Dir-se-ia que se extinguira uma lâmpada, ou que se ofuscara um fanal em sudário de sombras...

Vendo-o assim, emocionado, estreitando ao seio o pequenino vulto de Renê, Dusmenil exclamou:

– Oh! como é mesquinha a eternidade para patentear a incomensurável afeição que tumultua em meu íntimo, por estes dois entes queridos! Como sinto amortizados todos os meus crimes de passadas eras tenebrosas! Como bendigo, nesta venturosa região, aquelas horas de suplício moral em que minh'alma resgatou séculos de ignomínias! Como é ilimitada a excelsitude do Soberano do universo, que esquece todos os nossos mais hediondos crimes e forja os colchetes de ouro e luz que prendem por todo o sempre os entes remidos pela dor e pela virtude!

"Não é o júbilo, mas o sofrimento, que liga as almas perpetuamente!

"Bendigamos, pois, aqueles dias que hoje nos parecem momentos de martírio indômito, pois as dores que suportamos foram o cautério cicatrizante das úlceras cancerosas de nossos espíritos saciados no mal!

"Pequena a eternidade, repito, para dentro dela expandir nosso mútuo afeto e tributarmos a gratidão que nos vai n'alma. Àquele que, após tormentos profícuos, nos concede inefáveis venturas e abençoa o indissolúvel conúbio dos redimidos, isentando-os de todas as provas dolorosas!".

– Sim, meu amigo – disse-lhe a casta Heloísa –, os milênios são insuficientes para o fazermos, porém, como servos desvelados do mais clemente Senhor, não cessaremos de o exalçar em nossas almas, onde Ele difundiu a imortalidade – a herança divina!

– Lembremo-nos, doravante – replicou Dusmenil –, da felicidade conquistada e esqueçamos o infinito de dores por que passamos naquele oceano de trevas – a Terra. Deprequemos ao Sempiterno para que o bálsamo da consolação possa lenir as mágoas dos aflitos, dos que ainda resgatam com lágrimas e gemidos os delitos do presente e do passado.

– Olvidarmos o passado, querido? – tornou Heloísa – Não! evoquemo-lo constantemente: a alma sem a recordação dos tempos transcorridos não pode fruir a ventura do presente, pois lhe faltaria o mérito, desde que esquecesse as dolorosas refregas da conquista, o valor do triunfo!

"Bendigamos as reminiscências do que padecemos, das nossas lutas, das nossas quedas e da nossa escalada à perfeição! Lembremo-nos eternamente do que sofremos, e estendamos mãos fraternas aos que, na Terra, ainda nos amam, padecem e se redimem!"

– Sempre a mesma e sempre nobre! – murmurou Gastão beijando a fronte vestalina de Heloísa. – Tua virtude é tão grande que se transmite aos que de ti se acercam! Foi ao contato de duas almas açucenais que a minha se redimiu!

"Quanto o Criador é magnânimo, que a todos os náufragos dos mares da iniquidade lhes dá uma radiosa e inquebrantável âncora de salvação!"

CAPÍTULO X

Algum tempo transcorreu no cronômetro da eternidade. Dusmenil e os que são como centelhas de sua alma – Heloísa e Renê – passaram-no em verdadeira transfusão de sentimentos, recordando os passados anseios, expandindo afetos terníssimos, compartilhados por outros entes queridos que os cercavam e também lhes confidenciavam as suas lutas remissoras.

Dias perpétuos, sem o menor vislumbre de sombra fluíram naquelas paragens venturosas – estâncias de paz e conforto de que necessitam os pungidos nas campanhas da dor e do dever.

Uma vez, apresentaram-se-lhe os seus dedicados arrais nas procelas planetárias.

– Vimos, irmãos – disse um deles depois de afetuoso saudar –, incumbir-vos de elevada e meritória missão... Tendes que retornar a Arras, e, por alguns anos – como são contadas as translações terrenas – custodiar aquele que, em diversas encarnações, esteve ligado a vós, ou seja – Núbio, a fim de laborardes no definitivo polimento do seu Espírito...

"Ides iniciar a tarefa penosa e sublime de mentor dos delinquentes, que já iniciastes ainda mesmo lá na Terra.

"Ides acompanhá-lo na sua via crucis: compadecei-vos de suas amarguras e desilusões; amparai-o em seus dias de angústia e desalento; coadjuvai seus desvelados protetores, que muito têm padecido com as suas quedas e revoltas."

Após algumas horas de fraterno conclave, partiram os três aliados, espaço em fora, guiados pela bússola maravilhosa da volição, em demanda do negro e minúsculo planeta que lhes pareceu terem deixado de há muitos séculos.

Penosa sensação os empolgou ao embrenharem-se na atmosfera terrestre, julgando que se asfixiariam, privados da sutilidade do éter em que se banhavam.

– Quanto devemos às abnegadas Entidades que velam por nós durante séculos – murmurou Dusmenil. – Que sacrifício intraduzível o delas, já integradas nos mundos superiores, aqui permanecendo, às vezes séculos, no desempenho do seu inestimável papel de sentinela infatigável dos pecadores que não cumprem os deveres morais e psíquicos e perpetram graves delitos.

– São o devotamento e o sacrifício que dão realce às almas sazonadas dos convertidos ao bem – murmurou Heloísa. – São elas quais mães extremosas, que amparam os adorados filhinhos, do berço ao túmulo, e não acham jamais demasiado quanto por eles padecem e por eles fazem! É assim que o Onipotente forja as afeições eternas, vincula os Espíritos em consumação de milênios!

Baixaram a uma região terrestre, em plena estação hibernal. Reconheceram os arredores de Arras, as terras e o solar que lhes haviam pertencido e onde Renê expirara nos braços do consternado Dusmenil. Intraduzível emoção, inexprimível na linguagem humana, empolgou-lhes a alma ao reverem aquelas paragens onde, ainda com os envoltórios materiais, lhes sorria a felicidade, onde se amaram e tanto sofreram!

Invisíveis para os encarnados, percorreram todo o castelo, comoveram-se com a presença dos fâmulos, dos amigos, dos móveis que suscitavam recordações amargas ou venturosas. Atraídos pelo magnete de um pensamento que lhes vibrava no íntimo, como se fora uma campainha maravilhosa, transportaram-se à necrópole onde seus estojos carnais se pulverizaram.

Detiveram-se junto do próprio mausoléu e, de mãos entrelaçadas, oraram longamente agradecendo a Deus a sua infinita bondade e o triunfo alcançado nas dolorosíssimas provas, a sua aliança indestrutível.

Momentos depois, aproximou-se um vulto masculino envolto em longo e negro manto, da cabeça aos pés.

Descoberto apenas o rosto, onde fulguravam uns olhos merencórios de ônix luminoso, denotando penetração e inteligência invulgares.

Profundo e visível desalento dominava-o, absorvido por ideias depressivas. Era o jovem Núbio.

A neve, qual fragmentos de níveas plumas, flutuava nos ares.

O firmamento estava sombrio, desdobrado em sendal de névoas cinzentas.

O pupilo de Dusmenil deteve-se junto da campa do seu benfeitor e murmurou um queixume:

— Amado pai, somente vós me consagrastes um afeto inigualável... Quanto me pesa a cruz da existência desde que fostes para o Além, deixando-me n'alma um pego de tristeza e saudade! Pressinto que, neste mundo, nenhuma afeição excederia a que vos tributo! Olham-me todos com pavor, ou piedade... Às vezes, perdoo à mãe que me gerou, e, num impulso de revolta contra o destino cruel, arrojou--me à lama da estrada! Outras, odeio-a, pois só ela tinha o dever de amar-me, de confortar-me o coração despido de ilusões e venturas... Só ela devia procurar mitigar-me as tribulações da vida, consagrando-me afeto invencível, porque Deus me atirou em seus braços, privando-me dos meus... E no entanto, ela, desalmada, tudo me negou.

"Aquele que preside nossos destinos, nunca lhe perdoará o crime nefando, contra um farrapo de gente, um indefeso monstrozinho. Mas, que fiz eu, Senhor, para merecer de Vós, que sois a clemência superlativa – uma sorte tão cruel?

"Por que concedeis a todos os seres dois protetores desvelados e a mim me tirastes o único que possuía? Por que me arrebatastes o generoso amigo, o único que na Terra me abriu os braços de ternura, em vez de imolardes minha vida estéril pela sua, preciosíssima a tantos desventurados? Quanto desejei beijar-lhe a mão dadivosa, como a da Santa Rainha Isabel![57] Que digo eu? Beijar? Oh! nunca o conseguiria, por mais que o desejasse... Não me destes lábios para essa carícia inefável; não me destes mãos para as juntar em súplica, para enxugar as lágrimas que derivam da

---

[57] Rainha de Portugal, que foi canonizada (1271-1336).

fonte perene do coração, premido pelo guante do desespero e da saudade!"

Ajoelhou-se na alcatifa de neve, erguendo para o céu os dois cotos de braços, que mal se percebiam sob o manto negro, como dois galhos decepados de um só golpe.

Aproximaram-se dele os amigos que o espreitavam e ouviam comovidos, e, formando com as mãos uma grinalda, imploraram pelo infortunado já prestes a desfalecer de consternação.

Um longo suspiro se lhe escapou do peito opresso, e, como saídas do túmulo repercutindo-lhe n'alma, ouviu palavras de carinho e consolação:

– Núbio, querido, não te revoltes contra o juízo divino que te julgou e condenou às torturas morais por que passas! Redimes, dessarte, um passado longuíssimo de torpezas e flagícios... *Tuas mãos*, em pregressos avatares, tingiram-se do sangue de muitas vítimas, imoladas à sanha de paixões ignóbeis. Eis por que foram decepadas, anuladas para a vindita, para o suicídio, para as abominações! Jamais assinarão sentenças iníquas, jamais empunharão o sabre ou o punhal para ferir teu coração, ou o de outrem!

"Teus lábios foram mutilados porque se conspurcaram de blasfêmias, calúnias, impropérios, obscenidades... Vê como é íntegra a Têmis[58] suprema! Humilha-te, pois, abroquela-te em coragem invicta, a ninguém incrimines, sofre cristãmente e obterás eterno triunfo sobre a hidra do mal, que, há muito, te esmagava no charco das abjeções".

---

[58] Deusa da Justiça.

— Oh! amado protetor! São vossas essas palavras que se me infiltram n'alma! Sim, reconheço-as pela ternura e compaixão que por mim sempre tivestes! Só vós vos condoestes do mísero justiçado divino, do assinalado pelo ferrete constante dos executores do código celeste!

"Não me abandoneis, pois, na via crucis que percorro só, sem lar, sem afeições, sem um amigo com quem possa desabafar meus suplícios morais! Dizei-me: por que me vejo execrado por todos de quem me aproximo? Nunca os ofendi, nunca *fui cruel* com eles..."

— ...nesta existência, Núbio; mas já infamaste lares e és reconhecido por teus antigos adversários, por tuas inúmeras vítimas, às quais estás novamente ligado, e que, por um sexto sentido ainda não classificado pelos cientistas terrenos, percebem a presença do crudelíssimo tirano de outras eras, pois guardam na concha maravilhosa do espírito o tumulto do passado — oceano infindo, que parecia extinto!

— É, pois, a Justiça suprema que me verga para o pó?

— ...e que te há de alçar aos páramos estrelados, à luz e à felicidade que desfrutam as almas polidas e cinzeladas pela dor.

Núbio, assombrado, com os olhos nublados de pranto, fitou o jazigo de Gastão e sua família, e nunca lhe parecera tão lívido o arcanjo de mármore talhado pelo retrato de Renê, iluminado pelo calvário de cristal esmeraldino, que, então, lhe pareceu descido das esferas siderais, possuir algo divino e consolador, que lhe penetrou no coração contrito.

Lentamente, Núbio retirou-se para o aposento que lhe fora conservado no solar de Dusmenil, já transformado em orfanato e abrigo dos desamparados.

Núbio fora contemplado com um modesto pecúlio, suficiente para manter-se durante toda a existência, mas não se conservava inativo – peregrinava por diversas povoações, realizando inolvidáveis recitais em conjunto com outros artistas.

Quando regressava a Arras, desejoso de rever o mausoléu do protetor, instalava-se no singelo aposento que o asilava desde a infância.

Instrumentos musicais se viam pelo pavimento, e, à noite, ali se congregavam os auxiliares do famoso cantor, que recebera do público o apelido de *rouxinol mascarado*.

Ao chegar ao seu quarto, lá encontrou o regente da orquestra e companheiros que aguardavam sua chegada para os primeiros ensaios das solenidades da Semana Santa, que, dentro de poucos dias, se realizariam na catedral de Arras.

Alto e esbelto, com o mento velado por pequena máscara de veludo negro, começou a vocalizar um cântico sacro, de inexprimível melodia e suavidade, acompanhado pela orquestra que organizara.

Ouviram-no com emoção os que o rodeavam – visíveis e invisíveis. Embora não tivesse a harmonia das filarmônicas siderais, Dusmenil e seus companheiros acharam-no surpreendente e belo – pois a excelsa arte de Euterpe é a única linguagem universal. Compreendem-na os selvícolas e os povos mais cultos, as próprias feras; os pássaros procuram imitar os mais formosos harpejos musicais. Há música na Terra, no Espaço, nos planetas mais sombrios e nos astros mais refulgentes! Ela é, como a luz, um dos elos que prendem todos os seres da Criação, dando-lhes a impressão do belo e do sublime, é uma das manifestações mais eloquentes do Artista supremo!

Poucos dias depois, realizaram-se os festejos.

CAPÍTULO XI

Arras regorgitava de forasteiros.
Os logradouros públicos apresentavam desusado movimento.

Nos arredores da cidade abarracavam peregrinos de condição humilde, em terrenos baldios, evitando os ônus majorados das hospedarias e dos hotéis de luxo.

Núbio – quase sempre acompanhado de um servo para auxiliá-lo no que fosse mister, ordenou-lhe que o esperasse na igreja, onde se realizavam as solenidades religiosas.

Alma contemplativa e melancólica, aprazia-lhe perambular sozinho pelos lugares menos rumorosos, colhendo impressões, observando a natureza.

Despertou-lhe atenção, naquela hora vesperal, o número incalculável de barraquinhas em que se abrigavam romeiros pobres, mercadores ambulantes, saltimbancos e aventureiros de toda a espécie.

Em uma barraca – das mais isoladas e desconfortáveis, estava assentada andrajosa mulher, aparentando mais de 60 anos de existência penosa e dissoluta. Pelas vestes rotas, poder-se-ia identificá-la nas tribos nômades da

Boêmia. Trigueira, com um lenço de matizes vivíssimos circulando-lhe a fronte, tinha a descoberto algumas mechas de cabelos caracolados, num contraste evidente de ébano e jaspe; os olhos eram negros e fulgurantes – último vestígio da mocidade, pois as faces estavam encovadas e sulcadas de profundos vincos denunciadores de paixões violentas, quais serpentes minúsculas, ou coriscos d'alma gravados no rosto pelo buril dos vícios e paixões malsãs.

Ao vê-lo, cintilou-lhe o olhar, aceso em chamas de cobiça. Quase de um salto, como um tigre que se arrojasse ao indefeso peregrino das florestas, acercou-se do rapaz, exclamando em tom lamentoso:

– Meu rico senhor, quer que lhe desvende o passado e o futuro?

Núbio estremeceu, fitou-a com íntima repulsa e ia afastar-se sem lhe responder, mas a cigana postou-se-lhe à frente, repetindo em mau castelhano:

– Meu rico senhor, deixe-me ler a sua sorte, que será muito boa!

– Como poderás sabê-lo, se ainda não me viste as linhas da mão?

– Eu adivinho a sina de quem se me aproxima, qual o fazem todos os meus afins.

– Cuidas, então, que Deus – o único Ser que pode perscrutar os arcanos da humanidade nos séculos vindouros – concede esse privilégio a criaturas como tu que justamente não têm pátria nem lar, e, às vezes, nem honra?

– É o dom que Ele nos concede, ao privar-nos de tudo mais... pois assim podemos ganhar a vida, lendo nas mãos o destino dos homens.

Núbio sorriu com amargura e escárnio, dizendo-lhe:

– Desafio os fados e a ciência de todas as buenas-dichas – pois *nenhuma conseguirá desvendar-me a sina*!

– Duvidas? – revidou a megera. – Verás! Deixa ver a mão... Desde ontem estou a morrer de fome, mas não te cobrarei um real.

O rapaz recuou um passo e interpelou-a com ironia:

– Quanto costumas cobrar?

– Vinte reais.

– Pois dou-te duzentos ou dois mil, se conseguires ler--me a sorte!

Assim falando, num rápido movimento de ombros, descobriu o mento, a boca com os lábios bífidos e o braço direito decepado, dando-lhe um aspecto macabro de espectro mágico.

A cigana estatelou-se num brado de terror.

Núbio, irado, avançou para ela com um sorriso de caveira:

– Recusas atender-me?

Ela, apavorada, cobriu o rosto com as mãos sórdidas, arquejante de emoção, muda, petrificada!

Núbio soltou uma risada de escárnio e amargura infinita:

– Não queres ler minha sorte, desgraçada? Pois bem, eu também sei desvendar o passado, penetrar no âmago dos corações criminosos: tu, *cigana maldita*, és uma desnaturada mãe, que atiraste à lama dos caminhos, ao acaso, aos cães, o filho que o Criador te confiou para que o amasses e protegesses... Impiedosa mãe, que não soubeste imitar as feras que aleitam e guardam suas crias; não quiseste oscular a criancinha desventurada, que, certo, por causa dos teus crimes e do teu amante, nasceu ferreteada pela Justiça divina; não quiseste compensar com os teus carinhos os membros que se não geraram no teu seio amaldiçoado! Querias a morte para quem deste infortunada vida, a fim de que o mísero não te causasse vexame, como se uma verdadeira mãe pudesse ver no filho um monstro e não um anjo!

"Concebeste um desditoso, mas, mercê de Deus, ele é bem mais venturoso do que tu, pois pode manter-se honestamente na sociedade, sem assaltar a bolsa alheia, sem viver andrajoso e desprezado pelos probos e sensatos!

"Esse filho repudiado, que nunca afagaste, que abandonaste num sítio deserto para repasto de lobos famintos, hoje se julga feliz por não lhe conhecerem os que o geraram! Esta a sua vindita e a sua única ventura na Terra!

"Sim, morreria de vergonha se soubessem que sua mãe é uma barregã hipócrita, que ilude a credulidade pública com embustes, e, sob a capa esmolambada, oculta, talvez, acerado punhal para golpear os que lhe não atirem moedas."

A boêmia ergueu-se de um salto qual hiena ferida. Estava hedionda. Dir-se-ia que uma trágica e satânica máscara se lhe afivelara à face; seus olhos chispavam de ódio ao fixar o mutilado que tinha à sua frente, olhando-a com escárnio.

Tirou rapidamente do seio minúsculo punhal e caminhou para o rapaz, que não se afastou e ainda lhe disse com profundo desprezo:

– Queres matar-me, víbora sem entranhas? Não vês que não tenho mãos para defender-me? Agora compreendo porque Deus não mas concedeu: *para não estrangular, talvez, a fera que me gerou*!

A desgraçada, vendo que se aproximavam outras pessoas, acovardou-se, escondeu a arma no seio, dizendo com rancor:

– Miserável, afrontaste a minha ira e os meus deuses! Devia ter-te esmagado ao ver, pela primeira vez, teu rosto diabólico, mas, não o faço, como nunca o fiz às serpentes, cujo vírus não temo. Vais, porém, ouvir esta verdade, para que não duvides da ciência da velha cigana: *morrerás tal como começaste a vida* – abandonado numa estrada deserta!

– Que me importa a tua previsão, mulher maldita? Como não adivinhaste que o Criador me concedeu um tesouro na garganta e, portanto, a tua mesma ventura que arremessaste ao lameiro das estradas? A justiça do Céu, não a tua, é que eu aguardo serenamente!

Súbito, o som argentino de uma sineta advertiu o desditoso Núbio de que ia começar a cerimônia daquele dia. Afastou-se bambeante como um ébrio, encaminhou-se ao templo onde se comemorava a paixão do Redentor.

O servo, que o aguardava com impaciência, afivelou-lhe ao rosto a máscara negra, soergueu-lhe o manto, e, antes que desse início aos cânticos, Núbio ajoelhou-se vencido por intensa mágoa...

Nunca, até então, sentira tão acerba a sua desventura. Dotado de intuição lúcida desde os primeiros anos de existência, compreendeu a situação, a prova dolorosíssima por que passava.

Quis revoltar-se contra a inclemência do destino que o punira sem causa aparente, tornar-se impiedoso para quantos o ofendiam, mas as advertências salutares de Dusmenil fizeram-no humilde e compassivo.

Mostrou-se resignado com os desígnios superiores, embora guardasse no íntimo incessante tortura... Era um assinalado pelo ferrete divino, uma criatura que jamais compartilharia dos prazeres mundanos, senão como lúgubre espectador, pois sua presença causava a todos penosa impressão. Via, com inveja mesclada de pesar inenarrável, jovens pares em idílio, idealizando sonhos de ventura; via lares tranquilos, repletos de seres amigos, de crianças louçãs, após os labores do dia, reunidos em colóquio materno, como efígies graciosas sobre altares sacrossantos, permutando beijos e carícias, e estes quadros, mais que os outros, causavam-lhe dilacerante desgosto, pungiam-lhe fundo n'alma. Ele, somente, jamais constituiria um lar ditoso! Seus lábios fendidos jamais experimentariam a carícia de um beijo, mormente o de uma criancinha cândida e formosa; vivia isolado, melancólico, sem afeições sinceras, desde que Dusmenil desprendera o Espírito generoso para as regiões consteladas... Estava sentenciado a viver ao abandono, sem afetos, sem família, sem lar...

Consolava-o, apenas, a arte sublime que cultuava. Os momentos de triunfo compensavam-lhe os séculos de amargura suportados no silêncio da alcova, nas noites intérminas de meditação e angústia...

Por fim, habituara-se ao peso da sua cruz dolorosa. Resignara-se com o seu viver de asceta. Por vezes, relembrava o passado e uma interrogação relampeava-lhe na mente:

– Onde estariam seus desnaturados progenitores? Teria irmãos? Seriam belos? Os pais teriam remorsos do que lhe fizeram?

Quando completou três decênios, seu espírito em calmaria – qual Mediterrâneo até então agitado e proceloso – ficou adormecido, sem paixões, sem aspirações, sem quimeras... Naquela tarde, às súbitas, houve um abalo que o fez estremecer nas fibras mais recônditas, qual região devastada por abalo sísmico, com a irrupção violenta das lavas da revolta e do desespero... Um vulcão que ele julgava extinto!

Aquela mulher de aspecto patibular e sórdidas vestes – pressentira-o desde que seu olhar nela se fixara! – era sua mãe! Mãe? Não. Mamífera desalmada, que se não condoera da sua desventura; que o atirara a uma vereda deserta, como calhau ao fundo de cisterna ou de cratera infernal; harpia que lhe infundira nojo e pavor, cujas mãos impuras e às vezes manchadas por secreto crime – ele teria asco de beijar...

Compreendera, enfim, por que seus lábios eram bífidos, impróprios para a carícia suavíssima do beijo, para que se não nodoassem roçando-lhe a destra empeçonhada.

Era bem, ele, o fruto espúrio daquele ser monstruoso pelos vícios e pelos sentimentos corruptos que lhe gravaram na face – como feitos à ponta de baioneta – arabescos profundos, qual outrora na pedra se gravavam inscrições eternas, perpetuando uma existência de latrocínio e devassidão!

Sentiu-se misérrimo e desgraçado, qual se fora o mais ínfimo dos mortais: dir-se-ia ter havido um cataclismo em sua alma, deixando em escombros, estilhaçados, todos os sentimentos louváveis e altruísticos, ficando incólume apenas a sensação de um tormento que a vergastava, que a vergava para o solo, tornando-lhe o coração de chumbo candente, onde se agitavam as áspides coléricas do ódio e da revolta! O madeiro das provas, que até então carregava resignado, tornara-se inopinadamente de granito esmagador.

Chorava intimamente, mas nos olhos não afloravam lágrimas e, se as vertesse, seriam como faíscas de uma labareda que calcinaria todo o seu corpo ou o próprio espírito...

Sua palidez, que se fizera de alabastro quando penetrou no templo, foi notada por um colega da orquestra, que o interpelou:

– Que tens, Núbio? Estás enfermo?

– Dá-me um copo d'água – murmurou.

Deram-lho, e, cambaleante, quase carregado, galgou os degraus de acesso ao coro da catedral.

Quando abrandou a borrasca interior, assomado de nervosismo incoercível, ajoelhou-se. Com esforço inaudito, ao iniciar o cântico que lhe competia, levantou-se e começou a vocalizar um solo como nunca o fizera: o embate intenso da dor ou do abalo, que lhe convulsionara o coração, pôs-lhe prantos na voz, que, trêmula qual cítara tangida pelo plectro de um artista desventurado, emocionou a todos os assistentes, arrancando lágrimas de todos os olhos...

Nunca turturinara como naquela noite memorável, com expressão tão dolorida, que a todos sensibilizou... Era uma alma em procela que transmudara o sofrimento em bramidos sonoros, em harpejo de lágrimas, em carpido de cotovia apunhalada...

Momentos houve em que ele, junto à grade do coro, relanceou a vista pelo auditório emocionado e descobriu a fisionomia macabra da *cigana*, voltada para o cantor, fitando-o com olhar coruscante de ódio, fosforescente como o dos felinos encolerizados, que se emboscam nas selvas à espreita do caçador, para o estrangular nas garras aceradas...

Sentindo-se prestes a desmaiar, reagiu valorosamente à eclosão dos sentimentos que se entrechocavam em seu íntimo como o clangor de uma batalha merovíngia. Elevou o pensamento ao Incriado e logo visível mutação se operou nele, invadiu-lhe um dúlcido torpor, parecendo que mãos tutelares, pousadas sobre a sua fronte ardente, o amparavam e saturavam de suavíssimo orvalho que o inebriava. Assim, pôde o *rouxinol mascarado* prosseguir o solo começado, que se tornara divinizado e nunca tão magistralmente interpretado como naqueles momentos angustiosos.

CAPÍTULO XII

Deixando o templo, ansioso por isolar-se dos que o abraçavam e felicitavam, quando se dirigia para o aposento que ocupava no solar de Dusmenil, ao atravessar escura viela teve despertada a atenção por um grito lancinante, que lhe ecoou sinistramente n'alma.

Apavorado, desceu da carruagem e, seguido pelo servo que raramente dele se apartava, à luz de uma lanterna pesquisou o local em que se achavam.

Súbito, verificou que, estendida no solo, estava a mísera cigana com quem altercara à tarde, quase exânime, com as vestes ensopadas do sangue que borbotava do peito transfixado.

– Que fizeste, infeliz? – interrogou, recuando de pavor.

Com voz estertorante, ela respondeu:

– Segui-te para matar-te quando saísses da igreja, pois sabia que não podias defender-te... Mas, entrei, ouvi o teu canto sublime... e nunca senti tanto remorso dos meus crimes... Eles são tantos... Pressinto que, se continuasse a viver, ainda te amaria e seria mais desgraçada com o teu desprezo! Horrível! Mas, estou morrendo... dá-me o teu perdão!

Núbio, ereto qual estátua de granito negro, emudecera.

– Dize que... me perdoas... meu...

– Impossível, infeliz! Eu mentiria a Deus se te dissesse que perdoo. Não há perdão para mães desnaturadas que abandonam num abismo o fruto de suas entranhas.

– Tem piedade... Mente... ao menos para que eu possa morrer!

– Deus, em cujo tribunal vais comparecer, que julgue o teu procedimento. Que te vale o meu perdão sem o dele?

Ela não proferiu mais uma palavra, enrijeceu-se num espasmo de dor e ficou imóvel para sempre.

Núbio, depois de alguns momentos de inexprimível amargura, sustentando um combate íntimo que lhe pareceu durar séculos, murmurou, fitando o cadáver da desditosa boêmia:

– Que o Altíssimo nos julgue! Procedi conforme com a minha consciência.

Cambaleante, retomou o carro e foi informar as autoridades do que ocorrera – o sangrento desenlace da desventurada que não teve mais ânimo de rever, e que, após o exame pericial, foi enterrada com as suas vestes sórdidas, numa vala comum...

....

Ao penetrar no modesto quarto que ocupava no ex--solar de Dusmenil, o *rouxinol mascarado* sentiu-se enfermo e mais desditoso. Recolheu-se ao leito, abalado por forte tremor e, durante alguns dias, parecia devorado por febre consuntiva.

Delirava com frequencia, proferia imprecações e brados de revolta, incompreendidos pelos que o velavam.

Quando a febre declinou, dir-se-ia que o seu crânio havia sido devastado por um incêncio violento, calcinando-lhe até os cetinosos e negros cabelos, que se transformaram, perdendo o brilho e apresentando mechas esmaecidas.

Extrema fraqueza o impediu, por algum tempo, de exercer a profissão.

Uma tarde, achando-se fisicamente melhor, mas profundamente entristecido, parecendo-lhe ter prantos represos no coração, encaminhou-se ao cemitério onde jaziam Dusmenil e os entes que lhe eram caros.

Orou longamente, mas conservou-se insaciado, pungido por secreto acúleo, quando necessitava receber um conforto, ouvir uma voz carinhosa, uma advertência amiga. A mudez do campo santo amargurou-lhe a alma sensibilíssima, envolveu-a de espesso crepe...

Retirou-se do silencioso local onde alvejavam os marmóreos e belos túmulos, e, com dificuldade, devido à fraqueza orgânica, galgou a escada central do castelo, penetrando no salão, que fora conservado tal como no tempo dos antigos donos.

De uma parede pendia primorosa tela representando Dusmenil, a esposa e o filhinho – louro e cândido querubim de vestes alvas, parecendo um elo de flores ou de luz, aliando por todo o sempre os dois altivos entes que o enlaçavam ternamente.

Ao ver aquele quadro, súbita emoção se lhe apoderou de todo o ser.

– Pai – murmurou baixinho, fitando o retrato de Dusmenil – será possível que também vós me abandoneis, inexorável para o crime que cometi repelindo o monstro... não, a desditosa criatura que me concebeu? Piedade, pai querido! Quanto ansiava por tornar a ver vossa efígie, para que ouvísseis meus lamentos e soubésseis das minhas desventuras... Mas, por que a vejo hoje com um laivo de serenidade que nunca lhe observei?

Na meia penumbra que envolvia o quarto, dir-se-ia que os seres ali retratados se reanimaram, se destacaram da parede e iam encaminhar-se para o Núbio.

Uma infinita ternura, uma onda de emoção insofreável – qual vaga indômita em hora de borrasca – subiu-lhe do coração aos olhos, que se aljofraram de pranto. Pareceu-lhe que, no recinto em que se quedava absorto, a contemplar a formosa tela, algo de extraordinário ou de misterioso lhe segredava no íntimo palavras desconhecidas, que lhe recordavam uma outra época de apagada existência...

Seu olhar lacrimoso pousou no grande amigo e resvalou depois para os encantadores entes que o ladeavam, no apogeu da ventura terrena. Ao vê-los, mais viva emoção lhe fez pulsar descompassado o coração – o secreto prisioneiro, o ergastulado que jamais se liberta, o inumado vivo, que só se desencarcera por alvará divino, quando a sua masmorra se desfaz em pó...

Era a hora crepuscular de radioso estio.

Pelas amplas ogivas de vitrais coloridos filtrava-se uma luz suave, qual se houvesse no ambiente topázios e rubis diluídos.

– Pai querido! – continuou aproximando-se do painel – há quanto tempo não contemplava o vosso nobre aspecto e quanto desejo vossa orientação, confiando-vos as minhas desditas! Como me sinto isolado no âmbito deste mundo, desprotegido e infortunado!

Pareceu-lhe, então, que um fulgor estelar nimbava os três formosos seres, revividos naquele quadro. Não sabia exprimir a comoção que o dominava, ao fitar longamente o vulto airoso de Heloísa e, pela vez primeira naquela existência, notou-lhe a peregrina beleza.

Quanta excelsitude a pairar-lhe nas helênicas feições! Que maravilhosa formosura a dos olhos, dos cabelos, da tez de jasmim e rosa; que conjunto admirável a lembrar um modelo de Rafael, podendo por ele modelar-se Aspásia[59] ou qualquer Vestal! Onde vira, em que era transcorrida teria contemplado tão primorosa mulher?

Jamais olhar feminino, plástica assim harmoniosa o fascinara tanto! Dir-se-ia que do seu sepulcro de sombras surgira um vulto humano e movimentava-se, falando-lhe do passado longínquo...

Ele se esforçava, em vão, por libertar-se da estranha sedução que se evolava da bela castelã, mas seu olhar desvairado fixava-se no painel, sentia-se aturdido e, quase independente da sua vontade, meio inconsciente, murmurou:

– Onde teria visto este rosto vestalino? Tenho procurado, em vão, nesta existência, *alguém* com esta aparência, para consagrar-lhe a mais profunda afeição, embora sabendo que seria repelido, desprezado, qual réptil. Que inexprimível fascinação exerce esta criatura que deve, realmente, ter sido digna e bondosa como a pulcra Mãe de Jesus!

---

[59] Amante de Péricles (440 a.C.), célebre por sua beleza e pelo seu espírito.

"Como compreendo, *agora*, o drama pungente, outrora desenrolado neste solar, que, suponho, ainda conserva impregnados, em suas abóbadas senhoriais, fragmentos de soluços, de lágrimas, de exasperos... que hoje ecoam soturnamente nas cavernas de minha alma.

"Quanto devia ter padecido o meu querido pai... e como suportaria eu todos os seus martírios, para ser amado por esta incomparável beldade."

Sem poder definir a origem daquela comoção, ininterrupto pranto derivou-lhe dos olhos.

– Meu único amigo – prosseguiu profundamente sensibilizado –, julgo-me duplamente culpado perante vós: vinha implorar-vos um conselho paternal, rever vossas veneráveis feições, patentear meu intraduzível reconhecimento... e as minhas ideias tomaram outro curso, qual se uma torrente impetuosa, barrada por muralha secular, rompesse, às súbitas, todos os obstáculos que lhe impediam a vertiginosa correnteza e os fizesse em escombros, vitoriosa na sua onipotência brutal! Esse passado milenário, que jazia amortecido nos arcanos de minh'alma, rompeu a muralha da matéria, continua a sua torrente indômita, avoluma-se no meu íntimo, arrastando os blocos imperecíveis das reminiscências de uma época que parecia morta, mas estava apenas imersa em sonho cataléptico, e, novo Lázaro, ressurgiu do seu jazigo secular... Compreendo, agora, porque, até ao presente, mulher alguma pôde inspirar-me senão efêmera fantasia: é que o meu ideal, aquele que ainda avassala o meu ser, exerce divina fascinação no meu espírito, está reproduzido neste estupendo painel! *Sinto* que já adorei esta formosa castelã que foi a vossa heroica esposa!

"Pai, ouvi e fazei-me justiça: considero-me doravante duplamente criminoso; tenho a alma tisnada, qual se houvesse perpetrado os mais nefandos crimes... Julgo-me traidor e matricida. Horrível a situação em que me vejo! Minha consciência, porém, ainda se conserva íntegra e sabe aquilatar com severidade os próprios atos... Condeno-me por indigno de rever o vosso retrato, meu único consolo na Terra! – condeno-me a jamais contemplá-lo nesta existência. Não me abandoneis, porém, no cairel da apavorante e infinda voragem dos meus martírios morais."

Ajoelhado, soluçante, sentiu o corpo entorpecer-se de invencível langor, insensibilizou-se por fim, e quedou-se inerte no tapete, de onde foi levado para o leito.

Por alguns meses ainda, esteve o *rouxinol mascarado* inativo, sem poder prosseguir sua gloriosa carreira artística, na qual já havia colhido imarcescíveis louros. Encaneceu precocemente e visível tristeza jamais se apartou da sua alma sensível.

CAPÍTULO XIII

Alguns anos fluíram na ampulheta de Saturno[60] – pétalas levadas pela torrente dos evos ao infinito oceano da eternidade.

Núbio, sempre dominado por intensa melancolia, abandonou a cidade de Arras. Ele e mais três cultores da arte de Paganini[61] peregrinaram pelas mais afamadas metrópoles, proporcionando a seus habitantes inolvidáveis concertos, aplaudidos com entusiasmo.

Ele, que possuíra regular fortuna, legada por Gastão Dusmenil, distribuiu-a por diversas casas pias e orfanatos.

Era constantemente procurado pelos que lhe conheciam os sentimentos altruísticos, implorando-lhe auxílios, que jamais negava.

Como lhe não praziam festejos mundanos – senão aqueles em que era forçado a tomar parte como exímio cantor, isolava-se durante o dia nos seus aposentos particulares, para iluminar o intelecto com leituras filosóficas, científicas e morais.

---

[60] Deus romano do tempo.
[61] Violinista italiano (1782-1840).

Ao fim de algum tempo, tornou-se culto e inspirado por ideias generosas, que causavam admiração aos que com ele privavam.

Seu porte senhoril, alto e majestoso, sempre envolto em amplo e negro manto à castelhana, era inconfundível e tornou-se lendário.

À proporção que os anos passavam, crescia-lhe a mágoa por ter sido tão severo com a desnaturada boêmia que lhe dera o ser, recusando-lhe um tributo de comiseração, com o permitir que a enterrassem como indigente, em vala comum...

Às vezes, na calada da noite, era despertado por mãos vigorosas mas intangíveis, ouvia soluços e gritos lacerantes, divisando vultos de névoa em volta do leito, de braços erguidos em atitudes de prece ou de maldição.

Apavorado, orava com fervor, até que, percebendo que as entidades imateriais se retiravam, adormecia em calma.

Certa vez, surpreendeu-o uma voz melíflua, que se insinuava em seu íntimo. Ouviu distintamente dizerem:

– Ser compassivo com quem nos ofende é exercer a suprema caridade!... Tiveste o ensejo de praticá-la e não o fizeste. Foste inexorável talião...

Como que respondendo à secreta incriminação, murmurou:

– Foi *ela* quem me fez assim desgraçado.

– Mas só o fez mal inspirada pelo amante, que era um monstro.

– As verdadeiras mães deixam-se trucidar para defender a prole.

– Assim é, Núbio, mas essa abnegação só a cultivam as almas de escol, evoluídas, e não as incultas, torvas de crueldade, impulsadas por sentimentos reprováveis. Já viste morcego voar em pleno espaço à maneira de águia real?

– E as feras não amam ternamente as crias? Porventura as atiram aos precipícios? Serão as fêmeas irracionais mais carinhosas que as humanas?

– Absolutamente não, pois as mães desnaturadas constituem exceção e as carinhosas e abnegadas até ao sacrifício mais sublime – são a regra.

– Por que, então, não se condoeu *ela* do meu infortúnio?

– Foi a Justiça suprema que lavrou tua sentença, Núbio. Ela te pareceu injusta porque desconheces as agravantes que a motivaram.

"A injustiça não se presume no Código celeste. Não percebes, há muito, que a alma não tem *uma*, porém inúmeras encarnações terrenas? Não sentes, no íntimo, o eco, o rumorejo do passado culposo?"

– Sim... é verdade. Esta crença – a da transmigração da alma em diversos corpos – eu a tenho no recesso do meu espírito e, por isso, encanta-me a literatura dos brâmanes, ou dos orientais...

– Pois bem, Núbio, ainda conhecerás teu passado tanto mais tenebroso, quanto foste poderoso, despótico, vingativo, soberbo, cruel, iníquo. Quantas venturas destruíste, quantos lares infamaste, quantas criancinhas arrancaste de braços maternais, causando-lhes a morte!

Ele caiu prosternado, soluçando:

– Deus meu! já previa essa dolorosa verdade, agora confirmada por este desvelado amigo desconhecido... Sempre me julguei indigno de fruir a felicidade terrena!

"Deus é, pois, íntegro e imparcial, e sou eu o infame que não se apiedou da desgraçada que, nos estertores da agonia, implorava perdão...

"Era *ela* um instrumento da alçada suprema, e eu mais criminoso que ela, a desditosa que me abandonou no alvorecer de uma existência, qual o fiz a ela nos derradeiros instantes de vida!".

– Perdoa, pois, Núbio!

– Mas como poderei fazê-lo agora, meu amigo?

– Ouve, irmão querido... Nunca é irremissível uma falta, quando haja veemente arrependimento e sincero desejo de repará-la... Queres saber como podes ainda perdoar-lhe? Orando por ela... A morte eclipsa apenas a alma, não a destrói...

– Nunca lhe soube o nome...

– Oh! infeliz amigo! Esqueces daquele que nunca pronunciaste com ternura? MÃE! Haverá outro mais belo na linguagem do mundo, a não ser o do Criador do universo?

Núbio atendeu ao conselho do piedoso Invisível. Suas faculdades psíquicas haviam atingido elevado grau, com os últimos embates morais por que passara. Desvendava os mais recônditos segredos da alma a um simples golpe de vista. Dir-se-ia que, para ele, os pensamentos dos que o cercavam se tornavam sonoros, vibrantes, translúcidos. À noite, distinguia vultos imateriais; ouvia-lhes as censuras, os lamentos, as palavras de conforto.

Naquele momento percebia que, junto dele, estavam amigos desvelados. Ouvia como que o adejar de aves etéreas. Insuflavam-se-lhe n'alma ondas de harmonia e cânticos inefáveis.

Em atitude piedosa, alheado do mundo objetivo, começou a orar com fervor; seu Espírito flutuava em região superior, repleta de serenidade e melodia.

Escutava como que prelúdios de uma sonata divina, de algum Beethoven[62] sideral e procurou distinguir as vozes que rouxinoleavam em pleno Infinito.

– Perdão! – ouviu, distintamente, repercutir na amplidão do Espaço, como um relâmpago de vibração maviosa. – Perdão! sublimado sacrifício da alma que se redime e se imola nas aras da virtude e da abnegação! Tu, só tu podes fazer aflorar nos Espíritos torvos e pantanosos os lírios nevados do arrependimento e da redenção, e esquecer os crimes, as injustiças, as degradações! És a espiral de luz que sobe dos pauis terrenos aos páramos azuis da Imensidade! És o despertar da alma que se liberta dos grilhões do mal, para librar-se aos páramos constelados. No instante em que um ser humano o concede a quem lhe causou torturas e traições, aproxima-se do Soberano do universo, que acolhe, como Pai clementíssimo, o réprobo, o trânsfuga do seu lar radioso, o transviado do bem, apontando-lhe o carreiro resplendente do labor e do dever, que o haja de conduzir às mansões de eternas delícias.

"Quem, na eternidade do passado, não cometeu crimes atrozes, injustiças, crueldades; não maculou, enfim, o espírito, com o ceno das iniquidades?

---

[62] Compositor erudito alemão (1770-1827).

"Que seria desse réu, se o Pai magnânimo não o amparasse, não lhe concedesse o olvido das torpezas perpetradas, para, depois de polido, acendrado, regenerado, saneado, quintessenciado – depor-lhe na fronte o ósculo do perdão?

"Assim, qual mendigo, de lar em lar, ele necessita também implorar perdão aos que ofendeu, maltratou, infelicitou...

"Perdoa, pois, para que sejam esquecidos os teus crimes, extirpadas de tua alma as urzes das imperfeições e das ignomínias, refrigerados os pensamentos corrosivos, que destroem as mais puras felicidades!...

"Núbio, ainda conhecerás o negro oceano do teu passado, e, então, verás quão justa foi a sentença lavrada contra quem destruiu lares ditosos, arrancou de maternos braços indefesas criancinhas, atirou aos lupanares castas donzelas! Choras? Benditas lágrimas! Elas, a dor, o trabalho, a honra, alvejam – como o orvalho as açucenas – a nossa alma poluta e pecadora!"

Imerso em pranto, emocionado como nunca, o precito alçou o pensamento às regiões celestes e, pela primeira vez, orou pela genitora.

Um soluço prolongado repercutiu clangorosamente dentro dele, fazendo fremir todo o seu ser, e depois se foi extinguindo lentamente, como se algo fosse retirado de sua presença para os longínquos páramos do universo...

Desde então, seu espírito entrou em plena bonança. Dir-se-ia que um sendal de crepe se lhe desfez no íntimo, deixando-lhe a alma iluminada pelo fulgor de opalino, suavíssimo luar.

CAPÍTULO XIV

Alguns anos se escoaram na voragem do tempo.
Peregrinando de povoação em povoação, Núbio se impunha à piedade e admiração dos que o ouviam e aplaudiam.

Uma noite de rigorosa invernia, ao regressar de um castelo festivo, onde compartilhara do recital em homenagem ao natalício do seu proprietário, ainda a meio da viagem foi surpreendido por inesperada e violenta nevasca.

Sabendo que não longe do local em que se achava existia um alcácer em ruínas, ordenou aos condutores da liteira que para lá se dirigissem, receando que os cavalos desnorteados com a tempestade os atirassem nalgum precipício.

Frouxamente alumiados pela lanterna retirada do veículo, dirigiam-se ao aludido castelo meio arruinado ao tempo da primeira revolução, e que ainda tinha alguns compartimentos intactos, quando os animais, fustigados pela procela, enceguecidos e desorientados caíram numa depressão do terreno, ou, antes, num fosso divisório do alcácer, tombando todos ao solo. Os dois palafreneiros receberam apenas ligeiras contusões, mas o cantor teve uma perna fraturada, os órgãos visuais ofendidos e a língua dilacerada pelos dentes entrechocados e partidos com a violência da queda.

Tateando na escuridão, os homens desatrelaram os animais dos tirantes quebrados e, com dificuldade, puderam levar o desditoso Núbio a uma dependência do solar.

Mergulhados em sombras, ouvindo o zunir das rajadas que se desencadeavam como alcateias de lobos famintos a uivarem desesperadamente em busca de alguma presa, os míseros acidentados, transidos de pavor, ansiavam pelo dealbar da aurora. A chuva, porém, continuava ininterrupta.

Um dos guias, ao amanhecer, encontrando apenas um animal – pois o outro debandara espavorido –, montou-o e foi em demanda de socorro para o ferido.

Decorreram horas penosíssimas para Núbio e seu desvelado servo, Fábio, que apenas pôde dar-lhe água colhida numa folha de leguminosa encontrada nos escombros do solar, onde existira o pomar.

Quando chegaram os recursos de que necessitavam para prosseguir viagem, o médico, ao examinar o ferido, disse apreensivo:

– É mister outro profissional para coadjuvar-me nos curativos que deveriam ter antecedido a inflamação dos tecidos... Aliás, as lesões são graves.

"Vou ficar cego e talvez mudo!" pensou Núbio, que o escutava sem poder distinguir-lhe as feições. A custo pôde fazer-se compreender. – Sei que estou perdido... Cumpra-se meu doloroso fadário! Não quero que me removam daqui para outro lugar, pois sinto os ossos esmagados e sei que não tenho cura! Deixem-me morrer... como nasci!

O médico tentou demovê-lo do propósito de ali permanecer, mas nada conseguiu. Horas de indescritível angústia transcorreram para os itinerantes, que se achavam a cinco milhas de Nancy.

Impossibilitados de prosseguir viagem, mandaram buscar remédios, víveres e agasalhos, improvisando leitos sobre o soalho já meio carcomido.

Ao fim de algumas horas, o estado de Núbio agravou-se. A língua, desmesuradamente intumescida, causava-lhe dores lancinantes. Já se não fazia entender, as palavras saíam-lhe truncadas e o delírio se apoderou dele, como o vencedor de um inimigo desarmado.

E a neve não cessava de cair. Dir-se-ia que do Espaço despenhava-se uma avalanche de cristais partidos, que ameaçava invadir o universo.

Uma temperatura gélida entanguecia os viajantes ainda abrigados nas ruínas, sem conforto e ansiosos que cessasse a nevasca, a fim de remediarem a situação. Os caminhos estavam obstruídos e pareciam acolchoados de algodão, ou de rendas fantásticas, tecidas por mãos de fadas. Núbio, acometido de febre intensa, tinha momentos de alucinação e não conseguia fazer-se compreender sem dificuldades inauditas.

Desatinado, sem poder concentrar energias psíquicas para orar, desprendia prolongados gemidos que ressoavam lugubremente pelo castelo em ruínas, como se este fosse transformado em caverna de suplícios dantescos.

Viram os desventurados itinerantes baixar a terceira noite naquele tétrico refúgio. Apenas uma lanterna vermelha os aclarava frouxamente.

Núbio não se alimentava, desde que se contundira. Suplicava água, com gestos de demente, mas, quando lha davam, não engolia senão algumas gotas.

Por vezes, lágrimas ardentes rolavam-lhe pelas faces incendidas, descarnadas pelos sofrimentos acerbos por que estava passando. A língua desmesuradamente inchada, mal contida na cavidade bucal, e os lábios fendidos davam-lhe aspecto macabro, impressionante. Queria externar os pensamentos e não o conseguia.

O servo dedicado, compungido, tentava reanimá-lo:

– Amanhã, se Deus nos conceder um dia de sol, sereis transportado em padiola ao hospital de Nancy. Depois de operado, haveis de recobrar a saúde. Nunca vos abandonarei, crede.

Núbio, que o ouvia reconhecida e dolorosamente, com um gemido meneou a cabeça como se desejasse dizer: Para que viver cego e ainda mais desventurado? Prefiro a morte, o descanso eterno!

Depois, deu a perceber que desejava que orassem por ele.

Fábio, lacrimoso, obedeceu-lhe, pronunciando fervorosa prece, que, naquele ermo caliginoso, ao sibilar da ventania, assumiu gravidade indescritível. Núbio acompanhava a prece mentalmente e, quando ela terminou, mostrou-se mais calmo.

Desde a véspera, começara a perceber inúmeros fenômenos psíquicos. Não mais vislumbrava o local em que se achava, parecia-lhe que aquelas ruínas se povoavam: havia vultos embuçados em longas clâmides, militares de aspecto majestoso, fisionomias patibulares, mulheres de aspecto hediondo, qual a desventurada genitora! E ouvia gritos, lamentos, soluços, risos, entrechocar de armas brancas, crepitar de fuzilaria.

Certa feita, ouviu alguém que lhe dizia com escárnio:

– Eis os derradeiros instantes de um tirano!

– Por que tirano? – respondeu, não com os lábios, mas com a alma e pareceu-lhe ouvir a vibração dessas palavras ressoando estranhamente no seu íntimo. – Não sou eu, antes, o filho da desventura, o ser mais desditoso e abandonado, deste planeta? Estranha realeza a minha! Por que escarneceis de minha infinita dor?

– Já te esqueceste de Dusmenil? – disse-lhe outra Entidade com inenarrável compaixão e tristeza, penetrando-lhe n'alma essas palavras, como inefável bálsamo, embora revelassem um tom repreensivo e magoado.

– Gastão Dusmenil? – interpelou num dialeto gutural e incompreensível para os dois criados que velavam. – Por que tardastes tanto, amado protetor? Compadecei-vos de mim, querido pai! Orai pelo mais desgraçado dos mortais, pois já não consigo fazê-lo! Vede o meu estado e quanto padeço! Não me abandoneis, bom amigo!

Dir-se-ia que, daquelas ruínas lúgubres onde medravam nóctulos e mochos, fora expulsa, subitamente, a falange agressiva dos espectros que o atormentavam. Núbio que, desde a queda que o vitimara, tinha a vista nublada por sanguinolento nevoeiro, lobrigou, então, tenuíssima claridade, como se à borrasca sucedesse um plenilúnio dourado, que não saberia dizer se estava nele ou no exterior...

Pareceu-lhe que tangiam, em surdina, um saltério encantado; ouviu harpejos de um hino sacro e recolheu, em êxtase, estas consoladoras expressões de afeto:

– Núbio querido, irmão em Jesus, esquece os padecimentos psíquicos! Libra-te às regiões serenas da paz eterna! Já começaste a vislumbrar o lume que impera nas paragens siderais...

"Não estás abandonado, como pensas, mas protegido por amigos desvelados, que, não podendo impedir a execução das penas dolorosas, para resgate de crimes tenebrosos, desde que nasceste te amparam, inspiram, seguem teus passos como arcanjos tutelares, norteiam tua alma para Deus!

"Dusmenil e *outros dedicados Invisíveis* aqui estão e oram por ti, para que lenidos sejam os teus padecimentos!

"Vamos, irmão querido, saturar nossas almas de eflúvios divinos, fazendo-as vibrar em uníssono com as harmonias que escutas – preces sonoras, misto de sol e aroma – que as Entidades siderais dirigem à Majestade suprema, ora trazidas a este ambiente sombrio, nas ondas etéreas, só perceptíveis pelos Espíritos já acendrados nos embates heroicos contra o mal, pois adquirem faculdades mágicas de sensibilidade ilimitada... Ouve e repete em pensamento:

Senhor, incomparável Soberano de todos os impérios maravilhosos do universo, os quais, sendo incontáveis, vós os tendes como que encerrados em vosso coração augusto e resplandecente, fazendo-o palpitar, pulsar como outros tantos alados corações de luz, fragmentos do vosso, metamorfoseados em mariposas de diamantes, esmeraldas e topázios bailando graciosamente, formando curvas ou parábolas indescritíveis, sem jamais se confundirem as asas, para assombro de todos os matemáticos do cosmos; Pai e Monarca de todos os seres criados por vós, que repartis com os filhos e vassalos todos os vossos reinos e domínios portentosos; acolhei, benevolamente, a rogativa que ora fazem vossos humildes súditos, em benefício da transviada ovelha que voltou ao vosso aprisco, que remiu com lágrimas, abnegações, virtudes, austeros deveres, os delitos de um passado poluto...

Suavizai, Magnânimo Senhor, as dores que lhe dilaceram a matéria como estiletes ferinos empunhados por sicários emboscados em sua própria alma; compadecei-vos dos seus padecimentos físicos e morais, que, no entanto, são caudais cristalinos que lhe depuram e divinizam o espírito verdugo de findos avatares...

Ele já não é o tirano crudelíssimo de outrora, pois sua atual existência de ascetismo, abnegação e virtude, isenta de crimes e degradações, adquiriu grande ascendente espiritual e não mais se maculou na prática do mal. Combateu sentimentos condenáveis, conquistou mérito real...

Dos escombros do passado, sua alma emerge como alabastro nevado, flutuando num lago de águas pútridas e negras...

Acolhei-a benignamente, Senhor, após as refregas do dever e do sacrifício, qual andorinha de luz que foge à rispidez das invernias polares...'".

Houve um interregno, uma *fermata* inesperada na alocução do bondoso consolador, que o moribundo julgou durar séculos. Já não eram excruciantes as suas dores, anestesiadas por um refrigério ameníssimo; o espírito começou a exteriorizar-se da matéria álgida, sentindo que se ia desaderindo do organismo físico, qual de gélido casulo o *bombyx mori*, e ouvindo longe a vibração de um vocábulo incomparável – DEUS – que parecia encher de harmonia o universo todo... Tentou reproduzi-lo ainda com a boca tumefacta e imobilizada por todo o sempre, mas não o conseguiu senão subjetivamente, porque a matéria de que se compunha não era mais acionada pelo propulsor que se forma de uma fagulha divina, e esta já flutuava no ambiente, ligada ao corpo tangível por derradeiros liames fluídicos, a inebriar-se dos acordes de uma orquestra em surdina – melodia ou *rêverie* indescritível – que o levou a desejar conhecer os Paganinis siderais, que a executaram magistralmente, talvez em alguma catedral de esmeraldas rutilantes, engalanada de açucenas luminosas...

Suas pálpebras já se não descerravam, por maior esforço que fizesse, parecendo que o sofrimento as ligara eternamente com atilhos de bronze.

Perdera a consciência do local em que se achava. Fora, a neve bailava no ar como falenas diamantinas, ou taças de cristal esfaceladas num festim de rajás ébrios ou enlouquecidos, que desejassem arremessá-las ao Infinito...

Começou a desvendar arrebóis de ouro e eloendros, mais belos que os imaginados em momentos de fantasia, plenos de suavidade e primores. Divisou, novamente, seres imateriais, airosos, de túnicas diáfanas, em atitudes de prece, frontes aureoladas por diademas de pérolas radiosas.

Entre eles reconheceu, com inexprimível júbilo, Dusmenil aformoseado, rosto grave e luminoso, encaminhando-se para ele de braços abertos, como se o convidasse a cindirem juntos a amplidão cerúlea...

Um gemido indefinível – misto de lamento e alegria – escapou-se-lhe do seio estertorante e foi o derradeiro que emitiu naquela dolorosa existência, ao sentir na fronte imaterial o inefável contato de uns lábios de névoa, que nele depuseram um ósculo de carícia fraterna – ósculo santificante que nunca recebera, e julgou dulcíssimo flabelo das asas de alguma dourada falena, ou das pétalas veludosas de camélia divina...

O QUE É ESPIRITISMO?

O Espiritismo é um conjunto de princípios e leis revelados por Espíritos Superiores ao educador francês Allan Kardec, que compilou o material em cinco obras que ficariam conhecidas posteriormente como a Codificação: *O livro dos espíritos, O livro dos médiuns, O evangelho segundo o espiritismo, O céu e o inferno* e *A gênese*.

Como uma nova ciência, o Espiritismo veio apresentar à Humanidade, com provas indiscutíveis, a existência e a natureza do Mundo Espiritual, além de suas relações com o mundo físico. A partir dessas evidências, o Mundo Espiritual deixa de ser algo sobrenatural e passa a ser considerado como inesgotável força da Natureza, fonte viva de inúmeros fenômenos até hoje incompreendidos e, por esse motivo, são tidos como fantasiosos e extraordinários.

Jesus Cristo ressaltou a relação entre homem e Espírito por várias vezes durante sua jornada na Terra, e talvez alguns de seus ensinamentos pareçam incompreensíveis ou sejam erroneamente interpretados por não se perceber essa associação. O Espiritismo surge então como uma chave, que esclarece e explica as palavras do Mestre.

A Doutrina Espírita revela novos e profundos conceitos sobre Deus, o Universo, a Humanidade, os Espíritos e as leis que regem a vida. Ela merece ser estudada, analisada e praticada todos os dias de nossa existência, pois o seu valioso conteúdo servirá de grande impulso à nossa evolução.

FEB editora
Livro espírita para um novo mundo
www.febeditora.com.br
@febeditoraoficial
@febeditora

Conselho editorial:
Carlos Roberto Campetti
Cirne Ferreira de Araújo
Evandro Noleto Bezerra
Geraldo Campetti Sobrinho – Coord. Editorial
Jorge Godinho Barreto Nery – Presidente
Maria de Lourdes Pereira de Oliveira
Miriam Lúcia Herrera Masotti Dusi

Produção editorial:
Elizabete de Jesus Moreira

Revisão:
Elizabete de Jesus Moreira

Capa:
Thiago Pereira Campos

Projeto Gráfico:
Júlio Moreira

Diagramação:
Rones José Silvano de Lima – instagram.com/bookebooks_designer

Foto de capa:
www.istockphoto.com / konradlew

Normalização técnica:
Biblioteca de Obras Raras e Documentos Patrimoniais do Livro

Esta edição foi impressa no sistema de Impressão pequenas tiragens, em formato fechado de 140x210 mm e com mancha de 104x173 mm. Os papéis utilizados foram o Off white 80 g/m² para o miolo e o Cartão 250 g/m² para a capa. O texto principal foi composto em Minion Pro 12,5/16,85 e os títulos em Requiem 20/16,85. Impresso no Brasil. *Presita en Brazilo.*